宁波大红鹰学院
蓝源家族财富管理研究院家族财富管理丛书

家族企业治理研究

项 乐 李 繁 著

经济科学出版社

图书在版编目（CIP）数据

家族企业治理研究/项乐，李繁著. —北京：经济科学
出版社，2016.5
　ISBN 978 - 7 - 5141 - 6793 - 1

　Ⅰ. ①家… 　Ⅱ. ①项…②李… 　Ⅲ. ①家族 - 私营企业 -
企业管理 - 研究 - 中国 　Ⅳ. ①F279.245

　中国版本图书馆 CIP 数据核字（2016）第 067719 号

责任编辑：王长廷　袁　溦
责任校对：郑淑艳
版式设计：齐　杰
责任印制：邱　天

家族企业治理研究
项　乐　李　繁　著
经济科学出版社出版、发行　新华书店经销
社址：北京市海淀区阜成路甲 28 号　邮编：100142
总编部电话：010 - 88191217　发行部电话：010 - 88191522
网址：www. esp. com. cn
电子邮件：esp@ esp. com. cn
天猫网店：经济科学出版社旗舰店
网址：http：//jjkxcbs. tmall. com
北京密兴印刷有限公司印装
710 × 1000　16 开　17.25 印张　300000 字
2016 年 5 月第 1 版　2016 年 5 月第 1 次印刷
ISBN 978 - 7 - 5141 - 6793 - 1　定价：78.00 元
（图书出现印装问题，本社负责调换。电话：010 - 88191502）
（版权所有　侵权必究　举报电话：010 - 88191586
电子邮箱：dbts@ esp. com. cn）

专家指导委员会

序

　　伴随着经济体制改革的逐步深入，中国经济已经走过了波澜壮阔的30年，社会财富快速积累，不仅使人均GDP增长了将近60倍，也使以家族企业为主的民营经济在地区经济发展中的作用不断增强。家族企业在增加社会财富、拉动经济增长、推动改革创新等方面发挥了重要的作用，已经成为中国社会主义市场经济的重要组成部分。

　　家族企业乃至整个民营经济的顺利传承和永续发展是中国经济体制改革的核心问题，关系到中国整体经济的健康发展。因此，研究家族财富管理中的思想和实践方法，探索家族财富管理在中国现今社会中的应用价值，对于我国以家族企业为代表的民营企业长远发展具有深刻的现实意义。

　　通过研究家族财富管理的实现路径，积极探索资本市场在民营经济发展中的多元作用，帮助民营企业建立健全的企业法人治理结构，从制度、结构、顶层设计等多个维度促进家族企业乃至整个民营经济稳步前行。

　　家族财富管理是围绕整个家族的所有资产的经营和规划，应用家族信托、家族基金、私人资产管理、第三方资产托管、家族办公室等多种金融工具和资产配置模式，对家族拥有的产业资本、金融资本和社会资本进行运营管理，以实现家族财富的保值增值和家族企业的永续传承。与一般大众的财富管理不同，其内容不仅包括一般意义的理财、金融投资以及不动产、收藏品等另类投资，还包括税务、法律、企业战略等一系列咨询服务。对于无形财富的管理，诸如对子女教育的投入、家族和谐关系的建立和维护，乃至整个家族的传承，也是家族财富管理中重要且具有家族特色的内容。

在西方社会，伴随着家族企业发展和家族传承的演变，家族财富管理逐渐形成了一套全面、严谨、自成一体的财富规划服务，并以家族办公室这一服务形态最为典型。相较之下，我国目前家族财富管理的发展仍显幼稚，各家机构基于自身的业务能力从某一维度提供特定的家族财富管理服务，缺乏一种系统性、综合性的整体解决方案。具体表现为拥有财富的富裕家族，分别通过商业银行、投资银行、第三方财富管理、律师事务所、会计师事务所等商业服务机构完成相应的家族财富管理活动。

在中国经济转型升级和全面深化改革的背景下，中国的家族财富管理行业总体还处于发展初期阶段，缺乏一批良性、专业化的家族财富管理机构，民营企业家和相关从业人员对家族财富管理也缺乏足够的认识。中国的家族财富管理存在着家族资产配置混乱、家族财富投资渠道单一、家族财富风险隔离机制僵化、家族内部治理结构落后、家族企业转型路径不明、家族企业代际传承困难、家族企业人才流失严重等诸多难题。家族纠纷的传闻不绝于耳，家族企业败落的案例更是屡见不鲜，直接向家族财富管理与家族企业发展传承提出了新的要求和挑战。"真功夫创业者内乱"、"国美电器控制权之争"、"陈逸飞前妻遗孀争产"、"海鑫钢铁轰然崩塌"，如此家族败落的案例为中国家族企业乃至整个民营企业敲响了警钟。

鉴于家族财富管理的迫切需求和家族企业对国民经济的重大作用，研发具有中国特色的家族财富管理模式，发现和把握家族企业的成长特征、规律和发展中存在的问题，引导家族企业、家族资本进入资本市场，研究如何实现家族财富的保值增值和家族企业的基业长青，对中国经济未来的发展有着不可忽视的作用。长期以来，中国家族财富管理市场存在着产品服务同质化严重、投资工具缺乏、投资标的有限、专业人才不足、风险管控不严、创新动力不够等诸多问题，亟须一个智库和协作互动的平台，通过研究、教育和专业化服务满足企业、行业与社会的理念需求、人才需求和家族财富管理需求。家族企业的传承与转型不能简单以培养子女领导力为主，必须构建一套基于金融资本顶层设计下的系统，将系统科学的金融资本与家族柔性结构相结合，才能实现有效的传承。

蓝源投资集团与宁波大红鹰学院在三年前成立了我国第一家家族财富管理研究院，并与西安交通大学管理学院共同成立蓝源家族财富管理研究中心，在北大金融创新中心、香港大学、香港金融管理学院、浙江大学企业家学院等支持下，致力于打造中国式家族企业传承模式，推动中国家族企业的财富管理，引导和规范民间资本，打造基于家族企业的金融资本生态系统。

本系列丛书是蓝源家族财富管理研究院、宁波大红鹰学院和西安交通大学管理学院三年以来通过对浙江近500多家家族企业的访谈和蓝源资木12家家族办公室（FO）运营实践的基础上，对国内外家族财富管理模式的总结、研究、借鉴与实践。可以相信，该系列丛书的出版将为中国家族企业解决长远发展和代际传承的难题提供新的思路，为中国家族财富管理事业献智献策。

2016 年 4 月

前　言

家族企业是全球经济的重要组成部分。几百年来，家族企业在全球经济活动中一直发挥着无法替代的作用。美国著名学者克林·盖尔西克（1998）的研究显示，在全世界的范围内，由家族掌控的企业要占到65%~80%，世界500强中有40%是家族所有或经营，甚至诸如沃尔玛、宝马、家乐福等大型公司也是由家族所控制。在欧洲有43%的企业是家族企业，在亚洲，特别是东南亚华人地区，家族企业所占比重更大。

家族企业在中国经济格局中同样占据重要地位。自改革开放以来，民营经济高速发展，据全国工商联的调查数据显示，中国民营企业总数占全国企业总数96%，对中国GDP的贡献超过50%，所吸纳的就业人数占社会就业总人口的75%，而中国85.4%的民营企业是家族企业。《福布斯》中文版发布的"中国现代家族企业调查报告"表明，截至2014年7月底，2 528家A股上市公司中，民营企业为1 485家，其中家族企业有747家，占上市民营企业的比重超过50%。尽管如此，中国家族企业依然面临着诸多的问题。

（1）所有权和治理结构不清晰，成为家族企业扩张的隐患。"整合、抱团、平台思维"等发展模式成为家族企业转型升级的突破点，而这些模式的背后都需要一套完整的顶层设计结构。大多数家族企业存在产权结构单一、原始产权模糊等弊端。随着企业的发展壮大，家族企业不可避免需要所有权和治理结构重组，这些企业股权和治理结构的问题，必将会成为制约企业转型发展的一道隐形障碍。

（2）经济转型期，家族企业面临巨大挑战。随着中国经济进入"三期叠加"的新常态，供给侧结构性改革势在必行，产业结构调整大势所趋，企业面临着行业产能过剩、整体经济增长不足、经营成本持续上升、融资环境进一步收紧的艰难环境。在此背景下，很多家族企业陷入"转型找死，不转型等死"的尴尬境地。《2015 中国家族企业健康指数报告》的调查结果显示，企业认为较差的经济形势将持续"1~3 年"的占 65.2%，"3~5 年"的占 26%，"5 年以上"的占 6%，"1 年及以下"的占 2.8%。在压力之下，大多数家族企业选择主动求变，以获得未来的发展空间。

（3）风险隔离机制缺乏。家族企业尤其是中小家族企业，通常将家族与家族企业财务混杂在一起，普遍存在用个人资产作为抵押为家族企业进行融资的现象。一旦发生风险，将会导致个人、家族的财产被强行处置，甚至导致家族成员的基本生活得不到保障。

（4）资产配置结构不合理。对于大部分家族而言，其财富主要集中于家族企业的股权，同时现金资产也是其不可或缺的部分，但在现金资产配置方面，绝大部分家族缺乏科学的规划。在股市好的时候，股票资产配置的较多；在房地产市场繁荣的时期，纷纷投资于房地产。这种缺乏稳定结构与策略的资产配置会导致家族现金资产收益大幅波动，影响其长期收益率。另外，中国家族企业的 PE（私募股权）投资比例平均不足 8%，低于海外家族平均 15% 的 PE 投资配置比例。中国家族企业在进行 PE 投资时，仅仅关注 PE 投资的财务收益，而没有能够与自身企业的发展战略和产业发展方向相结合。

（5）代际传承困难重重。家族企业创始人和接班人由于教育背景、成长环境、事业理念、管理风格和个人性格等诸多方面存在差异，一代创始人和二代接班人在文化、管理、情感等方面存在巨大鸿沟，具体表现为二代不愿意接班或者无力接班。中国家族企业第一代企业家所处的市场环境基本上属于早期的机会主义市场，个人决策速度是企业制胜的关键。随着社会发展，中国经济的市场化水平已达到较高的程度，机会主义时代已经终结，新的市场竞争格局已经形成，现代企业制度基本确立，企业规模日益扩大，内部管理结构也变得更加复杂，这些内外部环境的变化对第二代继承人的企业家能力和素质都提出了更高的要求。然而，企业家是一种特殊人才，寄希望于所有的第二代都能迅速成长为高屋建瓴、运筹帷幄的企业家是不切实际的。

在蓝源家族财富管理研究院的实践中，我们发现在新常态下，家族企业需要面对更加复杂多变的外部环境，以及越来越大的经济下行压力。突破传统格局，进行家族企业结构调整，建立更加科学的家族企业治理结构，引入先进的家族企业治理模式，完善家族企业接班人培养制度，已经成为家族企业最为关心的问题。本书在梳理家族治理及家族企业治理基础理论的基础上，重点研究境外家族企业的治理模式，并深度剖析境外家族企业治理经典案例，再结合中国家族企业治理实践，提出适合中国家族企业发展生命周期的基于家族办公室和家族基金的创新型家族企业治理模式，并重点分析家族企业的传承和发展管理。

本著作的研究设计和撰写提纲由宁波大红鹰学院财富管理学院院长刘莉教授、副院长陈超副教授、马山水教授、张洪君教授和蓝源家族财富管理研究院武军副院长、毕宏波院长助理、金鑫主任等研究人员共同探讨拟定。研究团队由刘莉、马山水教授带队，参与人员有蓝源家族财富管理研究院许宁博士、任培政博士、吕昊研究员等。在本书初稿形成过程中，宁波大红鹰学院孙惠敏教授、李羽教授，西安交通大学管理学院孙卫教授、郭菊娥教授和浙江大学管理学院陈凌教授给予了很多的帮助，在此一并感谢他（她）们对本书所做的贡献。

我们深知，家族企业治理是一项繁杂的系统工程，涉及的问题多且复杂，不可能通过一本著作就能给出完美的答案，本著作也不可避免地存在一些不足和很多值得进一步拓展研究的问题。希望本著作能够引起更多的研究人员、企业家和决策者关注中国的家族企业治理问题，集聚众人的智慧，共同推动中国家族企业乃至整个民营经济的持续健康发展。

项 乐 李 綦

2016 年 4 月

目　录

第1章

家族与家族企业治理

家族企业的界定是家族企业研究的起点。家族企业不仅具有经济学和管理学层面的特征，还具有社会学和文化人类学层面的特征，不同国家的家族企业各具特色。

1.1 家族企业的特征与发展状况

1.1.1 家族企业的概念界定

1.1.1.1 家族的社会学含义

家族是一种荣耀，没有家族就没有未来。从中国的家族到世界的家族、从中国的家族企业到世界的家族企业，家族与家族企业为推动世界政治变革和经济发展提供了强有力的支撑。从前，现在，直至未来，中国家族（企业）在经济总量中所占的比重将逐渐增大，家族（企业）势必在中国整个政治、经济、文化中扮演越来越重要的角色[①]。

家族，是指有共同起源和共同遗传特征的人群，家族的基本属性是基于血亲与姻亲相结合的社会组织。家族企业是最古老的企业组织形态、最流行的企业形式，也是生命力最强的组织形式，伟大的家族企业经营模式是最成功的管

---

① 赵洁. 中国"家族办公室"的未来展望 [J]. 西部皮革，2014（5）：22-24.

理实践。

美、日、中三国家族企业中的"家族"往往被等同于"Family"这一概念,但其实这三者似是而非,各具不同内涵。三个国家不同的家族文化支撑着三种不同的家族企业模式,美、日、中三国家族成员的关系及贯穿其中的观念如图1-1所示。

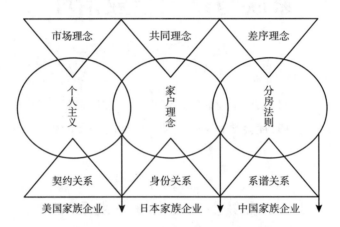

图1-1 美、日、中三国家族文化比较

资料来源:唐震. 家族文化视角中的美、日、中三国家族企业比较[J]. 软科学,2003(4):36-38.

1. 美国的契约关系与个人主义

从西方人的角度来看,任何不同个人之间的社会关系都可以用"契约"来加以说明,即便是婚姻也是一种契约关系,因此,在婚姻基础上建立起来的家庭也是一种契约关系。

2. 日本的身份关系与家户观念

日本的家族是一种特殊形态下的家族关系,与其说它是家族,不如称为"家户"。它是建立在模拟血缘关系基础上的一种身份关系,即在日本的家族关系中,血缘关系不是第一条件,一些非血缘者,如长工或有能力的雇员,也可以在家族关系中获得一定的身份并成为家的成员,受到家的保护。

3. 中国的差序观念①与系谱关系

中国的家族是依赖父系族谱关系而存在的,在中国的传统文化中有一些纯

---

① 差序格局在家族企业的反映就是:企业主是这个企业的核心,环绕着这个核心的是与企业主有血缘关系的管理层,再往外推则是更低级的管理人员和具体工作人员。

粹用来描述系谱关系的用语，如"房"等。这些用语在概念上不夹杂一丝经济或其他功能因素，中国的家族关系实质上是一个"房"的延续体，而这种房的地位是属于家族中男子的，他们依此地位可以自动地成为家产的继承人之一，并拥有对父亲家族财产不可否认的均分权。整个家族中，各人依据在系谱中的位置决定关系的亲疏。①

1.1.1.2 家族企业界定视角

家族企业是家族和企业相互作用的共同体，从不同的角度界定就有不同的看法。各国学者主要从以下几个角度来认知和界定家族企业。

1. 从企业所有权角度界定家族企业

从所有权的角度来界定是判断企业是否是家族企业的基本轴线，相当多的学者就是从这一基本轴线出发来对家族企业进行界定的。由于不同家族企业财产所有权的集中程度不同，再加上不同国家或地区的公司法的差异，用一个明确的所有权量化标准来界定家族企业，显然是不合适的。所以，定性地提出一个所有权量化标准应该更合理，钱德勒（1977）曾提出家族企业应是"企业创始人及其最亲密的合伙人（和家族）一直掌有大部分的企业股权"。

2. 从企业经营控制权角度来界定家族企业

孙治本（1995）提出要以企业的经营权为核心来定义家族企业，他认为：当一个家族或数个具有紧密联盟关系的家族直接或间接掌握一个企业的经营权时，这个企业就是家族企业。这种以经营控制权为核心来界定家族企业的方法是不够准确的，因为经营控制权一般是由所有权派生出来的。但是，企业内部的经营控制权配置的确是家族企业研究必须要关注的一个关键问题。

3. 从家族成员参与程度角度来界定家族企业

钱德勒（1977）在家族企业的定义中讲道：掌有大部分企业股权的家族成员与经理人员维持密切的私人关系，并且保留着高层的主要决策权，特别是在有关财务政策、资源配置和高层人员选拔方面。刘巨钦（2006）认为，深入分析家族成员在企业中的参与度及其变化与家族企业的演变成长是非常有价值的研究领域，可以使人们深入了解家族企业内部的治理结构、运作方式和组织行为特征。

---

① 宋丽丽. 中国家族企业治理模式的权变研究 ［D］. 湖南：湘潭大学商学院，2004：8 - 9.

4. 从所有权和经营权统一角度来界定家族企业

大多数学者都是从所有权和经营权统一的角度来界定家族企业。他们对家族企业所下定义的共同特点是：家族企业并不是指由家族成员掌握企业的全部所有权和经营控制权，而是一种大部分或基本掌握这两种权力的企业组织形式。这种界定虽未将家族企业的全部外延都包括进来，但表明家族企业并不是那种家族成员掌握全部所有权的纯家族制封闭状态。根据叶银华（1999）的界定，可以从家族成员临界控制比例的角度，把家族企业看成是一个股权和经营控制权连续分布的状况，从家族全部拥有两权的企业到家族仅拥有临界控制权的企业，都是家族企业。一旦突破了家族的临界控制权，家族企业就演变成公众公司。这种界定非常富有学术研究价值，也与家族企业演变的实际状况相吻合。

5. 从社会关系网络角度来界定家族企业

从这一角度定义家族企业的主要是一些社会学研究人员，因为"家庭、家族"本身就是社会学的概念。家庭、家族关系网及其延伸的泛家族关系网是家族企业的重要构件，没有这张网，家族企业是难以创办和有效运作的，也难以被人识别为家族企业。这一特征在华人家族企业中表现得格外明显。"家"这个概念有很大的伸缩性，汉密尔顿（G. Hamilton，1991）对此也有比较深入的认识，他认为中国的家族企业通过一系列随着时间地点的变化而扩张或收缩的联系而表现出来，家族企业的界限经常是模糊的，因为它们不能完全通过财产权、所有权、控制权来定义。相反，家族企业的界限是由通过社会性的关系使人们联系在一起的网络来定义的。

6. 从文化角度来界定家族企业

从文化的角度审视中国家族企业，可以发现中国人把家文化规则，包括家族伦理观念、家族成员行为角色关系、家族制度框架、家族心理认同与接纳等习惯性地泛化扩大到家族以外的人际关系和组织中。任何家族以外的社群、机构，包括企业或国家都可视为"家"的扩大。泛家族文化规则是中国文化的一大突出特点，也是中国家族企业与西方家族企业相区别的另一个重要特征。也就是说，西方社会至今仍有一些巨型企业是家族企业，但这只是从家族所拥有的资本控股角度而言，其管理规则、组织行为及其企业文化氛围已基本不具有家族色彩，而是现代经理式科层制组织形态。[①]

---

① 储小平. 家族企业的成长与社会资本的融合［M］. 经济科学出版社，2004.8.

此外，还有其他一些学者对家族企业做了如表 1 - 1 所示的界定。

表 1 - 1　　　　　　　　　　不同学者对家族企业的界定

角度	学者	观点（界定依据）
企业所有权	盖尔西克（1998）	家族拥有所有权的比例是确定某一企业是否是家族企业的标准
	唐克埃尔斯和弗罗利希（Honckels and Frohlich，1991）	某一家庭（或家族）的成员拥有一个企业60%及以上的财产所有权，则该企业就是家族企业
	海沃德（Hayward，1992）、斯迈米奥斯和罗马诺（Smymios and Romano，1994）、克罗姆耶（Cromie，1995）、雷诺兹（Reynolds，1995）等	提出拥有企业财产的50%这一家族控制量化界限为界定家族企业的标准
经营控制权	孙治本（1995）	提出要以经营权为核心来定义家族企业
	金祥荣和余立智（2002）	倾向于以创业家族是否掌握以及在多大程度上掌握企业的控制权作为以区分"家族企业"与"非家族企业"的基本识别标准
家族成员参与程度	跃进（2002）	提出以业主或法人代表为中心，确定家族成员的亲等指数，由此测定家族企业家族化水平的方法模型
	罗伯特 G. 唐纳利，丘吉尔和哈顿（Robert G. Donnely、Churchill and Hatten，1997）	家族企业中家族成员代际关系的作用作为判断的标志
所有权和经营权统一	钱德勒（1977）、叶银华（1999）	所有权和经营权是否统一为判断标志
	潘必胜（1998）	认为当一个家族或数个具有紧密联盟关系的家族拥有全部或部分所有权，并直接或间接掌握企业的经营权时，这个企业就是家族企业
社会关系网络	费孝通（1948）	中国乡土社会采取了差序格局，利用亲属的伦常去组合社群，经营各种事业，使这基本的家变得民族性了
	汉密尔顿（G. Hamilto. 1991）	中国的家族企业通过一系列随着时间地点的变化而扩张或收缩的联系而表现出来，企业的界限经常是模糊的，因为它们不能完全通过财产权、所有权、控制权来定义，相反，企业的界限是由通过社会性的关系使人们联系在一起的网络来定义的

角度	学者	观点（界定依据）
文化	雷丁（1993）	华人家族企业"实质上是一种文化产物"
	杨国枢（1998）	从文化规则的角度审视中国的家族企业，可以发现中国人把家文化规则，包括家族伦理观念、家族成员行为角色关系、家族制度的框架、家族的心理认同与接纳等习惯性地泛化扩大到家族以外的人际关系和组织中
	郑伯埙（1995）	华人家族企业即使成长到很大，即使很重视用西方化的规范性制度来管理企业，但在人力资本的整合和组织行为上依然是以差序格局为基本特征的

综上所述，我们可以下这样一个定义：家族企业是家族资产占主导的家族关系契约和要素契约的结合体，是家族成员对企业的所有权和控制权保持拥有的一个连续分布的状态，是家族及泛家族文化规则在不同程度上决定组织行为的经济组织。

从上述定义我们可以看出：

（1）家族企业的本质是关系契约和要素契约的结合体。现代企业理论认为，企业是"一组契约"，这组契约包括了企业的要素投入者和利益相关者（提供资金的股东和债权人，提供劳务的经理和工人，以及消费者和供应商等）之间的关系。家族企业也是企业，它具有企业的一般本质。同时，家族企业也代表一种关系文化，并且关系因素在组织中起重要作用。如果把家族企业中这种关系因素看作是一种对价格极不敏感的长期契约的话，那么，家族企业就是关系契约与正式交易契约的结合体。

（2）识别家族企业的关键是关系文化。家族企业中文化伦理关系所体现出的以血缘、亲缘关系为主的"关系文化"正是识别家族企业的关键，而这种文化伦理契约与正式交易契约的结合也正是家族企业的本质所在。

（3）家族企业的规模形式多样。家族企业的规模形式多样，它包括从所有权与控制权不可分离地被家族成员紧密持有的形式，到企业上市后家族成员对企业资产和经营管理保持临界控制权的企业。其规模可小至家庭作坊式，也可大到成为一个"企业帝国"。

1.1.2　家族企业的特征

1.1.2.1　社会关系网络特征

社会关系网络在中国家族企业经济活动中往往起着替代正式制度的作用，并且在配置资源功能上显得尤为突出。从家庭、家族的关系延伸到全社会的泛家族化关系网络是中国家族企业的一个重要特征。"家族"是社会学的概念，人最初的也是最重要的社会化阶段就是他的家庭生活及其与家族亲戚成员之间的交往经历。而且"家"这个概念有很大的伸缩性，自家人的范围是因时因地可伸缩的，可以包罗任何想要拉入自己圈子的人物，这使得家族企业能组织起较大规模的人力资源和物力资源。

家族企业的社会关系网络作为社会资源的载体是复杂的、不可见的、独特的、隐形和专属的，因而使得其他企业难以模仿，具有可持续的竞争优势。

第一，社会关系网络在一定程度上可以减少企业内部的协调成本，降低道德风险。有学者指出，以社会关系网络为基础的个人中心型管理是家族企业内部管理的重要特征。企业内部各成员之间的交易是长期的，信任程度较高。通过内部的人际网络关系，可以避免过高的行政费用和因规模过大而缺乏灵活性。

第二，社会关系网络可以协调企业与外部组织环境的关系。由于家族企业缺乏搜寻、获取资源的能力以及声望，进而在传统市场上进行交易时处于劣势。在这种情况下，家族企业只有依靠其外部网络，来获得资源和完成交易。

第三，家族企业对于社会关系网络有着很强的路径依赖。当一个人创办和管理企业时，他所拥有的家庭、家族关系网络及其由此延伸的泛家族关系网络自然成为他获取创业和经营资源的最重要的通道。由于体制缺陷以及市场法制环境的不健全，家族企业的管理高度依赖于企业家预先存在的社会网络。无论是创业初期，还是发展壮大时期，均是如此。

第四，社会关系网络对于家族企业的人力资本的影响是显著的。正是这种以血缘、亲缘、地缘以及业缘关系为基础形成的特殊的信任和规范的强关系，使得家族企业在用人上具有明显的"任人不避亲"和排外性，其人力资源具有高趋同性和高紧密型的特征。而且，这种特殊的关系还深刻地影响着企业职员岗位的分配和职位的提升，也使得外部的人力资源很难融入家族企业。[①]

1.1.2.2 泛家族文化特征

中国家族文化的血缘亲情关系已经扩散、泛化并渗入到社会的每一个角落，他早已超出了家族内生活的范围。[②] 家族企业是家族和企业的结合，与生俱来就带有亲情基因，具有一些家文化的特征。例如：企业主的家长权威和家长式的领导风格、重视营造企业中类似家庭的亲情和谐氛围、用人亲疏有别的差序格局等。中国人更把家文化规则，包括家族伦理观念、家族成员行为角色关系、家族制度的框架、家族的心理认同与接纳等习惯性地泛化扩大到家族以外的人际关系和组织中（杨国枢，1990）。在日常的工作和交往中，各种动机导致家族企业迅速地将交往、交易的非家族对象予以"家人化"，不断编织"哥们"关系网，遇事找"哥们儿"，按"哥们儿"规则处理事务，这一切对家族企业家们来说是再自然不过的事。

1.1.2.3 所有权与控制权合一特征

企业所有权或股权主要由家族成员控制，家族成员占有企业主要剩余收益权和控制权，并承担着企业的主要风险。本书未提到所有权与经营权合一而是提出所有权与控制权合一，主要原因是前者对应的范围比后者对应的范围小，所有权与经营权合一对应的是纯粹的家族企业，而后者对应的还包括淡化的家族企业，如很多家族企业家族成员掌握企业所有权与控制权，而让家族外的职业经理掌管大部分经营权，同时也享受部分收益权。所有权与控制权合一的表现是，虽然设有股东会、董事会和监事会等机构，但董事会、监事会往往形同虚设，股东大会也不过是家族会议，三会之间无法形成现代企业制度中健全的委托—代理—监督关系。在这种家族产权关系中，由于权责利高度统一，其所形成的激励机制、约束机制以及无须监督的特点，使家族企业充满生机与活力。所有权与控制权合一是家族企业的核心特征。

1.1.2.4 双重系统特征

家族企业中家族和企业关系重叠，导致其内部关系错综复杂，家族成员充

---

① 刘薇. 社会关系网络与家族式企业治理 [J]. 研究与探索，2008（9）：49-51.
② 冯信瑶. 中国家族企业研究——家族企业成因、特征及对策 [D]. 南京理工大学，2004：5-15.

当双重角色。一方面，家族成员是企业的员工，受制于企业层级结构，听命于组织指挥链；另一方面，他们又是家族的成员，在家族中具有一定的地位，拥有比非家族成员特殊的权威。这样，在家族企业中由于血缘、亲缘关系的加入，家族企业成员间的关系比单纯的现代公司复杂，还使家族成员时常陷入角色冲突的困境。表 1-2 对家族与企业两个不同系统的特点进行了比较。

表 1-2　　　　　　　　　　家族企业双系统特征比较

项目	家族系统	企业系统
系统目标	培育子女	赚取利润
人文目标	互相关怀	培育人才
评价标准	无条件接受	要求绩效和表现
权威来源	根据家庭辈分关系确定权威	根据在企业里的角色和职务确定权威
成员关系	非正式的行为关系	正式的雇佣关系
关系性质	血缘关系永久的	员工关系短暂的
持续周期	世代相传的人生周期	有限的工作或产品周期

1.1.3　家族企业的优势和劣势

1.1.3.1　家族企业的优势分析

1. 家族企业具有强烈的责任感与凝聚力

同一家族成员组成的企业，彼此间具有高度的认同感与一体感，继而产生一种神圣的道德责任，愿意尽全力为企业牺牲奉献，使家族成员为了共同的目标不辞辛苦、不计报酬地勤奋工作。尤其在创业阶段，凭借家族成员之间特有的血缘关系，家族成员的向心力强、彼此同心协力，这是家族企业初期快速成长的主要原因。若遇上企业不景气时，"为家族这个姓，一定要撑下去"的强烈信念与一心"效忠"的奉献精神，能使家族企业渡过难关。家族企业所具有的家族与企业合一的特征，使家族成员把企业视为家族财产，把企业的业务看做是家族事务的一部分，形成了企业是家族的延伸和模拟家族的观念意识。在这种观念意识作用下，建立在血缘、亲缘和姻缘关系基础上的家族成员，把家族内的伦理和情感带进并融入了企业，能够也更容易为了家族利益而相互配合，团结奋斗，在企业内部形成较强的凝聚力。

2. 决策灵活迅速

家族企业中由其辈分及德才决定的"家长"担任企业的领导核心。家族企业领导层级较少，具有扁平化特征而且富有弹性，缩短了信息传递的时间和环节，能适应市场的瞬息万变并迅速的做出反应。[①] 家族成员在一起开办企业，其利益的一致性使得每一位成员对外部环境的变化具有天然的敏感性，从而在决策上，家族成员之间更容易达成共识，能对市场变化做出快捷、灵活的反应，提高了决策效率。家族企业是在家族伦理道德规范制约下进行运作和管理的，企业主可以依靠商业经验独裁式地指挥家族企业，并对家族企业的重大事务做出决策，这在一定程度上节约了决策时间，保证了决策过程的迅速性。同时，由于家族成员在利益、观念和对问题认识上的一致性，以及家族成员对家族企业主所具有的绝对服从的伦理规范和对其商业经验的充分信任，使得家族企业主做出的重大决策很容易为家族成员所理解，并能很快在企业中得到贯彻执行，避免了企业决策在执行过程中的延误现象。

3. 管理成本低

建立在家族血缘、亲缘关系基础上的家族企业的生存发展与家族的利益紧密相关，双方利益共享、风险共担，传统的家庭等级制度和"遵上"、"忠信"、"服从"观念以及家族成员彼此高度的认同感和一体感，有利于减少企业内耗、降低管理控制难度和成本。特别是在企业初创时期，家族企业能以较低的成本迅速聚集人才，上下同心协力，能在较短的时间内获得竞争优势，快速完成资本积累。即使在守业和发展时期，家族成员在对资产关注度上的优势、家族成员及其之间的忠诚信任关系等因素，都会降低监督成本和约束成本。

4. 创业者有较强的使命感

创业者的经营绩效决定家族的成败兴衰，一荣俱荣，一损俱损，所以创业者承担着家族的使命，具有强烈的责任感。这一方面是因为企业所有权与控制权的统一使创业者的行为与其利益正相关；另一方面创业者还必须对家族负责。这些利益机制迫使创业者必须竭尽所能来促进企业发展，而个人的经营管理才能也因此能得以充分发挥。

5. 运营机制灵活

中国大多数家族企业的规模不大，"船小好调头"，避免了许多生产、管

---

① 鹿麟，王乃峰. 家族企业存在的合理性研究 [J]. 科技与管理，2005（2）：69-71.

理方面的"大企业病"。家族企业在运营中能够机动灵活地对外界信息进行反馈，能够较好地适应不断变化的外部环境。①

1.1.3.2　家族企业的劣势分析

当企业成长到一定阶段，特别是达到较大规模时，家族企业与得天独厚的优势相生相伴而来的弊端便日益显露出来，其劣势主要表现在以下方面。

1. 个人独裁

家族企业中的家长式管理主要是采取集权式的组织模式、恩威并用的管理方法、"家长"的示范效应等方式完成企业的经营管理。这种高度集中的决策机制在创业初期是高效率的，能够推动家族企业快速发展。然而，当企业规模越来越大、个人综合素质不全面时，由于企业的股权过于集中在一个家族甚至一个家长手里，企业的命运维系于一身，缺乏集体的决策机制，特别是缺乏对经验者行为的有效监督，决策失败的可能性增大，存在极大的风险。②

2. 任人唯亲

家族企业内部的裙带关系在很大程度上不利于选拔有能力的专业经营人才。大多数家族企业在用人方面侧重于近亲使用，不能对社会优秀人才进行"择优录用"。在家族企业中，往往是家族逻辑超越了利益至上的商业原则。为了照顾家族成员的利益，企业的高级职位由家族成员把持而排挤外人，这就使企业中的非家族成员处在不公正的地位，打击了这部分人的积极性，加深了家族成员与非家族成员之间的对立情绪。家族成员对企业几乎一切重要岗位的垄断客观上阻止了优秀人才进入企业，而企业主对非家族成员的低信任度，主观上又排斥了优秀人才进入企业。同时，家族领导者往往独裁倾向和专制作风严重，实行家长式管理，一人独大，使唯命是从的人得到重用，从而引发薪酬不公正等问题。

据 2012 年的《中国私营企业调查报告》表明，越来越多的私营企业主愿意自己的配偶参与企业管理，而绝大多数私企老板都为子女"预留"了接班位置。然而每个家庭的能力有限、智力有限，如果不从社会上进行人力资源的优化配置，没有一批优秀人才充实到家族企业，企业的发展就要受到限制。如果家族企业的董事长、总经理、几位副总都为自家人，人才就引不进来，即使

① 周安娟. 论家族企业管理模式［D］. 陕西科技大学管理学院，2012：2－10.
② 王璐. 家族企业治理模式探析［J］. 黑龙江对外贸易，2010（5）：96－97.

引进来了也留不住。单纯在家族成员中选择人才的结果就是选择面会变得越来越窄，可用的人才会越来越少。而长期的家长制管理会使领导者变得自负，总觉得自己是最能干的，这恰恰排斥了社会优秀人才的加盟。另外，基于家族关系建立起来的内部信任，会自然地对没有类似关系的员工产生不信任感。因此，家族企业的劣势首先表现在深知自己的企业因缺乏人才而长不大，却又很难创建获得和留住人才的环境。

3. 小富即安

市场竞争的规律是"不进则退"，而且"进得慢也是退"，企业必须进行"不断创新"才能获得可持续发展。一些家族企业发展到一定程度后，由于企业管理水平及经营者素质不高，企业经营者创新意识不足，加上开展技术创新存在着很大的创新风险，中小企业抵御这些风险的能力还较弱，这在很大程度上制约了创新活动的开展，必然就会有部分人安于现状，不思发展，产生"即安"的思想。在"小富即安"思想的支配下，缺乏长远规划和发展战略，在完成原始积累后停滞不前，最后走向衰落。

4. 缺乏有效的创新机制

国外的大企业往往具有强大的研究开发队伍，不少企业建有研发中心和信息中心，并有配套的企业创新机制，这样能够使企业始终保有前沿的产品和尖端的技术，现代化程度较高。中国的许多家族企业往往是"一两个产品打天下"，生产工艺和产品性能在很长的时期内保持不变，后续开发能力比较薄弱，更谈不上现代化管理，这必将制约着家族企业的健康发展。①

家族企业作为一种广泛存在的企业组织形式，在中国乃至世界范围的经济发展中扮演着十分重要的角色。但从家族企业发展史来看，可以概括为如前所述的"成也家族，败也家族"。家族经营管理模式是推动或制约家族企业可持续发展的"双刃剑"。与国有企业、集体企业等相比，中国家族企业在发展过程中既有优势，也有劣势，这种"两面性"对家族企业的发展产生着重大影响。

---

① 姚丽霞. 中国家族企业制度的利弊及其对策 [J]. 武汉商业服务学院学报，2007（1）：53 – 55.

1.1.4 中国家族企业发展现状

1.1.4.1 结构层面

1. 资本结构

融资体系严重扭曲导致家族企业资本结构单一。当代中国家族企业顺利成长的重要条件之一是能否有效地融合社会金融资本。由于中国资本市场不发达，家族企业融资方式和渠道单一，造成家族企业资本结构单一、资本社会化程度低，在企业创立之初，资金大多通过家族内部成员和朋友筹借得到，企业发展过程所需资金大多也只能靠自身积累。中国家族企业融资难的问题非常突出。首先，金融机构对家族企业的贷款非常有限，银行信贷余额80%左右投向了国有企业，而且国有企业比家族企业更容易获得政府的贷款担保。其次，市场上的投资者基本上都不是由机构组成的，其资本弱小，参与企业的能力不强，很难削弱上市家族企业的控制权。最后，家族企业上市受到的约束太多，成本非常高昂，上市要以接受监管、失去部分企业控制权和披露财务数据等为代价，对大多数家族企业而言，他们不愿意以此为代价来换取在资本市场上的融资便利。

2. 治理结构

组织机构名不符实，难以建立规范的法人治理结构。2012 年"中国私营企业研究"课题组在全国抽取 3 670 户私营企业，对其 2012 年年底的情况进行了调查。调查结果表明 2012 年年底，被调查的私营企业近 63%采用了有限责任公司的组织形式，由此表明大部分私营企业已经开始由家族制管理向现代企业管理变革。企业主个人资本占企业资本总量的 76.7%，由业主兼任总经理或厂长的企业数占全部企业总数的比例仍高达 96%，这又说明，尽管在名义上已经突破了个人业主制和合伙制，但实质上企业主仍掌握企业的绝对控制权和决策权。

中国大多数家族企业虽然具有公司制的外壳，但并不具有公司制的内涵。家族企业成员之间的权力制衡不是建立在商业原则基础上，其组织行为不是依据市场原则，而是依据伦理规范。维系企业生存和发展的不是利益关系，而是所谓个人之间的情感和信任关系。在这种情况下，就容易形成家族业主实际管理素质与现代管理者角色需求的矛盾。家族企业治理结构涉及的核心要素如图

1-2 所示。家族企业要在坚持现代公司法人治理结构的前提下，结合家族企业实际发展情况，建立规范化的公司法人治理结构。表 1-3 展示了不同家族企业治理模式在不同治理机制上的差异。

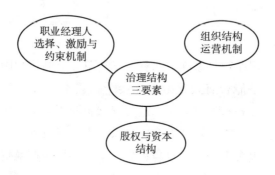

图 1-2　家族企业治理结构三要素

表 1-3　　　　　　　　　　　家族企业治理结构

治理模式	家族化治理	互信共治	职业化治理
信任基础	家族内部信任为主	家人与外人	互信外部信任为主
经营主体	所有者与经营者合一	控制权分享	所有者和经营者分离
领导权威	家长单边权威	权威二元化	管理者权威
管理决策	家长集权决策	决策权共享	经理人专业化决策
股权结构	家族一股独大	股权多元化	股权多元化

资料来源：辜胜华，张昭华. 家族企业治理模式及其路径选择 [J]. 中国人口科学，2006 (1).

1.1.4.2　经济层面

根据《福布斯》杂志 2011 年的统计，在国内 2 272 家上市企业中，1 268 家为民营上市企业，这其中 460 家为家族企业，占民营上市企业总数的 32.68%。事实上，从 2006 年起，家族企业的上市就呈现井喷之势，一共有 370 家企业在最近的 5 年中进入资本市场。可以说，家族企业近年来的表现非常活跃。而且，从数据上看，上市家族企业的表现要优于非家族企业，它的总资产回报率达到了 6.66%，这明显要优于国有上市企业 1.75% 和上市非家族企业 2.82% 的回报率。在净利润复合增长率方面，家族上市企业虽略逊于上市民营非家族企业，但还是远好于上市国有企业，这种情况与欧美上市家族企业的表现基本一致。那么这些家族成员在企业里扮演什么样的角色呢？根据

《福布斯》杂志统计出的数据，虽然在这些企业的高管中，仅有14%为家族成员，非家族成员的比例高达86%，但是企业的决策权仍然牢牢地掌握在家族成员手里，因为80%的董事长都是家族成员，到了执行层面上，家族成员和职业经理人则是平分秋色。

1.1.4.3 人才层面

家族企业有着共同的特殊信任机制，似乎对外来的资源和活力有一种排斥作用。在家族企业中，一般外来人员很难享受股权，其心态永远只是打工者，始终难以融入组织中。另外，由于难以吸收外部人才，企业更高层次的发展会受到限制。图1-3展示了家族企业中不同层级成员的差序构成。正如新希望集团总裁刘永行所说："家族企业最大的弊病就在于社会精英进不来。几兄弟都在企业的最高位置，外面有才能的人进不来，而且一家人的思维方式多少有些类似，没有一个突破点。大家各有各的想法，要决策某件事就很难，容易耽误商机。"

图1-3 家族企业人才差序格局

资料来源：于永海，陈敞宇. 差序格局下的家长式领导与企业绩效 [J]. 前沿，2013（22）：80-83.

家族企业要提高自主创新能力，实现做大做强，必须拥有一支高素质的人才队伍。优化人力资源管理以强化核心竞争力，是家族企业必须面对的首要问题。随着市场经济体制的不断完善和经济环境的不断优化，民营经济已成为促进全社会生产力发展的重要力量，民营经济领域人才队伍迅速壮大，整体素质大幅度提高，科技创新能力不断增强，能有力地促进全国经济的快速发展。近年来，社会人才不仅在数量上有所增加，结构和分布上也逐渐合理，为企业招聘对口人才打下了坚实的基础。但是仍然有很多问题亟须解决，例如，劳动密集型企业招工难；有专利、有项目，能够发展高新技术产业和延续产业发展链条的高级人才少；技术人才主要集中在规模大、实力强的龙头骨干企业，而规模较小的中小企业则人才匮乏，严重制约了中小企业的发展壮大；人才不稳定，流失严重，尤其是刚毕业的大学生，很多在企业工作半年至一年就跳槽辞职，流失率较大。

1.2 家 族 治 理

1.2.1 家族治理概述

1.2.1.1 家族治理基本概念

随着家族企业的发展壮大，其治理问题越来越受到人们的重视。但是，由于家族企业是家族与企业的结合，因而它的治理问题远比公众式企业更为复杂。而且，家族企业定义本身不统一，进而导致人们对家族治理模式的界定也是多种多样的。①

目前众多的研究把家族治理等同于家族企业治理或者家族治理包含家族企业治理。基于家族企业的双重属性，这里把家族治理和家族企业治理分开，家族治理主要指家族各种关系的平衡，包括各种正式和非正式的家族治理方式，如通过"家族宪法"或者家族治理的一系列机构和一系列制度去维护家族成员的权益或处理他们之间的纠纷。这些制度包括聚会制度、信息披露制度、财富管理制度、行为规则和条例、继承制度、文化传承制度、教育和培养制度等，还包括加入家族企业的规则和条件等。

以李锦记家族的治理结构为例，他的家族委员会负责管理公司，家族办公室负责管理家族事务，还有家族投资来帮助他的企业在传统产业之外去发展和开发。通过利用一系列家族治理方式，使得家族长盛不衰，家族财富实现保值

---

① 刘锦勇. 家族治理模式的三种类型 [J]. 科研管理, 2008 (2K)：95-99.

和增值。①

　　家族治理先平衡家族内部各种关系，然后再平衡家族和企业之间的关系。要让所有的家族成员知道，家族是企业的家族，家族要牢记自己的使命，承担起家族对企业的责任，保证企业朝着有利于家族利益的方向阔步前进。企业是家族的企业，职业经理人应该恪尽职守，忠于企业，为企业利益和家族利益引领企业在市场上搏击。家族的财富管理也是非常重要的，根据家族的实际情况设定一系列的家族财富管理再分配模式是十分必要的。一方面可以保护企业正常发展所需；另一方面通过二次分配，利用家族基金进行收入平衡的再分配，通过教育基金培养最优秀的家族成员进入到家族企业。任何家族都是不一样的，家族内部存在纠纷也是不可避免的，家族治理在于探寻最优的途径去解决这些不得不面临的内部问题。

1.2.1.2　家族治理的重要性

　　家族企业的本质是家族和企业的结合，采用家族制度和家族伦理所带来的收益大于为此付出的成本。因此，家族成员参与企业活动的程度和形式，直接影响到企业的运作成本和企业的规章制度建设，进而影响到家族企业的不同形式和家族企业的治理结构。家族对企业的影响，家族成员参与企业活动的程度和形式，这是划分家族企业类型和家族治理模式类型的根本标准。

　　家族掌握企业控制权的状况。这里的控制权不是指对企业资产的所有和支配，而是指实际控制权，即能够掌握和控制企业有关经营管理方面的关键信息以及对资源使用拥有决策权。家族掌握企业控制权的状况对家族企业的形式以及家族企业治理结构的影响是至关重要的，如果家族企业人才管理岗位上是清一色的家族成员的话，也就是说家族完全掌握企业的控制权，那么企业主对这些家族管理人员的管理成本、激励约束成本就可以最小化。

1.2.1.3　家族治理的几个关键维度

1. 家族关系平衡

　　在一个典型的非家族企业中，雇员、经理、所有者或者董事的角色往往是由不同的人扮演。但在家族企业当中，一个人往往有多重身份，这些身份背后

---

　　①　马艳秋．香港家族企业治理案例研究——以恒地集团和李锦记集团为例［D］．北京交通大学，2010.

又有着不同的激励因素，因此家族企业的治理会更加复杂。因为家族成员对于家族企业可能有着不同的职责、权利和期望，这种情况有时会导致各种问题和冲突，这些问题得不到有效解决，必然会影响到家族企业的传承与发展。家族企业在发展过程中，随着时间的推移，加入企业的家族成员逐渐增加，他们对于企业运营和战略会有不同的想法和意见，在家族企业中建立起必要的沟通渠道和机制，设定家族成员行为规则，预防潜在冲突，保证家族企业的整体发展方向，是家族治理的主要目的。①

良好的家族治理结构应该要做到：

（1）能够向所有家族成员传递家族的价值观、使命和愿景；

（2）向家族成员通报企业的挑战、业绩和战略方向；

（3）就家族成员的雇佣、红利分配以及其他规则进行沟通并监督；

（4）建立正式的沟通渠道，允许家族成员提出他们的想法、期望和问题；

（5）将家族成员聚在一起，共同做出某些重要的决定。

建立这样的治理结构，将增进家族成员彼此之间尤其是介入企业运营的家族成员之间的信任，有利于家族团结。

2. 家族传承与接班人培养

并不是所有的家族成员都想涉足家族企业。但训练他们的技能，培养他们成为积极或被动的企业股东的兴趣，依然是一项重要的责任。经验表明，在培养下一代上需要有结构化的战略，这不仅仅是保证子女在他们各自的兴趣领域得到最好的教育机会。中欧商学院教授李秀娟将家族接班人的培养经验总结为三个要素：必要的、优秀的学校教育经历；关键的、认真的外部企业工作经历；全面的、深入的企业内部历练经历。②

第一步：培养兴趣与制定教育计划。

在 25 岁前，继承人的价值观和人生观业已成型。鉴于此，应先行一步通过教育和引导的方式向子女灌输家族企业的知识，培养他们的创业精神。在子女的一生中，父母是最重要的榜样。因此，父母的态度和热情是这个过程成功与否的关键。

在稍后的一个阶段，根据子女的志向和技能为他们定制教育和职业经历规划，这将是一个有益的做法。普遍的看法是，在进入家族企业前，子女在外面

---

① 于保平，良好的家族治理是成功接班的保证 [J]. 新领军，2011（4）：94 – 94.

② 七步描绘家族治理蓝图. 新财富，2014 – 7 – 17.

的工作经历将使他们受益无穷。

第二步：让下一代融入家族企业。

在决定子女如何参与企业事务时，应考虑清楚几个具有指导意义的问题：家庭成员是否应在家族企业工作？是否应作为董事积极介入董事会事务？他应该具有什么资历？在他与企业的接触中，谁拥有决策权？

家族制定"接触规则"，明确列出对家族成员的期望，如他们的资历、行为规范和职业发展等。这些规则不但保证了透明度，还为利益相关者建立了公平的竞争环境，并可以帮助继承人在家族企业内建立一个良好的开端。一名资深的、处于中立立场的董事将给予他们指导，支持这份内部职业规划的落实，并对之进行监督。

第三步：考虑继承选项。

面对全球化压力和不断上升的投资需求，公司在选择继承人上不能无视战略性的市场力量，应急方案必不可少。公司是否需要更多的成长资本？公司的战略定位是什么？当前的业务模式是否可长期持续？公司是否需要一个战略伙伴？这些是在选择继承人时应考虑的重要因素。

在继承问题上，并没有唯一正确的道路，不是所有的家族都会保持100%的私有。他们或会出于对成长资本的需要，以及因为企业治理和家族继承问题而与私募股权公司联手，走上IPO的道路。其他公司则可能出售给更大的竞争对手，在面临全球竞争的工业家族企业，这种趋势更为明显。有些家族是企业家世家，凭借他们的创业技能和业务网络，在出售业务后能够迅速创建新的企业。

第四步：发展长期的所有制战略。

家族企业所有制结构应适应传承战略，并随后结合企业治理的需要和家族情况进行调整。

对于将企业上市的家族，私有持股可能在加强其长期承诺并在家族股东间获得控制权方面是一个合适的选项。有些家族选择拆分他们的业务，使个体成员能够发展自己单独的业务，而家族的其他企业通过设立一个信托或基金会以注入长期所有权。

此外，为了限制出售家族企业的股份，家族企业经常会使用股东协议。谁可以拥有股票或行使股票的投票权？股票何时及如何进行转让？股票买卖的条款和条件如何设定？股东协议就为这些问题的解决奠定了基础。

有些家族则建立了家族成员之间买卖股票的"内部市场"。家族基金可以带来公司股票的流动性，家族可以每年委托对股票进行估值，在家族内部撮合买卖股票的订单。

第五步：家族代际沟通。

只有认识到积极的家族治理与专业的企业治理同等重要时，家族企业才是成功的。他们还需理解在加强家族关系和对业务的承诺方面，透明与沟通的重要意义。因此，随着家族的成长，家族成员在家族企业之外发展事业，积极的沟通和接触变得尤为重要。

在这方面，许多家族发现了建立家族理事会的益处。它可以安排定期的会晤，结构性的形式可以促进家族在业务进展、年轻一代成长和财产规划方面的沟通。家族宪法是另一个受家族欢迎的工具，可用于记录家族企业战略，处理广义的家族战略议题。在积极发展家族宪法的过程中，议题变得具体化，家族成员在深思熟虑的家族战略上达成共识。

当家族企业是一个家族内部主要的认同感以及财富的持续来源时，许多家族都会拥有一些共同活动领域，为诸如慈善事业、家庭共同财产以及其他遗产方面创造沟通接触的机会。

父母向子女传授价值和技能的意愿往往要超越他们转让财富的意愿。当一个家族的核心价值是创业时，它可以在家族办公室创建自己的创业投资项目，鼓励年轻的家族成员发展自己的抱负，并给予他们资金支持。通过授予基金、贷款，并安排经验丰富的团队的协助，帮助年轻家庭成员成长。

家族办公室、慈善活动、文化和社会企业家精神代表了年轻一代所拥有的无限学习机会。无论人们如何定义家族企业，其起点就是让子女参与其中，赋予他们责任，让他们面对真正的生活历练。当上述问题得到有效管理后，家族也就确立了向下一代成功过渡的基础。

3. 家族财富分配

豪门恩怨背后往往是家族财富分配的利益之争。招商银行和贝恩咨询发布的 2013 年度《中国私人财富报告》指出，近年来中国富人的财富传承需求进一步显现，高净值人群更重视为家族财富的长久繁荣进行中长期规划。遗产税政策的刺激、财富保障、子女成年及家族企业进入移交阶段是国内高净值人群开始考虑财富传承的主要驱动因素。

家族财富管理领域，发达国家已经做得比较成熟。犹如美国作者比尔·邦纳在《家族财富》中提出，国外的家族财富管理不仅关注财富长久传承，同时也关注家族文化的传承。国外成熟家族财富大多是硬结构的参与，法律结构、税务结构，遗产传承结构等相对而言比较完备。也就是说除了资产的规划

（保值增值）、子女的教育等重要的内容，他们还特别注意构建"坚实的结构"，以保障家族财富和文化的长久。其中投资策略、法律顾问、税务筹划等是重要的实现手段。

以洛克菲勒家族为例，家族创始人老洛克菲勒的财产在今天约值2 000亿美元。令人称奇的是，如此"空前绝后"的财富，经历几代人，不但没有引发任何争产风波，更打破了"富不过三代"的魔咒。这种良好的家族财富传承不仅依靠道德约束，更重要的是财富传承理念与制度设计，有效避免了后代争产和滥用财产。

实际上，不仅是洛克菲勒家族，欧美地区多数家族富豪选择借道家族信托、家族基金会的财富传承体制，成就了家族财富的基业长青。例如，美国钢铁大王卡内基家族以及政治世家肯尼迪家族等。同时，随着亚洲财富新贵的兴起，在财富规划方面，亚洲首富李嘉诚、龙湖地产掌门吴亚军、恒基兆业主席李兆基及新鸿基的郭式家族等都瞄准了家族信托这片监海。

4. 家族文化及价值观塑造

每个家族企业在经过长期的文化积淀后，都会形成其固定的有着鲜明特色的价值观体系，其决定着家族成员沟通、解决问题、认知、关系构建等行为的方式。从这个角度讲，家族价值观包含了个体主义/集体主义、内部/外部导向、信任、长期与短期价值追求等多个方面。

可以说，家族价值观是一个复合的概念，家族企业在不同的环境中动态调整企业的价值取向，以达到与环境的契合。例如，强调集体主义的价值观，有助于家族企业内部成员间形成信任和共同语言，而个体主义的价值观虽然可能减弱家族成员间的合作倾向，却能促成有利于家族创业的风险承担、自主、个人授权、自我承诺等重要品质。家族企业的共同价值观会通过家族文化或家族企业文化表现出来。

更重要的是，家族企业内部共享的价值观可以为家族成员和非家族成员带来共同的认知，帮助企业成员树立信心、增强默会知识共享、形成心理契约等，大大降低家族企业内部的代理成本。欧洲家族企业在明确家族价值观方面做得很好，例如，很多德国家族企业都为这样一种共同愿景奋斗：在本行业中取得工程技术方面的领导地位。当这些家族价值观深深渗入家族股东和家族经理的"血液"时，我们就不难理解其在治理家族内部代理问题中的作用。

家族价值观的培养可能是主动的塑造，也可能是被动的形成，但并不是一日而成的事情，这需要家族企业领导者和他们的后代不断思考、探索、实践与扩散。家族企业可以通过规范、制度向其成员传导其坚持的信念，也可以通过关怀、情感互动与交流来获得成员的认可。例如，来自企业家长言传身教的分享、家族形象的塑造、由家族扩散到企业成员的聚会和纪念日等。

正式或非正式的治理手段，都可能成为家族企业传导价值观的途径。但无论采用何种模式，价值观培养的核心是要将企业的信念真正传播到每位成员心中，构建起成员对于企业的高度认可，以形成互信与合作行为。否则，价值观的冲突会导致企业运营出现问题。①

1.2.2 家族治理模式

1.2.2.1 家规家训

家训，顾名思义，是齐家之训、家内之训。家训不但能说明家族观念、家族形式，更能折射出商家理念、企业文化，甚至一个社会的追求和目标。古言"不以规矩不成方圆"，家族企业代代相传中正是靠着家族内延的家规家训促进了一个大家族的枝繁叶茂。

1. 荣氏家族家训

清末崛起于无锡荣巷，民国时名震上海滩，重生在新中国，荣氏家族的命运折射了三个世纪以来中国民族工商业的发展历程。在《荣氏宗谱》上，《荣氏家训十二则》就将"节俭当崇"和"族长当尊"列为其中之一。

在荣氏家训中，包含了家族传承和经商之道的理念，其中有两条特别突出。第一条是荣毅仁的祖父荣熙泰临终遗训"固守稳健，谨慎行事，绝不投机"。第二条则是荣毅仁的父亲荣德生写在无锡梅园的一副楹联："发上等愿，结中等缘，享下等福；择高处立，就平处坐，向宽处行。"这里包含了中国人的智慧，既彰显了儒家积极有为、胸怀天下的高蹈情怀，又有道家自持自守、圆融润通的智慧。

2. 罗斯柴尔德家族家训

在 19 世纪的欧洲，罗斯柴尔德几乎成了金钱和财富的代名词。这个家族建立的金融帝国影响了整个欧洲乃至整个世界历史的发展。

---

① 陈文婷. 家族价值观助企业成员树立信心［J］. 北大商业评论，2014.

罗斯柴尔德家族的三条家训：

（1）金钱一旦作响，坏话随之戛然而止；

（2）只要你们团结一致，你们就所向无敌；你们分手的那天，将是你们失去繁荣的开始；

（3）要坚持家族的和谐。

老罗斯柴尔德在 1812 年去世之前，立下了森严的遗嘱：

（1）所有的家族银行中的要职必须由家族内部人员担任，绝不用外人。只有男性家族人员能够参与家族商业活动；

（2）家族通婚只能在表亲之间进行，防止财富稀释和外流（这一规定在前期被严格执行，后来放宽到可以与其他犹太银行家族通婚）；

（3）绝对不准对外公布财产情况；

（4）在财产继承上，绝对不准律师介入；

（5）每家的长子作为各家首领，只有家族一致同意，才能另选次子接班。任何违反遗嘱的人，将失去一切财产继承权。①

3. 日本家族家训与社训

中日两国历史上都有以家训治家的传统，所不同的是，中国的家训多出自名门巨室、殷实富厚之家，其内容亦多为儒者推衍经传之言，主要为了祖荫绵延、富贵长久。而家训在日本则非仕宦儒者的专有，由于日本社会结构变化、社会阶层更替的缘故，家训遍及各种等级的人家中。

（1）家业为本。

在中国人的观念里，家业与家产几乎是相同的概念。而对日本人来说，家业是一家人赖以生存的职业或手段，虽然包含家产，但主要是指职业或技能。从这个意义上来说，家业的断绝并非是指自然意义上的断子绝孙或经济上的倾家荡产，而意味着一定社会关系的消亡。因此，不论是日本传统家族制度的总代表——皇室，还是其他各阶层的家族，日本历史上的任何阶层的"家"，始终是以家业作为立家的根本，从而区别于中国"家"的意义。

"业"的传承大于一切。日本的家族在选择继承人时，首先想到是家族事业的永久传承，而不是血缘的传承。

日本人的姓名和家系图存在的意义就是为了让人们了解其家业的存在。至于个人在家中居于什么地位并不重要，因此不像中国的族谱那样具有明确的识

① 尼尔·佛格森. 罗斯柴尔德家族 [M]. 顾锦生译，中信出版社，2012.

别性。至今，日本人的很多生活习惯仍然保持了这种传统。例如，青年男女结婚，不像中国说是"某某先生"和"某某小姐"结婚，而是"某某家"和"某某家"结婚。墓地里墓碑上刻的名字，不是"某某人之墓"，而是"某某家之墓"或"某某家先祖累代之墓"，个人完全从属于家。日本所谓"亲子"关系也并非局限于有血缘的父子关系，被认定有能力继承家业的养子同样会被认定具有亲子身份，从而继承家长的地位。

家的独特之处，带来了家训的独特之处，中国与日本家训的根本差异均是基于此。

（2）家统一尊。

尽管一家之长有很大的权力，但本身也置于家的约束之中。作为家长，如果品行不端，或不能胜任家长之任，随时都有"离任"的可能。可见，为了家业的巩固和发展，至高无上的是家长权而不是家长本人。

（3）企业大家庭。

日本将商人组织称为"商家"，其成员既包括家族成员，也包括没有血缘关系的雇员。例如，鸿池家不仅把"对雇人要与家属同等对待"这一点写进家宪，还"在宅内设教室，聘请家庭教师对一族子弟和佣人一起授课"；片仓家家宪第十条便是"优遇雇人，以家族成员视之"。

因而，不论是传统的商家组织、明治维新后的财阀，还是今天的日本经济主体——企业集团，模拟的血缘关系始终是其纽带，将经营组织者与其成员紧紧拴在一起。这种模拟血缘关系在企业中的运用，直接表现为职工对企业的依赖、对集体利益的追求和对企业的忠诚。于是，模拟的家族关系掩盖了阶级关系，只有经营者与从业者之别，而无资本家与工人之分。雇主与雇员之间也是一种终生关系，职工一旦被雇佣，只要没有严重损害公司的名誉和利益，即使在经济衰退时期或开工不足的情况下，也不会被企业解雇。同时，职工即使对企业再不满，社会习惯也迫使他们不能随便辞职。"日本的经营组织类似日本的家族组织。"这一点，也是日本的从业者勤奋、工作热情高的重要原因之一。

（4）家名至上。

商家重视家业，有其外在的体现形式，其一便是对家名的珍视。日本的家名相当于中国的姓，但中国的姓表达的是一种血缘关系，而日本的家名代表的是一种社会关系，同时也是家业的标志、商家信誉的象征。其二便是他们非常看重屋号和"暖帘"的作用。商家的屋号或以贩卖物相称，如"酒屋"、"米屋"等，或以祖上的出生地相称，如"大和屋"、"河内屋"等。商家常将屋号印于"暖帘"之上，悬挂于店铺门口，暖帘既是商家的招牌，也是商家的家世、实力以及信誉的象征。因此，印有商家屋号的暖帘，被商家视同生命。例如，吉田家训规定："在闭店之时，要郑重地收起暖帘并整齐叠好。如有风雨，不能让暖帘彻底暴露于风雨之中。"据说，在店铺失火的时候，日本商人们首先抢救的不是钱财，而是祖先的牌位和作为商家标志的暖帘。

（5）大忠小孝。

"往来物"是日本传统的儿童启蒙教材，在庞大的教科书系统中，教训科往来物是备受瞩目的一个类别，也是向儿童灌输伦理道德和行为规范的主要途径。其中"孝"是传统伦理道德系统的核心。教子孝顺，成为儿童启蒙教育的一个重要内容。将孝德的上天感应作为促进儿童报效父母恩情的动力，把神佛天命作为威慑儿童将尽孝内化为自身道德教条的神秘力量。

值得一提的是，教训科往来物常常在宣扬孝道之后，一定会有教导儿童尽忠的字句。因为在日本人看来，国家是家族的集合，家族是国家的组成部分，天皇是国家的宗家。所以在小家中对家长的尽孝与在大家族中对人皇的尽忠，其性质是相同的，唯有大小之区别而已，大则言忠，小则言孝。可以说，鼓励和教诲儿童尽孝，然后心孝为忠，忠于天皇，这是日本近世乃至近代道德教育中的一个十分明显的特点。

（6）家宪如法。

日本至诚、勤俭的精神贯穿于每一个商家的家训之中，为了家业繁盛，家训对商者的行为要求是非常苛刻的。明治维新以后，日本完成了由重农抑商向商工立国的转变。为了适应时代的要求，近世商家不得不在家训中注入新的思想内容，在此基础上发展起来的家宪，在家族企业的管理中发挥了更重要的作用。同时，家宪对家族成员和企业的所有员工都具有强大的约束力。如果家族内部发生了纷争，则由同族协议机构自行处理，无须诉诸法律，也不允许国家司法机关介入。

中国的家训因其训诫对象与范围始终不曾超出家庭和家族，在近代以后逐渐式微。而日本的家训却因其较强的社会功能和开放性，在当今仍发挥着重要作用。日本的家族企业，基本都有自己的家规，如三井家规、住友家训、安出家宪、涩泽家宪等，这些家规都是几百年的传承经验的积累，对整个家族有着深刻而持久的影响。这些家规、家法涉及方方面面，如家族关系处理、家长礼仪、子辈培养等。日本人重家业而轻血缘的精神，依据品德与才能选择家业继承人和严格教育子女、培养后代刻苦精神的做法，值得中国的家族企业研究和学习。无论是"以至诚为宗旨"的松下，以"贡献于社会"为理念的东芝，还是以"坚持朝气蓬勃的经营体制"的丰田，这些商界巨头，无疑都是秉承着各自最初的家训一路成功走过来的。①

4. 视野扩充——全球顶尖家族家训②③

除了我们比较熟知的家族家训外，还有梳理出来的比较经典的世界顶尖家族家训，感悟他们历久弥新的家族精神。为了自己家族的源远流长，我们也许需要定制一个符合文明价值观的家规。

十大家规的真正价值是其背后隐藏的价值观、思维方式和应该形成的行为方式（见表1-4）。常言道："三代才能培养一个贵族"，"贵族"与"绅士"不仅代表一定的经济地位，更是一种风度与修养的体现。

表1-4   全球顶尖家族家训十条

家族	家训十条
瑞典首富：瓦伦堡家族教育子女的家训十条	（1）在海军服兵役，培养坚忍不拔的精神； （2）通过在世界知名大学学习与在跨国企业里就职开阔眼界； （3）构筑国际性人脉关系； （4）遵守并重视世代相传的原则； （5）取之于社会，用之于社会； （6）每周日早晨与孩子们一起散步； （7）弟弟接着穿哥哥穿过的衣服，从而养成俭朴的生活作风； （8）做事不能鲁莽，避免锋芒毕露的行为； （9）爷爷作为孙子的人生导师，传授智慧和经验（隔代教育）； （10）如果想要成为继承人，必须首先具备一颗爱国心。
天下第一世家：孔子世家教育子女的家训十条	（1）虽然生活贫困，但绝不抱怨自己所生存的环境； （2）即使生活在困境中，母亲依然倾注所有的热情教育子女； （3）越是伟人，越要自我学习与自我感悟； （4）失败也绝不气馁，用顽强的挑战精神武装自己； （5）通过长途旅行考验和锻炼自己； （6）凡是精明的人都可以成为自己的老师； （7）结交与自己志同道合的人； （8）不亲自教授子女，只监督和考察其学习情况； （9）人性的弱点有时反而会成就一代伟人； （10）培养勤学好问的学习习惯。

———————

① 史丹. 日本人的家训 [M]. 工人出版社，2011.
② 吕红霞. 世界十大顶尖家族的家训（上）[J]. 祝你幸福·知心，2015（6）：28.
③ 吕红霞. 世界十大顶尖家族的家训（下）[J]. 祝你幸福·知心，2015（7）：26.

续表

家族	家训十条
西雅图的银行名门世家：盖茨家族教育子女的家训十条	(1) 留给孩子巨额资产，势必阻碍他成为创意性人才； (2) 父母帮助孩子开创人脉网络； (3) 保留缺点，结交志同道合的朋友； (4) 年少时多读科幻小说（电影）； (5) 母亲的礼物可能会转换孩子的命运； (6) 通过阅读报纸拓宽视野； (7) 富家子弟也不可娇生惯养； (8) 机会来临时毫不犹豫地迎接挑战； (9) 经年累积的经验将成为日后创业基础； (10) 孩子们以言传身教的父母为学习榜样。
犹太人的至尊家族：罗斯柴尔德家族教育子女的家训十条	(1) 重视兄弟间和睦与家族间团结的传统； (2) 不追求金钱，追求良好的人际关系； (3) 教育子女拥有正确的金钱观； (4) 信息就等于金钱，从小开始重视信息的重要性； (5) 世代相传收集情报信息的传统； (6) 警惕过于追求物质利益的思想倾向； (7) 坚持"不是儿子就不参与经营"的原则； (8) 不忘促使五兄弟和解的"五支弓箭"的教训； (9) 世代保持捐赠的慈善传统； (10) 犹太人之间互帮互助，共同发展事业。
诺贝尔名门世家：居里世家教育子女的家训十条	(1) 即使不在学校里学习，也可能成为优秀的人才； (2) 实践夫妻平等的原则也是优秀的子女教育； (3) 在大自然中培育子女探求真理的心； (4) 父亲既是家庭教师，又是领导人； (5) 通过爷爷教育孙女，实现"隔代教育"； (6) 即使夫妻二人都是上班族，也应该重视与孩子建立互相依赖的关系； (7) 母亲的"启蒙教育"至关重要； (8) 绝不为继承和发扬家族的荣誉而强迫子女成为科学家； (9) 让子女自觉培养自立意识； (10) 在探求学问中寻找互相有默契的配偶。
英国延续了600年的名门世家：拉塞尔世家拉塞尔家族教育子女的家训十条	(1) 过分严格和禁欲主义教育不可取； (2) 有效管理时间； (3) 不强求特种教育； (4) 世代相传自由进步主义精神； (5) 享受自由的同时，履行应尽的义务和责任； (6) 为吸引自己的目标倾注所有精力并不断进取； (7) 认为是真理，那么就不要计较得失； (8) 不可孤立自己，要在人群中寻找幸福； (9) 尽可能地养成写信的习惯； (10) 一流父母培育出一流子女。

1.2.2.2 "家族宪法"

国有国法，家有家规。在欧美豪门中流行已久的"家族宪法"（Family Constitution），近年来开始受到亚洲富豪们的垂青。

1. "家族宪法"内涵及制定流程

"家族宪法"可以说是家族成员的行为手册，内容包罗万象，涉及家族财富分配、福利政策、家族调解、人才培养等。"家族宪法"有别于昔日的"家长制一言堂"，所有的家族成员都参与讨论，并聆听各自的意见，一起参与制定家庭核心价值和长远的目标，这样可以大大减少家庭成员间未来发生的争执。通过制度化的家族治理机制，来保证家族商业运转井然有序，确保家族领袖的核心价值观和思想理念传承给后代。

科学意义上来说，"家族宪法"应该包括家族的使命和愿景、价值观和原则、家族企业政策、人事政策、行为准则、各种利益冲突处理条款，还有关于各种治理结构方面的内容（组成、职能、选举程序等，相当于与实体法对立的程序法）等。

撰写"家族宪法"是一个复杂的系统工程，从开始组织家族会议，家族成员反复讨论直至达成共识，到最后签署文件，一般耗时至少半年以上，"我们希望最后订立的'家族宪法'确切地表达了家族成员的期望和约束，包括对其自身以及家族后人。"

为了让家族成员对"家族宪法"达成共识，以瑞银（UBS）为例，其家族顾问团队会召集所有的家族成员，召开多次圆桌会议，甚至按需要和个别家庭成员单独讨论他们的想法。拟好"家族宪法"草稿后，每个家庭成员都提出意见。

在整个"家族宪法"的制定中，瑞银的家族顾问团队会扮演一个中间人角色。例如，邀请专家与家族成员分享一些成功例子，引导家族成员参与的讨论方向，甚至有时对某些家族成员的看法提出质疑等。但最终决定权还是家族成员的手中。

"家族宪法"是针对每个家庭的需要"量身定制"的。一般的"家族宪法"通常包括五大部分，分别为家族创始人的理念及家族历史、家族价值观和愿景、家族成员利益分配方案、家族委员会及家族慈善的主要原则等。

此外，"家族宪法"虽然不是法律文件，但家族成员签署后，就会成为约束其行为的"紧箍咒"，一些"家族宪法"会明文规定家族成员如若违反相关规定可能面对的惩罚措施。能确保"家族宪法"行之有效的最大约束，就在于家族成员的利益分配。绝大多数的家族会通过投票或其他的决策机制，来对"家族宪法"条款的更正做出表决。

当下很多亚洲家族富豪都陆续准备退休交棒，因此"家族宪法"一般也会重点着墨于家族接班人的培养。例如，某个家族规定后代进入家族企业必须大学毕业，还需要在家族以外的公司工作一段时间；通过家族企业正常招聘程序进入公司必须从基层做起，各种待遇与非家族员工一致。①

2. 家族委员会

为了监督家族成员遵守"家族宪法"，通常需要成立一个家族委员会（Family Council），这是维护、监督、执行家庭宪法的核心机构。家族委员会的成员主要是选举产生的核心代表，运作类似于公司董事会，定期开会讨论家族的重大决策。每次举行家族委员会会议时，有专人记录会议内容，以确保家族其他成员清楚的了解委员会的讨论议题和决策过程。

家族委员会的核心代表人数一般在 2～9 人，人数太多不利于有效决策。家族委员会的成员则来自不同的家族分支，不同辈分，甚至有家族以外人员，如家族长期的生意合作伙伴，这些独立人员在家族决策中扮演了重要的中间人角色。

同样以李锦记家族为例，其第三代掌门人李文达早在 2003 年就成立了"家族委员会"②，包括全部家族的 26 名成员，其中核心成员为李文达夫妇及其他 5 个子女。"李锦记家族委员会"是整个家族最高权力机构，企业利益小于家族利益，定期召开家族会议。该委员会每 3 个月召开一次会议，每次召开 4 天，委员会的会议家族成员必须全部参加，不得缺席；该会议设一主持人，由委员会的核心成员轮流担任。李文达先生认为，一个家族企业的延续，不仅是事业的延续，更重要的是家族精神的延续与传承。家族会议不讨论企业问题，只讨论家族问题。内容就是从战略层面规划家族建设，包括"家族宪法"、家族精神以及下一代甚至下两代的培养。在这里，李锦记最核心的价值观"思利及人"被完美诠释。在李氏家族内部，每个成员在思考问题的时候都能实现换位思考，关注别人的感受，做到从家族立场而非个人角度考虑问题。

---

① 朱丽娜. 瑞银："家族委员会"章法 ［N］. 21 世纪经济报道，2014 - 7 - 26.
② 王沛. 李锦记：用"家族宪法"守护 126 年传承 ［J］. 进出口经理人，2014（2）：38 - 39.

此外，一些人丁兴旺的家族还会为家族委员会下设一些分支机构，各司其职，分别负责家庭成员的各方面事务。以创办于 1965 年的全球最大的服装制造商联泰集团为例，创始人陈守仁膝下共有五子一女，家族子嗣众多，其家族委员会下辖家族办公室，并分别设立健康医疗委员会、教育职业规划委员会和娱乐休闲委员会。

家庭委员会通常会讨论决定家族成员以何种形式持有家族企业的股权。有些家族希望家庭成员共同持有家族企业的股权，这样他们可以通过成立家族信托、家族基金或其他形式共同持有家族成员的股权。

以联泰集团为例，2002 年家族创始人陈守仁已年届 70 高龄，开始正式考虑家族事业的传承问题。于是家族所有的第二代成员齐聚东莞，举行家族会议，最后达成一致决定将家族财富集中管理，将联泰的一定股份划拨家族信托，并交由专业的投资团队打理。家族委员会则负责决定如何将这部分收益具体用于家庭成员的娱乐、教育、医疗等各项开支。

此外，有些家族后代成员在海外接受教育后，不愿意加入家族生意而希望自己独立创业，家族委员会也根据"家族宪法"中的退出机制安排专门召开会议。例如，香港本地某个家族每年会定期召开针对家族内部的股权交易会，允许家族成员在不损害家族利益的前提下互相转让股份。

3. 典型案例——李锦记的"家族宪法"①②

成立于 1888 年的香港李锦记集团，如今已经传承过四代，其典型的家族治理制度值得研究与借鉴。特别是内部条款《李锦记"家族宪法"》，使家族发展有"法"可依。

这部神秘的"家族宪法"，具体内容外人不得而知，但从网上收集的记者采访资料中，可以大致归纳出以下内容：

（1）公司治理：李锦记集团坚持家族控股，具有血缘关系的家族成员，才能持有公司股份；下一代无论男女，只要具有血缘关系，就具有股份继承权；董事局一定要有非家族人士担任独立董事；酱料和保健品两大核心业务的主席必须是家族成员，主席人选每两年选举一次；集团董事长必须是家族成员，CEO 可以外聘。

（2）接班人培养：对于是否接手家族生意，下一代拥有自主选择权。后

---

① 赵福帅. 李锦记的"家族宪法"［J］. 英才，2013（5）：136 - 137.
② 向忠诚. 李锦记"家族宪法"［J］. 商界（评论），2014（8）：65.

代要进入家族企业，必须符合三个条件：第一，至少要读到大学毕业，之后至少要在外部公司工作 3 ~ 5 年；第二，应聘程序和入职后的考核必须和非家族成员相同，必须从基层做起；第三，如果无法胜任工作，可以给一次机会，若仍旧没有起色，一样要被炒鱿鱼；如果下一代在外打拼有所成就，李锦记需要时可将其"挖"回。

（3）家族会议：每 3 个月召开一次家族会议，每次 4 天。前三天家族委员会核心成员参加，后一天家族成员全部参加；会议设一主持人，由委员会核心成员轮流担任。

（4）家庭内部规范：不要晚结婚，不准离婚，不准有婚外情；如果有人离婚或有婚外情，自动退出董事会；如果有人因个人原因退出董事会或公司，股份可以卖给公司，但仍然不离开家族，仍是家族委员会成员，参加会议。

（5）家族成员退休规定：家族成员年满 65 岁时退休。

（6）"家族宪法"修改和决议执行："家族宪法"内容的制定和修改，必须经家族委员会 75% 以上通过；一般家族事务的决议超过 51% 就算通过。

以上各条，充分保障了家族的纯洁性和利益，最大可能地杜绝了将来内斗的发生，防患于未然。同时家族委员会成立后，李锦记就确立了集体领导的模式，不再指定家族企业的接班人，重大的事务全部由家族委员会集体讨论决定。

而对于如何保证"家族宪法"长期有效这个问题，李锦记家族成员在企业中的角色清晰是解决这一问题的关键。家族成员、股东、董事局、管理层，是李锦记家族企业的四个组成部分。"我们把这些角色分开，有很多的事情如果不分开的话很多问题都堵住了。"管理层可以在全世界找最好的人才，董事局的主席、董事长，家族里面派一个代表，股东一定是由他们家族成员组成，全部都是有血缘关系的成员。

4. 典型案例——穆里耶兹"家族宪法"①

穆里耶兹家族掌控着全球最大的体育用品超市迪卡侬，世界第四、欧洲第二的跨国装饰建材零售集团乐华梅兰、零售连锁欧尚以及家族传统产业菲尔达等 20 多家公司，他们全部由穆里耶兹家族终极控股。

100 年来，穆里耶兹家族一直人丁兴旺，整个家族目前传至第四代，有近 800 名继承人。杰拉德退休后，他的儿子、堂兄弟、子侄分别占据着各企业的

---

① 赵国瑞. 法国式的"家族宪法"［J］. 英才，2012（10）：152 – 153.

高职。但与充斥各大媒体的家族战争不同，制度化的家族治理机制保证了庞大商业帝国运转的井然有序。

穆里耶兹家族设有家族协会、家族协会顾问委员会、家族终极控股公司及家族私人股权投资公司四个成熟的机构。穆里耶兹家族协会成立于 1955 年，在第一家欧尚店建立之前就已经存在。当时仅仅是为了将路易·穆里耶兹的遗产顺利传承给 11 名继承人。此后，随着家族越来越庞大，家族协会的成员也逐渐增至 600 多人。

穆里耶兹家族协会由通过审核的家族成员组成，协会成员选举产生协会顾问委员会，顾问委员会负责对进入家族协会的成员进行审核，并协调各协会成员之间以及各成员与整个家族间的利益冲突，确保个人利益服从家族利益。

按照"家族宪法"，家族协会每隔 4 年举行一次会议，选举出 7 名家族协会成员组成顾问委员会。为了保证家族企业的持续发展及家族成员间的团结，家族协会每年 3 月会定期召开针对家族内部的股权交易会，各家族成员之间在不损害家族利益的前提下可以互相转让股份。这不仅使家族企业的经营者可以在家族内部募集到大量资金，让那些认同家族理念、对经营企业极富热情又有能力的家族成员可以大展拳脚，也为那些有不同职业理想的家族成员提供了退出通道，同时避免了非家族成员为谋求短期利益持股对家族企业造成的重大损失。

尽管"家族至上"，但是为了充分调动公司雇员的积极性，1977 年杰拉德开始对其雇员开放欧尚的资本，只不过雇员持股始终控制在一定范围内。目前欧尚 98% 的员工都是公司的股东，共持有集团 12.5% 的股份，其余 87.5% 由穆里耶兹家族协会持有。这种家族财富所有权理念不仅有效保证了家族企业的持续稳定，也使企业的凝聚力有效传导给公司雇员，为欧尚发展注入了新活力。

完善的家族治理结构、严格的"家族宪法"、近乎宗教式的家族理念灌输使得穆里耶兹家族聚集了深厚的"内力"。从穆里耶兹家族 100 年来的传承史可以看出，能否有效解决家族内部的利益关系、能否建立人才循环的永续机制，是对家族企业最大的考验。

1.3 家族企业治理的主要内容

1.3.1 家族企业的内部治理

家族企业的成长过程是其内部治理不断演进和优化的过程，内部治理的演进对家族企业的成长具有鲜明的积极意义。家族企业成长中，企业内部治理随企业资本规模的扩大，遵循从业主治理到家族治理、泛家族治理再到职业化治理演进的逻辑次序。家族企业在不同的生命周期阶段其内部治理应适时演进与优化，否则其进一步发展将受到制约。①

1.3.1.1 正式制度治理

1. 股东大会、董事会和监事会②

董事会是股东会或企业职工股东大会这一权力机关的业务执行机关，负责公司或企业业务经营活动的指挥与管理，对公司股东会或企业股东大会负责并报告工作。股东会或职工股东大会所作的决定，董事会必须执行。

股东大会是公司的最高权力机关，它由全体股东组成，对公司重大事项进行决策，有权选任和解除董事，并对公司的经营管理有广泛的决定权。股东大会既是一种定期或临时举行的由全体股东出席的会议，又是一种非常设的由全体股东所组成的公司制企业的最高权力机关。它是股东作为企业财产的所有者，对企业行使财产管理权的组织。企业一切重大的人事任免和重大的经营决策一般都得股东会认可和批准方才有效。

股东大会的性质，主要体现在两个方面：（1）体现股东意志；（2）企业最高权力机关。股东大会是企业经营管理和股东利益的最高决策机关，不仅要选举或任免董事会和监事会成员，而且企业的重大经营决策和股东的利益分配等都要得到股东大会的批准。但股东大会并不具体和直接介入企业生产经营管理，它既不对外代表企业与任何单位发生关系，也不对内执行具体业务，本身

---

① 周新德. 家族企业内部治理演进的逻辑分析及启示 ［J］. 商业时代，2006（10）：30–31.
② 刘彦文，张晓红. 公司治理 ［M］. 清华大学出版社，2010.

不能成为企业法人代表。

股东大会行使下列职权：

（1）决定公司的经营方针和投资计划。

（2）选举和更换董事，决定有关董事的报酬。

（3）选举和更换由股东代表出任的监事，决定有关监事的报酬事项，审议批准董事会的报告。

（4）审议批准监事会的报告：审议批准公司的年度财务预算方案、决算方案。

（5）审议批准公司的利润分配方案和弥补亏损方案。

（6）对公司增加或者减少注册资本做出决议。

（7）对公司发行债券做出决议。

（8）对股东向股东以外的人转让出资做出决议（本项为有限责任公司股东会议特有的职权）。

（9）对公司合并、分立、解散和清算等事项做出决议。

（10）修改公司章程以及公司章程规定需由股东大会决定的事项。

监事会是股东大会领导下的公司常设监察机构，执行监督职能。监事会与董事会并立，独立地行使对董事会、总经理、高级职员及整个公司管理的监督权。为保证监事会和监事的独立性，监事不得兼任董事和经理。监事会对股东大会负责，对公司的经营管理进行全面的监督，包括调查和审查公司的业务状况，检查各种财务情况，并向股东大会或董事会提供报告，对公司各级干部的行为实行监督，并对领导干部的任免提出建议，对公司的计划、决策及其实施进行监督等（见图1-4）。

家族体系的三环结构包括三个重叠的子体系：企业中的被雇佣者、股东以及拥有控制性所有权股份（Controlling Ownership Stake）的家族成员。[①] 三个子体系中的每一个都会影响家族企业和家族的方向及运作。每个子体系在全部的治理体系都有一个确定的角色和清晰的声音：高管层代表雇员的声音，家族理事会和家族大会代表家族的声音，董事会是主要的组织机制，代表着所有者的声音。股东会议是另一种发出股东声音的方式，股东会议应该每年召开，内容要简洁、正式，专注于董事会成员、监事会成员的选举、更新企业的内部章程等。这些股东活动在法律上既必要也很重要，董事会、家族理事会以及家族议

---

① 钱丽娜. 如何做好家族企业治理［J］. 商学院，2011（12）：54-59.

会对股东来说通常是更为有效的组织，可以确定方向，制定政策。

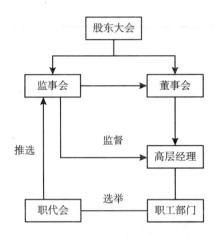

图 1-4 股东大会、董事会与监事会关系

资料来源：马克·樟尔根. 公司治理 [M]. 工业权，杨倩，侯年详，机械工业出版社，2014.

这些复杂体系化的治理根基在于正确地相互制衡治理结构中的权力。董事会——不是股东、家族或是家族理事会——确立业务的方向和政策。同样，家族理事会确立家族的方向和政策，通常由家族大会来批准。当确信家族理事会和董事会互不侵犯各自的领地后，董事会、管理层、股东以及家族理事会必须合作协调各自的行动，相互之间保持良好的沟通，以保证拥有一个持续的共同支持的目标、计划和政策。

2. 董事长、总经理、执行董事和独立董事

董事长是公司董事会的领导，公司的最高领导者。其职责具有组织、协调、代表的性质。董事长的权力在董事会职责范围之内，不管理公司的具体业务，一般也不进行个人决策，只在董事会开会或董事会专门委员会开会时才享有与其他董事同等的投票权。CEO 的权力都来源于他，只有他拥有召开董事会，罢免 CEO 等最高权力，他掌握行政权力。

而一个公司的总经理属于公司雇员范畴，由董事长经董事会任命，接受董事会监督，承担经营公司和执行董事会决策的重任。董事会拥有所有权、监督权和决策权，而总经理拥有经营权和部分决策权，掌握公司的日常行政权。总经理可由董事长兼任，总经理也可兼任董事会董事。

执行董事是指由公司股东会选举产生的具有实际权力和权威的管理公司事务的人员，是公司内部治理的主要力量，对内管理公司事务，对外代表公司进行经济活动。占据董事职位的人可以是自然人，也可以是法人。但法人充当公司董事时，应指定一名有行为能力的自然人为代理人。

独立董事指独立于公司股东且不在公司中内部任职，并与公司或公司经营管理者没有重要的业务或利益联系，并对公司事务做出独立判断的董事。

1.3.1.2 非正式制度治理

1. 家长式领导

30多年来，中国大陆、港澳台地区以及华侨华人在经济上的飞跃发展使得华人企业组织领导行为成为学者们关注的焦点。企业家长式领导作为华人组织最突出的特征之一，其提出和研究均是建立在华人传统文化基础上的。

家长式领导表现出权威领导、仁慈领导、德行领导行为，相对应的是部属表现出的敬畏顺从、感恩图报以及认同效法。这种对应关系体现了一个基本的假设：家长式领导的绩效是建立在领导者、下属对自己角色的认同以及下属的追随之上的，否则将导致管理绩效降低、人际和谐关系破坏，甚至公开的冲突。

华人家族企业中较为普遍地存在家长式领导和控制，领导者的权威和个人魅力成为重要的因素。家族企业推行一种人治型文化，靠业主个人的权威和经验来下达决策，缺乏健全的制度和严格的规则。即使有的企业有健全的制度和规则，也往往"权"比"法"大。企业发展若过于依赖某个人的意志则有相当大的风险性，同时也打击了其他成员工作的积极主动性。家族业主逐渐会明白：利用统一、透明的制度（规则）来管理企业要比用随机、盲目的个人意志有效得多，既不伤害员工感情，也不影响领导者的权威。制度的相对稳定、公平和严肃性，体现了所有员工的最高利益，有利于产生正确和民主的决策，有利于弘扬开放与合作的现代文化。[①]

2. 血缘与股权双重纽带及激励

家族企业的所有权与经营权不分离或分离不大，经营者受到来自家族利益和亲情的双重激励和约束，不存在缺乏激励约束的问题，其经营的好坏与其财

---

① 陈致中，许俊仟. 企业家长式领导：三维度及其效能争论 [J]. 现代管理科学，2014（3）：33－35.

富和家族的兴衰有直接的关系，所以经营者必须不断拼搏，视企业为生命，他们发生道德风险和机会主义的概率较低。

3. 关系管理

家族企业在创业初期是以家庭为单位开始，这时的家族企业中心是以"家庭"为核心的，有一种极强的凝聚力和向心力。当进入家族关系治理阶段，控制权的分散和转移导致家族成员全面进入企业，这时候的创业者或合伙人考虑给家族成员以锻炼的机会，家族成员进入分工协作阶段。通过分工协作，明确他们在企业中的职责。传递领导权虽然是企业的问题，但也是家族的问题。当企业发展到泛家族阶段，随着家族企业规模的扩大，家族企业中的组织成员结构依血缘、姻缘、地缘等方向，由亲及疏，由近及远地向外扩张，同时企业进一步制度化，家族中人服从企业规章由人治逐步走向法制，血缘关系的作用开始弱化，但企业的组织、经营、管理大权仍牢牢控制在某一或若干个家族手中。但随之家族企业的各种问题也接踵而至，不但面临着家族企业内部成员的权力、利益纷争，而且面临着严重的人才问题。此时，关系治理的重点也将逐步转移到泛家族关系中，建立完善的用人机制，树立利益共同体是其中的重点。家族企业内部的关系治理，这种非正式契约型治理将逐渐被正式契约治理所取代。企业的经营产业层次不断提高，业务不断拓展。随着家族企业公开化和社会化程度的不断提高，家族企业的组织结构和企业法人治理结构得到完善。[1]

1.3.1.3　混合式家族企业治理路径[2]

过去 10 年对于家族企业的研究结果令人惊讶。很多商业媒体、商界、商学院对于家族企业有着根深蒂固的偏见，觉得相对于非家族企业，家族企业不够专业化，不够进步和创新，但是这样的偏见是错误的。哈佛大学商学院工商管理高级讲师约翰·戴维斯在哈佛大学商学院联合清华经济管理学院推出的"家族——中国课程"（Families in Business – China）的课堂介绍，根据在欧洲、南美和美国研究得出的结果表明，无论是上市还是非上市公司，企业规模大还是小，家族企业的平均绩效表现优于非家族企业，而且寿命更长。至于为什么会出现这种情况，研究者经常提到的有以下几个因素：

---

① 王岚，王凯 . 我国家族企业治理结构严演进研究［J］. 商业研究，2009（12）：59 – 61.

② 钱丽娜 . 如何做好家族企业治理［J］. 商学院，2011（12）：54 – 59.

（1）家族企业更有长期和耐心的发展观，反映在规划、投资和关系的维护上。

（2）家族企业将质量作为家族的声誉。关注质量虽然从短期来看会影响利润率，但是会促使企业追求卓越。

（3）家族企业重视与客户、员工和所有者的忠诚度。当企业进一步发展时，这些关系能够给予强有力的支持。

（4）家族企业有着稳定的所有者群体和企业领导层。

当然，家族企业也面临着诸如以下方面的挑战：再投资不足（分红过多、缺乏资本）；对传统的产品、技术和地段过度忠诚；缺乏绩效思维；领导任期过长；以控制为焦点——资本不足、运营不畅和行事隐秘；具有破坏性的家族冲突以及过于害怕冲突；难以吸引和维持非家族高层人才；不决策及战略停滞；企业和家族的延续性等方面的挑战。

与欧洲家族企业相比，建立现代企业制度时间还很短的中国家族企业显得稚嫩得多，挑战和阻碍就更明显。例如，企业控制权和所有权的转移问题；公司透明度和财务管理问题；继承人可能缺乏经验和能力等问题。

这些问题怎么解决，恐怕没有一贴一劳永逸、适合所有企业的药方。但有时候回归常识、回归问题的基本点去找解决方案，也不失为一种思路。约翰·戴维斯从家族企业的治理结构、体系等多方面，解读了家族企业的优势和如何做好有效治理。

当董事会里的成员全部由家族成员组成时，那会是一种怎样的情形？家族企业治理比非家族企业治理更为复杂，因为企业、家族和所有者都需要治理，缺乏有效的治理是带来组织问题的主要原因。

对任何组织来说，不管是企业、家族还是家族基金，有效的治理意味着：

第一，给予方向感，带来工作和生活的价值，公司的政策能被人们很好地理解、接受，从而知道在某种环境下该有怎样的行事方式。这些政策包括雇佣政策、晋升政策、负债政策等。

第二，在正确的时间把正确的人集合到一起做正确（重要）的事。

如果不达成上述两个目标，没有组织可以存活得长久。企业领导者得通过结果，而不是通过董事会或是家族理事会来衡量治理体系的有效性。如果组织是以一种非正式或是随意的治理方式来达成上述目标，那就保持不下去。但如果组织中方向不清楚，价值不明确，没有让人充分理解相关的政策，也没有把合适的人在恰当的时间召集起来讨论组织中所面临的重大事项，治理体系便存在缺陷，需要改进，可能正式些的结构（例如董事会、理事会）和流程（日程、投票）会更有帮助。

　　大多数人很难应对特别敏感的事务，因此事前做计划，一定程度的正式沟通能帮助人们专注精神，为目标而工作，解决彼此之间的异见。那些构造良好、管理得当的治理结构会提升有效治理的机会。

　　三环模型（见图 1-5）可以帮助家族企业中的成员了解他们在企业中所处的位置。家族企业是企业、家族和所有者的混合体，这一体系会让人顾虑家族企业行事情绪化。在这一体系中，个人必须在三环之内或之间管理好三个重叠的组织：家族、企业和所有者。这三个组织的重合往往会因个人在三环中所处位置的不同而导致彼此之间观点的不同。

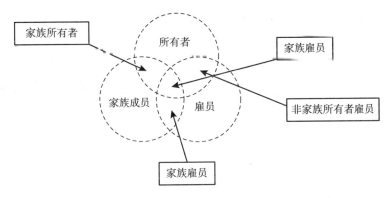

图 1-5　家族企业的三环模型

资料来源：钱丽娜. 如何做好家族企业治理 [J]. 商学院，2011（12）：54-59.

　　三环模型中职责的重叠可以提高企业管理的效率，但有时也会带来困惑，家族成员不知该如何对待他们的子女和长辈，由此也会带来各种紧张关系。另外，那些没有被企业雇佣的家族股东通常会对分红的比例与在企业工作的相关所有者产生异见。有时家族企业会采取一些短视的做法来处理各种紧张关系，例如：

　　（1）排外和私密——把一些家族成员或是股东排除在会谈之外，对雇员、所有者或是家族成员隐藏了太多的秘密；

　　（2）分割与征服——依赖一些支持者，把一些人排除在信息和决策之外；

　　（3）贿赂——雇佣一些不称职的亲属，支付与他们能力不相符的报酬，从公司分配更多的基金，不考虑承担保护家族和谐的责任，或是维持某些人的权力。

这些设法解决"企业—家族—所有者"紧张对立关系的做法可以带来短期的息事宁人，但却于事无补，未来只会愈演愈烈。有效的治理并不会消除但能减缓家族企业体系中的紧张关系，并且通过明确"企业—家族—所有者"三者的需求来促进和谐，通过管理必要的会谈以期在目标、价值和政策上达成一致。

约翰·戴维斯强调，缺乏有效的治理并不仅见于规模稍小的企业。大型的家族企业一旦把家族中的董事长解职也会造成家族混乱。被解职对于董事长及其支持者来说是非常突然的，但在别人看来却早该如此。家族纷争将现有治理体系中的不足暴露出来，例如，家族理事会并未与董事长就董事会的事务进行磋商，也不理解如何扮演处理董事会工作事务的角色。

董事会中如果家族成员占据主要席位，董事会将陷于瘫痪，无法给予董事长尖锐中肯的回馈。通过加强董事会和家族理事会，利用董事会、理事会和家族大会来解决家族和企业所面临的真正事务，企业和大部分家族将不会采取罢免董事长的办法，他们同样也会设法解决体系中存在的排外和隐私等这些根本性问题。改进的治理体系才是双赢的核心。

一个好的治理对家族企业的改善体现在以下三个基本要素上：

（1）厘清三环模型中所有成员的角色、权力和责任；

（2）鼓励家族成员、企业雇员和所有者有责任地行动；

（3）在业务讨论中，调整家族和所有者参与的适当比例。

在有了家族企业治理的基本概念之后，再来看一下家族企业治理体系的结构。家族—企业—所有者体系的结构应根据企业组织、所有者的规模和多样性、家族的规模、代际和多样性而变化。一种治理结构并不能满足所有家族企业，但是大多数家族企业体系都能够采用一些结构来治理（见图1-6）。

这些治理结构中的成员和功能需随企业、家族和所有者的改变而改变。第一代家族企业可能只需要（或是能够容忍）一个小型的、非正式的顾问委员会而不是董事会。第三代家族可能需要一个家族大会定期把家族中的多名成员召集起来讨论公司业务，此外还有家族理事会来帮助制定家族的政策。

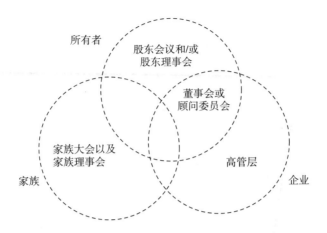

图 1-6　家族企业体系中基本的治理结构

资料来源：钱丽娜 . 如何做好家族企业治理［J］. 商学院，2011（12）：54-59.

　　可以清楚知道，家族企业中的所有者随着代际而分化，由此导致董事会的组成以及家族理事会的角色发生改变。

　　治理结构的关系见图 1-7。这张图阐释了家族理事会和董事会不同的功能。家庭理事会为家族制定政策，建议能够兼顾家族和董事会的政策（例如，企业中家族成员的雇佣政策）。董事会既可以制定企业政策，也可以给家族理事会提供有关企业的建议。董事会和家族理事会应各司其职相互合作，但是不应该涉足对方的领域。

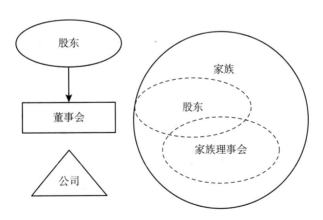

图 1-7　家族企业治理结构的关系

资料来源：钱丽娜 . 如何做好家族企业治理［J］. 商学院，2011（12）：54-59.

家族企业中的董事会通常会随着代际的改变而改变，经历三个独特的阶段（见图1-8）。大多数的家族企业开始是由一个人控制着组织，做出大多数关键的决策。在这个阶段，如果公司有董事会，那也通常由其他家庭成员、所有者的朋友或是业务上的同事来组成。这种类型的董事是很典型的"纸上"董事会，只在纸上存在，或是一个"橡皮图章"，无论所有者做出什么决议都会确认批准。

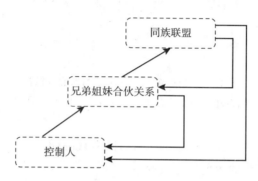

图1-8 家族企业所有权的不同阶段

资料来源：钱丽娜. 如何做好家族企业治理 [J]. 商学院，2011 (12)：54-59.

在兄弟姐妹合伙关系阶段，两个或更多的兄弟姐妹拥有公司的表决控制权，他们通常在董事会中拥有席位，彼此之间对对方很敏感，为此或者刻意避免冲突，或者让异见很快升级成为破坏性的冲突。兄弟姐妹之间通常将其在董事会中的职位视为与生俱来的权利，允许他们保护各自在公司中的利益，而不承担保护股东的责任，这样的董事会很少能够提供宝贵的管理意见。在这一阶段，大股东无法合法地否认董事会中的某个席位。因此，当所有权转移至同族阶段时要划出一条界线，即兄弟姐妹的后人不能继承他们在董事会中的席位。

当家族企业发展至同族阶段时，由两个或更多的同族人来控制公司会产生自满或是高度政治化的董事会。但是随着时间的推移，很多家族企业能够了解到一个组织运行良好的董事会的价值。在同族联盟阶段，由于股东群体太过庞大，不可能让每个人都加入董事会，因此董事会开始选举代表。此外，股东们也意识到拥有客观、专业的外部董事的价值。

过了起步阶段的家族企业，都能从以下的指引中获益：

1. 家族企业董事会成员的组成

在任何一个阶段，关于何为最有效的家族企业董事会的组成都会有小小的争议。有经验的不结盟外部成员能够帮助改变董事会讨论的活力，使其更有目标，也更有建设性。小一些的董事会，如果不是由家族成员主导的，通常试图想做得更好。所有的董事会成员都应该专注于公司利益的最大化，而不是专注于任何特殊的个人或家族分支的利益。

大部分专家认为，家族企业的董事会应该相对小一些，大约 5～8 人。它应该包括公司的 CEO、占多数席位的外部董事会成员（意即非家族成员或公司经理）以及一小部分家族代表。

家族代表并不一定是家族所有者，也无所谓是不是家族的经理。家族代表可由股东、家族或家族理事会选择。把既是家族成员又是雇员、还在组织中层层往上爬的成员纳入董事会是件很复杂的事，他们的主管经常抱怨到底是谁向谁汇报。除非家族雇员处在很高的职位，或者是指定的继任者，否则就不要纳入董事会。

董事会中不应该包括公司的服务提供商，如银行家、律师或是会计师。董事会也应该拒绝 CEO 的朋友或是其他家族成员进入，特别要谨慎指定公司经理进入董事会。公司经理会将讨论集中于运营事务而远离战略话题，这会让其他董事会成员很难公开评价公司管理的质量，让公司经理作为董事会成员并没有明确的好处。

2. 董事会的责任

大多数董事会能够通过每季度一天或几天的会议很好地履行他们的职责。每年一次的会议应该成为董事会和管理层的联席会议，做好公司来年的规划。会议之间的时间段内，董事会成员可以处理一些特别的任务，准备董事会的会议以及会见，通常通过电话来解决突发事件。

每个董事会成员通常都会拥有不同的经验基础和独特的商业视角，但是所有的董事会成员都应该记住承担同样的责任。董事会的主要职责如下：

（1）保护公司和股东的利益；

（2）帮助确立公司的政策，帮助股东达成目标；

（3）给高管层——特别是 CEO 提供业绩回馈；

（4）确保企业保持决断；

（5）监督家族在企业中的参与。

3. 保护股东利益

好的董事会能够平衡公司和股东的需求。例如，董事会如果觉得大量的分红或是宣传其他股东的目标，如家族雇佣等可能削弱业务，并且最终降低公司中股东的价值，董事会就没必要去做。

4. 帮助做全局决策

这是董事会职责清单中最重要的职责，也是家族企业董事会中最为典型的弱项。董事会应该建议并且帮助高管认真思考"全局"这个话题对于公司的重要性，如视野、战略、成长计划、竞争能力、人员发展、财务和物理资源、战略关系以及继任。董事会应该放眼考虑公司的目标和挑战，集中于公司所面临的重大事件，避免陷入每天的管理和运营事务中。偶尔，CEO 可能要求董事会来帮助解决一些特殊而棘手的运作事务。一个人在董事会会议中应该看到的是关于未来目标和公司战略的头脑风暴，董事会成员能够分析并且预测行业趋势，决定公司采取何种行动。董事会成员应该愿意并且能够贡献他们自己的业务关系来帮助公司做好事前计划并且满足公司的需求。

5. 制定政策

从技术角度而言，董事会确定公司所有的关键政策。在现实中，只有那些对公司的重要性显而易见的政策才能达到董事会的层面，余下的则由经理创造实施。在家族企业中，家族理事会也是一个制定政策的角色。

董事会应该通过提供方向和有关政策信息的指导来帮助管理团队和家族理事会。例如，董事会可能推荐家族理事会草拟一份家族成员雇佣的政策。董事会将审查，建议修改，认可或实施政策。或者董事会可以要求 CEO 为公司负债制定一项政策。董事会的工作是看这些政策说明是否经过严格的设计，内部是否保持一致，并且有助于达成公司和股东的目标。

6. 评估 CEO 和高管的工作表现

董事会应该正式评估 CEO 的表现，识别其长处和短处，帮助 CEO 在公司中建立可信任的领导力关系。董事会成员应该提供持续的反馈和观察，帮助 CEO 建立无论是对个人还是对公司来说都是有挑战的目标。董事会需要由那些有能力而且有兴趣给予反馈的人组成。董事会同样有责任建议一个合理的 CEO 薪酬结构，包括薪水、奖金、福利以及长期激励。后者的活动通常由董事会薪酬委员会来组织。

董事会并不直接评价 CEO 以下高管团队的表现，通常也不参与 CEO 级别以下公司管理团队薪酬的设计，除非是去确认薪酬策略与实践得到很好的设计与实施。

7. 果断决策

由于家族的愿望是避免冲突或是保护传统，家族企业通常迫切要求果断决策。董事会则必须坚持强调公司增加股东价值。这意味着在匆忙之间而不是在充分知晓事情的情况下做出的将是一个敏感的决策。

8. 监督公司中家族的参与

对于家族拥有的公司，董事会成员相对于那些非家族公司来说还有一个额外的责任，即董事会成员需要理解家族的目标、关系事务以及政治：

（1）帮助家族监督合理的长期目标（董事会定义的"合理"）能否达成；

（2）调停家族对公司的影响，不管是家族财务、雇佣需求还是家族冲突对公司长期的影响；

（3）提供对家族经理有帮助的指导和回馈，特别是当这一帮助很难从公司经理们那里获得的时候。

家族事务应该由家族和家族理事会来管理，董事会则应专注于确保公司对未来的发展有正确的定位。

中国的家族企业内部治理目前所面临的一些主要问题：

（1）控制权和所有权的转移。中国的家族企业在这方面缺乏经验，第一次遇到代际转换的问题。

（2）在计划生育政策影响下，企业领导人才库受到限制。企业所有者如果只有一个孩子，在其成长中会受到父母还有祖辈的关注，这样的状况会影响孩子未来工作的动机、积极性和意愿，也会影响企业继任者的培养和发展。

（3）需要更高的透明度和更好的财务管理。目前达不到的原因跟中国经济发展快、公司发展快、管理水平跟不上有关，但也可能跟文化有关。如果说家族内部不太愿意讲规则和秩序，商业体系会是家族企业的朋友，能够帮助建立正确的规则、决策和工作的流程，让决策更加清晰。

（4）企业需要更严格的政策和更强的自我监督，从而保证企业诚信。

（5）需要领导能力的培养。

1.3.2　家族企业的外部治理①

按照雷迪克和塞斯（Rediker and Seth，1995）的观点，企业外部治理的内容主要包括：收购与重组的威胁、产品市场的竞争和管理者市场的竞争等内

---

① 刘巨钦，荣海军. 论中国家族企业外部治理机制的优化［J］. 经济与管理，2006（11）：44－47.

容，它们是构成企业外部约束机制的主要部分。目前国内一些学者也将具有制度环境约束的法律制度和执法状况、具有行业规则约束的监管和具有文化环境约束的社会伦理道德准则等看做是企业的外部治理机制。在中国家族企业中，企业作为一个法人实体，现有家族成员股东、潜在股东以及债权人与企业之间的关系，分别体现在股票市场和借贷市场上；经营者、雇员和顾客与公司之间的关系则分别体现在经理人市场、劳动力市场和产品市场上。由此可以看出，家族企业治理中所有利害相关者的来源都是与不同的市场环境相关联的，因而市场环境的健全与否将直接影响家族企业治理的效率。同时，政府也利用其掌握的经济计划、产业政策以及财政金融等手段直接或间接干预家族企业的战略选择。因此，完善的市场体系和优胜劣汰的竞争机制外加上健全的法律法规体系构成了比较完整的家族企业外部治理系统。

1.3.2.1 中国家族企业外部治理机制存在的主要问题

从中国家族企业目前的外部发展环境来看，外部治理机制还没有真正有效发挥作用。产品市场、资本市场和经理人市场都还没有发展健全，政府行为及法律法规在某种程度上缺失，这些都制约了中国家族企业外部治理机制的构建与完善。

1. 产品市场竞争机制不健全

在过去的计划经济体制下和经济体制改革的初期，中国的产品市场基本上不存在任何的竞争，导致中国大部分的家族企业没有市场竞争意识，失去了提高产品（或服务）质量从而提高企业竞争力的动力和压力。随着改革开放和计划经济逐渐向市场经济过渡，原本被企业忽视的产品市场竞争成为企业发展的关键。但由于没有任何经验，加上经济体制的转变不是一朝一夕能够完成的，所以，目前中国的产品市场竞争机制仍然很不健全。（1）由于体制的原因，仍然存在很多垄断行业，这些垄断行业对家族企业来说，由于没有国家政策的扶持，根本无法涉足；（2）地方保护主义猖獗，使得国内产品市场竞争极端混乱和不合理，严重阻碍了竞争机制的形成，阻碍了家族企业的向外扩张；（3）大量的投机商利用法律不健全或政策的漏洞制售假冒伪劣产品，对中国家族企业的产品市场形成了很大的冲击。

2. 资本市场不发达

企业要成长，就必须不断扩大规模，开拓新的市场，这需要强大的资金实力做后盾。而就单一的家族来讲，资金的积累与借债能力是有限的，况且单个家族的分家往往是兄弟平分财产，这种"细胞分裂式"的分家代代相传，整个家族企业越分越细，资金积累就难上加难，这与依靠募集社会资本组建的公众公司相比，其资金实力明显较弱。并且，从目前的实际情况来看，中国的家族企业所处的资本市场环境是比较恶劣的：（1）由于社会信用机制的不完善，长时期的公有制经济使得中国庞大的国有银行系统贷款往往很少能够针对刚刚起步发展的私营企业，家族企业再发展融资非常困难。（2）中国的资本市场由于时间较短，发育还不够成熟，机构投资者的规模较小，并且在中国的股份制企业上市方面针对家族企业也有一种存在已久的歧视倾向，这就使得上市融资、争取社会闲置资本的途径对于家族企业来说也很难实现。

3. 经理人市场不完善

靠艰苦创业荣登企业重要职位的家族成员虽能为家族利益忘我工作，团结和谐，但因其能力与知识的限制，他们仅凭创业期积累的有限管理经验在管理信息化与知识化的挑战下显得勉为其难。即使有的家族企业已经意识到了这一点，但因种种原因往往在引进职业经理人时望而却步或在遭受经理人背叛后又重新启用家族成员。总体来看，家族企业无法进行社会融智的主要原因是：（1）截至目前中国还没有形成一个成熟的职业经理人市场，没有形成一套完善有效的针对职业经理人阶层的评测和选择机制，这种外在市场的不完善和不成熟无疑增加了家族企业在进行社会融智过程中的选择成本；（2）社会信任的缺失和普遍存在于中国职业经理阶层的道德风险和信任危机问题是中国家族企业同社会人力资本难以顺利结合的另一重要障碍；（3）家族企业因其一贯的家族式管理模式而无法迅速形成针对职业经理人的有效的监督机制和激励机制，成为制约职业经理人顺利进入家族企业从事管理，特别是从事高层管理的根本障碍。

4. 企业外部法律法规机制的缺失

在中国家族企业中，往往是家族成员占有绝大部分的股份，形成一种以家族为大股东，众多小股东并存的局面。在企业的重大决策中，小股东的意志无法得到有效的体现，小股东对家族企业主的内部约束机制出现日益被架空、甚至完全虚化的趋向，这其中一个重要的原因就在于中国相关外部治理法律法规制度的缺失。目前在中国，家族企业的小股东之所以放弃监督权，根本的原因就在于中国的法律法规没有为小股东参与约束家族企业主等大股东提供强有力的法律支援，无论是在实体法，还是在程序法上都没有对小股东在股东大会上不受支配股东压制的表决权予以强化和保证。因此，企业外部治理相关法律法规制度的缺失阻碍了股东，特别是缺乏话语权的小股东对家族企业内部约束机制作用的有效发挥。

除此之外，中国证券市场的监管不力和社会信用体系建设的滞后等诸多外部治理机制的不足，都从不同的方面显示，外部治理机制构建的滞后已成为中国目前家族企业治理结构中诸多矛盾问题的症结所在。要避免"头疼医头，脚疼医脚"的企业治理思路，就必须加强对企业外部治理机制的建设，以外部治理机制的优化来摆脱中国家族企业治理面临的困境。

1.3.2.2 中国家族企业外部治理机制的优化

长久以来，外部监控不力、内部人控制一直困扰着中国家族企业的有效治理，因此，完善中国家族企业内外治理机制刻不容缓。中国家族企业外部治理机制带有明显的计划经济烙印，有其固有的制度性缺陷。要克服这些缺陷，就必须实现外部治理机制创新，必须完善资本市场、产权交易市场、产品市场和职业经理人市场，增强法律对企业经营的监督力度，增强企业运作的市场透明度，通过外部治理机制的优化来推进中国家族企业的发展。

1. 资本市场治理机制的优化

（1）建立完善的资本金市场。完善的资本金市场有利于家族企业实现规模经济，解决自有资金的瓶颈限制，节约家族企业的融资成本。尤其是在现阶段全球一体化这一大趋势的影响下，家族企业急需大额资金进行资本运作，从而提高企业的竞争实力和抵御风险的能力。所以，通过各种手段利用社会闲置资本是家族企业发展的必然趋势。而资本金市场对风险与报酬的态度是明确和一致的，这为家族企业的进一步发展减少了阻力。

（2）建立完善的公司接管市场。完善的公司接管市场使得家族成员的机会主义行为减少，迫使他们也必须融入家族企业的发展全过程，而不仅仅是分享经理的劳动成果。家族企业的一个基本特征就是企业不只是一个营利组织，更是家族的一个延伸，是家族的另一个活动场所。完善的公司接管市场弥补了中国针对低效家族企业解决方案上的不足，当存在对低效家族企业的这种解决方案时，家族企业业主在运作企业时就会更加注重企业的绩效，防止了家族企业治理中委托人的机会主义行为的产生，至少可以大大降低机会主义行为产生的概率。

（3）转变资本市场的监管方式。中国资本市场目前存在的严重问题是政府监管与市场机制严重错位。该由政府严管的，如保证信息真实、交易公平等政府却没有管好；而应由市场机制发挥作用的事项，如企业发行债券等则管得过死。因此，政府必须转变监管方式，在市场机制能够发挥作用的地方，又如发行债券、企业并购等则着重于规则的制定，而不介入具体行为。

2. 经理人市场治理机制的优化

经理市场是一个特殊的市场，是现代企业制度下对经理以及公司其他高层管理人员的经营行为最强的约束市场，是降低家族企业的代理成本和控制代理风险的主要手段。优化经理人市场竞争机制的关键是要通过体制改革和价格机制的作用，使职业经理人逐步市场化、职业化。

（1）引进职业经理人体制。家族企业要坚决引入职业经理人体制，在心理上降低对职业经理人的信用恐慌。职业经理人和资本不是简单的雇佣关系，两者之间是相辅相成的，都是利益相关者，要采取各种措施淡化这种雇佣关系，运用股权激励等方式，鼓励职业经理人成为企业的所有者，以企业所有者的心态来经营企业，同时建立完善的约束机制约束职业经理人的经营行为。

（2）建立职业经理人资质测试和认证体系。在职业经理人进入市场前，职业经理市场的中介机构会对职业经理人的从业资格进行审查，看其是否具备担当相应的企业管理工作的条件。在验证企业经营管理人才所具有的各种学历学位证书和职业资格证书之后，职业经理人市场通过职业技能鉴定中心还要对入场的企业经营管理人才进行职业标准测试。这样既可以确保入场的职业经理人的综合素质达到企业要求，也可以突出职业经理人市场的自身特色。

（3）完善经理人市场的竞争机制。在市场竞争机制的作用下，家族企业主为获得满意的职业经理人，必须不断改善用人机制，创造一种能吸引、留住职业经理的条件。在市场竞争机制的作用下，职业经理人市场服务机构也应处于竞争之中。他们以其优质的服务、适宜的服务费用等去竞争服务对象，树立社会信誉，提高知名度，从而给职业经理人市场带来活力，使职业经理人市场服务机构更健全，服务更周到，管理更完善。

3. 外部法律法规治理机制的优化

法律法规既是一种事前的规范和约束机制，也是一种事后的治理方式，其强制性决定了有关完善的法律法规，可以更好地促进家族企业的发展。

（1）建立相关制度，加强政府扶持力度。长期以来，家族企业由于出资主体私有的原因，难以得到政府的青睐。随着政府由行政功能向服务功能的转化，政府应完善家族企业的外部环境支持体系，明确私有财产合法化制度，明确企业所有者家族的投资主体地位，规范政府与企业的关系，在经济政策、资源配置和市场地位等方面给予扶持，为家族企业的发展扫清障碍。同时对家族企业的发展要适当引导，并对其进行有效的监督。

（2）建立和完善使企业正常运行的法律法规，并加大执法的力度。有效的家族企业治理机制既取决于家族企业主的个人素质和内部治理规则的有效，在相当程度上又取决于社会法制环境。中国家族企业治理单靠企业利益各方的自由契约不能保障其公平性，还必须靠外在的法律保障。例如，新《公司法》、《证券法》，其他如中国上市公司治理的基本原则和标准、股东派生诉讼制度等。可以说，整个市场经济的法律法规和规则无不与企业治理相关。同时，要对相关的违法行为及违法分子给予严惩。

（3）制定和完善有关诚信的法律法规，营造诚信的法制环境。具体来说，中国可以建立类似美国公平信用报告法这样的专门法律来推动个人信用制度的建立；完善家族企业的财务制度和信息披露制度，建立完整的家族企业诚信体系；建立商业机密保护制度、职业经理人市场制度和职业操守制度及行为规范，为各类职业经理人和企业的守信提供社会基础。

4. 发挥中介机构和自律组织的外部约束作用

（1）加强中介机构对中国家族企业的监管力度，增强透明性。要加强各种中介机构（会计师事务所、审计师事务所、律师事务所和新闻媒体等）对中国家族企业信息披露的监督作用，强化信息披露制度，规定信息披露的范围、形式、内容和频率，增强家族企业的透明度，防止家族企业主内部操作，为中国家族企业的健康发展营造一个相对透明和公平的外部经营环境。

（2）大力发展各种作为非政府组织的私营企业行业自律组织。各种私营企业行业自律组织在产品竞争市场、资本运作市场和职业经理人市场上都形成了相对科学和统一的自律性行规，这些行规对中国家族企业外部治理的规范性存在极强的约束作用。同时，通过完善行业组织内的市场准入制度和市场竞争机制，客观上也促进了中国家族企业外部治理机制的优化和完善。

第2章

家族企业治理理论

2.1 企业生命周期理论

2.1.1 企业生命周期含义及理论研究分支

2.1.1.1 企业生命周期含义

企业生命周期概念与理论的提出，是在20世纪60年代。1965年美国学者J. W. 戈登尼尔以"如何防止组织的停滞与衰老"为论题，系统地探讨了社会组织的生命力与生命周期问题，对组织生命力与一般生物界生命体的生命力进行严格界定与区分并提出两个重要界定：一个是，人们可以预测自然生命体的生命周期但无法预期一个社会组织的生命周期；另一个是，一个组织在经历了停滞后仍有可能恢复生机。由此得出结论：一个组织可以持续不断地实现自我更新。①

企业生命周期是企业的发展与成长的动态轨迹，包括发展、成长、成熟、衰退几个阶段。企业生命周期理论的研究目的就在于试图为处于不同生命周期阶段的企业找到能够与其特点相适应、并能不断促其发展延续的特定组织结构形式，使得企业可以从内部管理方面找到一个相对较优的模式来保持企业的发

---

① 薛求知，徐忠伟. 企业生命周期理论：一个系统的解析 [J]. 浙江社会科学，2005（5）：192－197.

展能力，在每个生命周期阶段内充分发挥特色优势，进而延长企业的生命周期，帮助企业实现自身的可持续发展。

2.1.1.2　企业生命周期理论研究分支

1972 年，美国哈佛大学教授拉丙·格雷纳（Greiner Larry E.，1972）在《组织成长的演变和变革》一文中，率先用"生命周期"这一概念框架对企业的成长过程进行了分析和总结。他认为，企业的成长像人一样，要经过孕育期、婴儿期、学步期、青春期、壮年期、稳定期、贵族期和死亡期等几个不同的阶段。在每一个阶段中，企业的发展动力和存在的问题是不一样的，如果企业不能够顺利克服自己的问题，会提前衰败下去。企业生命周期理论一经提出，便受到企业研究者的青睐，经过 30 多年的发展与争论，形成了多个分支，其中最有影响的有以下四种理论。

第一个分支是企业生命周期仿生—进化论。企业仿生化研究把生物进化论作为经济分析的方法论基础，从生物学的视角来研究企业的组织结构。仿生论最具影响的理论是企业进化论，该理论以温特（Winter，1984）为代表。企业进化论认为，企业的成长是通过生物进化的三种核心机制（即多样性、遗传性、自然选择性）来完成的，且强调组织、创新、路径依赖等进化对企业成长的影响。尼尔森（Nelson，1982）认为，企业成长是通过类似生物进化的三种核心机制来推动，借助多样性、遗传性和选择性来完成的。市场环境提供企业成长的界限，这一界限与企业存活能力和增长率有密切的关系。国内学者胡继灵（2001）认为，按照现代生物学的看法，生命系统具有三种基本特征：新陈代谢、自我复制和突变性。企业生命周期仿生论把企业当做一个生命体来看待，把企业生命周期理解为企业从诞生到死亡的过程，这应是企业生命周期理论存在的前提。

第二个分支是企业生命周期阶段论。这种理论把企业的成长和发展视为一个具有若干阶段的连续过程，将考察的重点放在这种过程中的各个阶段的特征与问题上。在众多的生命周期阶段论中，两种阶段论在国外影响较大。一种是格雷纳（Greiner）阶段论。格雷纳将企业作为一般组织去研究，认为各个阶段包含了一段相对平静的稳定进化成长期，而结束于不同形式的管理危机。这样的组织发展同时受到组织年龄、组织规模、稳定进化时期、剧烈改革时期与产业的成长率等内外因素的互动影响，自然牵动企业领导者的领导管理模式，而成长的每一阶段也支配了领导者的管理风格与企业转型的变化。这一阶段论，后为丘吉尔（Churchill，1983）、奎因（Quinn，1983）等人所发展。另一种是爱迪思（Adizes，1989）阶段论。爱迪思将企业生命周期分为三个阶段十个时段。三阶段分别为"成长阶段"、"再生与成熟阶段"以及"老化阶段"。其中，成长阶段包括了"孕育期"、"婴儿期"、"学步期"三个时段；再生与成熟阶段包括了"青春期"、"盛年期"、"稳定期"三个时段；老化阶段则包括了"贵族期"、"官僚化早期"、"官僚期"、"死亡期"四个时段。国内学者陈佳贵（1995）从企业规模变化的角度出发，提出六个阶段论。认为企业要完成正常发育，须经历六个阶段或时期：孕育期、求生存期、高速发展期、成熟期、衰退期、蜕变期。此说最大的创新在于将衰退期改为"蜕变期"，有助于解释少数长寿企业演变的规律。阶段论影响最大，吸引了大批学者的注意力，因此产生了许多彼此有别的阶段论。各种论者的主要区别，表现在对企业成长阶段划分上。按照阶段划分的差异，至少可以看到十几种阶段论。

第三个分支是企业生命周期归因论。这一理论试图通过揭示决定企业生命周期的具体因素，来找出改善和延长生命周期的"处方"。这一理论的早期研究者的分析，主要以技术、产品生命周期为依据，试图揭示企业特定技术和产品生命周期与企业本身生命周期之间的联系。研究揭示技术、产品从投入市场到最终退出市场全过程往往呈现出特有规律，产品生命周期一般包括孕育期、成长期、成熟期和衰退期四个阶段，与此相对应的产业周期也有四类，分别为幼稚产业、成长产业、成熟产业和衰退产业。产品生命周期在一定程度上受制于技术生命周期，而企业自身的生命周期则在很大程度上表现为产品生命周期的延伸。然而如若一个企业在成长初期就被并购了，其产品生命可以延续但企业生命归于终结。20 世纪 90 年代中期以来，研究者提出了更为复杂的分析框架。所有框架中，两种影响较大：一种以所谓"12 大生物法人系统"为分析框架。这个框架由美国学者高哈特和凯利（1998）提出，他们将企业视为有染色体的"生物法人"，并认为一个企业由 12 大系统构成，主张企业永生不死的秘诀在于推动企业 12 大体系同步蜕变，协调一致追求相同的目标。另一种强调企业领导者对企业的关键性影响，将企业生命周期与企业领导者素质联系在一起。美国密歇根大学商学院诺埃尔·M·蒂希和斯特拉托弗·谢曼（Noel M. Tichy and Stratorf Sherman）教授在 1993 年提出企业 DNA 的概念，认为企业作为活的非自然生物体与生物一样，有自己的遗传基因。企业 DNA 有四个基本要素：决策权、组织架构、信息传导和激励机制。肯·巴斯金（Ken Baskin）在其专著和文章中详细论述了公司 DNA 的问题，他在总结 3M 和里茨·卡尔顿等一些著名公司经验的基础上，探讨了组织应当如何运用生物在获知和适应生态变化方面的设计原理，以求在当今的"市场生态"中存活下去。肯·巴斯金认为企业好似一个活的生物体，有自己的遗传物质 DNA。企业 DNA 由企业特征 DNA 和程序 DNA 两部分组成。肯·巴斯金的企业 DNA 理论主张作为生物法人的企业家要通过创造企业个体独有的基因构造，以确保企业健康成长。汉布里克（Hambrick，1991）对总裁任职期间领导能力的变化规律及其原因提出了五阶段模型。该模型认为，总裁管理生命有五个阶段并呈现出相关特性：受命上任阶段、探索改革阶段、形成风格阶段、全面强化阶段、僵化阻碍阶段。

第四个分支是企业生命周期对策论。企业生命周期对策论以竞争对手为参照物，从系统动力学的角度来剖析企业如何获得成长和发展的优势。国内外学者通过对企业衰败、夭折和长寿进行了案例研究，提出了建设长寿企业的富有新意的见解。彼得·圣吉（1990）认为，企业要获得持久的优势，必须建立比竞争对手学习的更快的"学习型组织"。国内学者乔龙宝（2004）认为，企业生命周期各阶段具备的系统能力各有不同，使企业在不同的阶段表现出不同的特征和规律。企业作为一个自成体系的生命系统，应在其生命周期的每一阶段，建立起相应的整体系统能力，来保持整体的平衡，并依据企业成长的需求发展其系统能力。这样才能使企业自身具有自我调节和自我完善的功能，促使企业顺利地成长。[①]

2.1.2　外部环境与家族企业生命周期[②]

家族企业生命周期长短主要受制于家族或者企业系统的运行，而家族或企业的运行又受到所处环境的影响。

2.1.2.1　欧美家族企业成长的外部环境解读

欧美家族企业发展的历史基本上涵盖了欧美企业史发展的整个过程，它所揭示的家族企业发展规律对于中国家族企业的发展具有启示意义。

美国的《商业周刊》曾经做过一个调查，在标准普尔 500 指数的成分股

---

① 杨晓菲. 简述企业生命周期管理理论特征［J］. 现代商业，2014（9）：200 – 201.
② 马丽波. 家族企业成长：环境分析与社会责任［J］. 中国经济评论，2007（5）：4 – 14.

公司当中，有 177 家属于家族企业——创始人或其家庭成员在企业管理中扮演重要角色的企业。[①] 无论经营与管理，美国家族企业都比那些谈不上血脉相继的竞争对手更胜一筹：按 10 年平均值计算，美国家族企业的股票投资回报率为 15.6%，而非家族企业的股票投资回报率则只有 11.2%；在资产回报率、年度收入增幅两项重要指标当中，家族企业分别达到了 5.4% 和 23.4%，非家族企业则为 4.1% 和 10.8%。[②] 而在美国《财经杂志》上，美洲大学教授安德森和坦波大学里布教授根据长期的调查研究，两位教授得出的结论是：美国家族企业要比非家族企业的生命力旺盛得多。美国《新闻周刊》特地委托汤普森金融咨询公司对欧洲家族企业进行一次全面的调查分析，得出的结论是：在法国、德国、意大利、西班牙、瑞士及英格兰的股市中，家族企业板块近 10 年的总体走势要强于没有血脉传递关系的企业板块。欧美的家族企业大行其道与其所处的外部环境密切相关。

1. 欧美国家良好的契约传统和较完备的法律制度

欧美国家的家族企业具有浓厚的法制意识，家族、亲属等占据主导地位的人际关系被个人利益的独立化和"契约关系"所代替。公司与公司之间的经济联系以及企业中各方的利益关系完全以市场法则和契约关系来调节。不论是企业的所有者还是管理者，不论是家族成员还是非家族成员，大多可以通过契约来保证自己目标的基本实现，契约使双方形成一系列义务和责任的连锁关系。企业的资本性权利、决策性权利、控制性权利、收益性权利等，一般从创业之初开始就逐渐通过正式的合约方式规定下来，这种权力制衡机制减少了企业家和合伙人或亲友之间谈判成本和监督成本，规范化内部治理，从而延长企业寿命。另外，无论是欧洲还是美国，家族企业发展的共同点在于，都有较为稳定的商业环境和保护私有财产的政策。尽管这些国家都有过很多战争或动乱，但这些家族企业还是在历史的剧变中幸存了下来。

2. 信任建立在契约和制度之上

关于信任的理解各不相同。心理学者主要依照心理学的传统范式，将信任或者理解为对情境的反应，或者理解为个人人格特质的表现；在社会学者看来，信任是社会关系的一个重要维度，是与社会结构和文化规范紧密相连的社会现象。他们将信任或理解为人际关系的产物，由理性关系和情感关联决定的

---

① 林伟宁. 家族企业管理中一些问题的研究 [D]. 北京交通大学经济管理学院，2008：3 – 15.
② 贺晓宏. 家族企业竞争优势、存在问题及解决路径 [J]. 企业活力，2007（8）：24 – 25.

人际态度，或将信任理解为社会制度和文化规范的产物，是建立在法理或伦理基础上的一种社会现象。祖克尔（Zucker L. O, 1986）对信任产生机制所做的概括具有经典意义。她把信任划分为三种机制：基于过程的信任、基于特征的信任和基于制度的信任。经济学者对信任概念的界定主要是将信任作为一种治理机制来定义的。信任由于具有有限理性以及专用性的特点，因而是一种具备价值的无形资产（Mark Lorenzen, 1998），信任或许跟社会制度和文化范围等因素相结合，但更重要的是，信任的出现在于降低组织内部及组织之间以及人与组织之间的交易成本，减少违约等机会主义行为的可能性，信任的出现往往是人们理性选择的结果（Kreps, 1986；Fbdnberg & Tirole, 1992；Williamson, 2001）。当然，并非所有信任都是毫无二致的，环境的不同会引起信任产生的背景不同，即信任的来源各异，于是信任就会分为不同的种类。基于以往学者们对信任的研究，信任的来源主要分为三类：（1）声誉产生信任；（2）社会相似性产生信任；（3）法制产生信任。不同类型的家族企业具有不同的信任机制。初创期，业主制家族企业一般处所有权与经营权几乎是完全统一的时期，即企业主与经理人往往是同一个人，或者具有极近的血缘关系，如夫妻、兄弟或父子等，因此双方的信任度是基于最亲密的血缘关系和伦理道德之上，程度最高，持有家族信任。成长期，家族企业处于合伙制经营阶段，家族企业中有多个家庭进入，企业主与经理人往往来自同一族中不同的家庭，因而相对于初创期的业主制家族企业而言，两者血缘关系稍微有所减弱，因而信任度也略低，这个阶段，家族企业要持续经营，一般持有泛家族信任。成熟期或转化期，家族企业一般进化到股份公司或者走向衰退，企业主仍然来自家族内部，但经理人则很可能是由通过签订契约而雇用的自己人或者外人共同担当，有点类似于泛家族化的形式，信任度进一步降低，企业主与雇用经理人之间的合作关系完全是通过订立合约来建立的，双方的目标有明显的不同，甚至会有冲突，因而信任度最低。这两个阶段，家族企业要延长寿命，必须持有社会信任，即主要依靠法律、法规制度维系的普遍主义信任。这种类型的信任是建立在理性计算的基础上，源于信任存在所带来的收益及信任被破坏所带来威胁的权衡。

制度是社会信任的基础。制度对于社会信任起着基础性的作用，健全的制度规范能培育与塑造社会信任；维持与保障社会信任；制度变迁使人们所秉持的社会信任更具理性化追求。西方传统文化的核心是基督教文化，基督教文化的人性假设是"人性恶"或"原罪"，即认为恶是人的本性。为此，西方传统文化注重法律制度的制定与契约安排，来抑制人的自然的恶欲，因而主张法治。

欧美国家认为，契约的信用保障，是支撑契约的资产，而不是其他的非经济因素。他们比较注重过程，如果过程不可信，则其结果也不可信。自公元前1750年《汉谟拉比法典》诞生于古巴比伦王国起，契约文化就影响着西方的民主政治和经济发展，并逐渐形成了被历史检验的制度体系。市场主导型的经济体系要求完全公平、及时和全面地披露公司的经营、财务、投资等重大管理决策及相关资料，制定严密的审计和会计制度，实施严格的市场监管，这种规范化的管理制度大大减少了欧美企业界的投机和暴利行为。日本、美国等属于高信任文化，而欧洲大部分国家和地区如法国、意大利南部地区等都属于低信任文化。由于人们之间的信任度不高，一般只局限于家族、亲友之间，家族成员与家族企业在欧洲比在美国更加普遍而且家族更紧密地掌握控制权的原因之一。

3. 欧美国家开放的社会制度以及极端个人主义的文化底蕴

欧美型企业文化以人为本、开放民主，表现出高度的个人主义倾向，强调平民性、自由性和民主性。这种价值观倾向使得西方人对个性和自由的追求，远甚于对权力的追求，带给欧美家族企业家们开放和创新精神，重视公平竞争，追求自我实现，使自己的创造力能得到发挥的最佳状态，从而把个人命运与企业命运紧密地结合在一起。欧美国家的个人财产独立化为个人所有的私有财产并受到法律保护。很多欧美家族企业的现任掌门从十几岁起就到家族开办的企业中打零工，从长辈那里了解企业的历史与文化，获得一般人难以企及的经验与阅历。因此，很多家族企业的接班人在成年之前已经具备了担任企业高层管理人员的最基本素质，在家族企业中有很高的影响力。这种影响力表现在家族企业家个人的需求同他的职业生涯的吻合程度、社会心理的发展以及他的年龄段是否可以适应家族企业的需要。特别是家族企业继任者在不同的年龄阶段，常常有他们自己的职业兴趣需求和独立明确的感觉以及对自己进一步发展的期望。当这种期望和家族企业整体利益考虑融合在一起时，继任的企业家无论在心理上和实践中，都已经趋于成熟。这对于延长家族企业生命周期是很重要的。

2.1.2.2 日本家族企业成长的外部环境分析

日本社会对企业创业者、创业者家族有着一种特殊的感情，忠实于创业者或者是他们的家族成员，是对企业忠诚的一个最基本的表现。日本企业由于大量实行终身雇佣制，培养了很多具有对企业忠诚的员工，维持了雇员稳定的工作和稳步的升迁，保障了雇员长期的福利，并且使员工将企业看做是自己的家，对企业更具有认同感。

1. 日本财产继承制度中的"长子继承制"

与中国"诸子均分"财产继承制度不同，日本实行的是"长子继承制"。家庭的大部分财产都传给长子，长子对其他兄弟负有责任。长子也可以由没有血缘关系的外人代替，过继或招婿在日本家庭既普遍又容易实行。据调查，日本的家庭将继承权传给养子而不是有血缘关系的儿子的比例高达 25% ~ 34%，这种传承避免了像华人企业那样在创业人过世之后，就被几个孩子瓜分的命运，企业规模的长期增长得到了保证。

第二次世界大战后，整个日本社会沉淀了相对浓厚的社会资本，为家族企业的制度化做了良好的准备。战后日本解散了财阀与家族企业的联系之后，财阀家族持有的股份被卖给了公众，日本企业便开始了专业化管理，企业的"总管"是从社会上雇佣的，与家族没有血缘关系，但却秉持家族原有的优良传统和先进的经营理念。

2. 日本企业文化中的宗教色彩

在日本的宗教发展史上，儒教、佛教和日本的民族宗教神道对日本影响最大。日本的企业家把宗教思想融入自己的经营哲学中，"产业报国、以社会责任为己任、和睦相处，上下一致"等思想正是和神道"忠"的思想和儒教的"和"有着莫大的相似性，形成日本带有浓厚宗教色彩的企业文化，这种文化氛围使员工感到工作已不单单是为了个人物质生活的需要，更重要的还有精神上的满足。日本企业文化和宗教信仰的结合，构成企业文化的有三大民族心理：一是渴望成为强者的心理。基于传统的生存危机感和忧患意识，日本民族特别渴望成为强者、成功者（而这里的强者、能者往往是指包括自己在内的成功的团体、民族），崇拜强者、能者，而鄙视弱者和无能者。二是务实心理。基于传统生存的危机意识，日本人特别地务实。他们不喜欢幻梦式的、形而上的思考，而倾向于事实、现象、经验、实证的思维方式，形成务实的风格。三是"忠"、"和"心理。"忠"：现代的日本人已把传统的效忠天皇、效忠国家这一民族价值观具体转化成对事关个人生存的企业的效忠。每个成员都把企业当成自己的归宿，为企业贡献自己的青春才华，他们往往自愿超时工作，任劳任怨，鞠躬尽瘁，回报企业对自己的知遇之恩。"和"：绝大多数日本管理者都是缄默、含蓄、安静、内向和以他人为中心，为了所有企业成员保持一致和合作，管理者往往以这种"和"作为管理方式，导致不断的讨论和妥协，以成就企业各方面利益的平衡和员工之间的和谐。

3. 日本政府与家族企业间的互惠关系

明治维新之前，日本处于发展缓慢的封建社会时期，三井、住友等这样已经持续了 200 多年时间的企业，都是 100% 的家族所有。完整、严格的家族宪章为其企业治理的基本原则。明治政府为日本的传统家族企业和当时新兴的家族企业成长为大型的财阀企业集团提供了第一推动力，并发展成为国家经济的统治性力量。明治维新中，日本政府为了解决政府的财务负担过重问题，低廉地出售"国有企业"，三井、三菱、住友等当时已经有一定实力的家族企业都从中购买了一些重要企业，从而各自掌握了一些日本的重要产业，如钢铁、煤炭、水泥、金属、机械、造船和纺织等，为这些日本家族企业的扩张、进入其他领域提供了持续稳定的现金流支撑。到了 20 世纪之后，在不放弃家族对企业绝对控制权的前提下，日本家族企业进行了更多的外部股权融资，致使日本的资本市场得到了高度的发展。日本政府自 50 年代之初又大力扶植本国企业适应生产国际化和实现资本国际化，以汽车和电子产品为先导，加紧向国外市场扩张，在发达的欧美国家建跨国公司，积极参与他国的资源再分配。日本政府从政治、法律、财力等方面为家族企业发展提供服务，这种互惠关系使日本家族企业可以迅速成长和强大。

2.1.2.3　东南亚国家及地区的家族企业成长的外部环境分析

家族企业在亚洲独树一帜，特别东南亚地区的华人家族企业显得更成功。美国《国际先驱论坛报》2000 年的调查表明，19% 年东亚国家和地区规模最大的 8 家企业集团中，有 6 家属于家族企业。在被调查的 9 个东亚国家和地区的 2 980 家上市公司中，有超过 60% 的公司，都和这些家族企业有关。这 6 个家族企业集团有 3 个在中国香港，其他 3 个分别位于马来西亚、印度尼西亚和韩国。从国家和地区来看，印尼和菲律宾全部市场资本额的 1/6 都在一家最大的家族企业控制之下，而有超过一半以上的上市公司资本额都由 10 个家族企业所掌管。中国香港的经济是由一个强大的家庭网络所支撑。根据统计，中国香港股市中有 67% 的上市公司是由家族所控股，而 53% 的上市公司的高级经理人与控股股东有着亲戚关系。这种所有权与管理权不分的关系大大提高了控股家族在中国香港公司中的影响力。而更惊人的是，中国香港 15 个大家族控制了

35%的中国香港股市总市值，这个市值相当于中国香港 GDP 的 84%。另外，74%的上市银行是由家族所控股。马来西亚的情况是，前 15 家大家族企业所占上市公司的总市值相当于其国内生产总值的 76.2%，新加坡则是 48.3%。

受日本等东亚企业文化及欧美企业文化影响而形成的东南亚各国企业文化，具有共同而鲜明的特色：既包含了东方文化传统中家族主义、权威主义思想及"诚、信、义、勤、和"等品质内涵，又包含了西方文化中个体主义、竞争意识、利益原则及效率、创新、独立的精神内涵。正是这样一种企业文化，为东南亚各国家族企业的持续增长提供了重要条件。

东南亚家族企业的兴起，特别是东南亚华人家族企业兴起的一个典型特点是"政商特征"。菲律宾首富陈永栽靠与政府合办卷烟公司而一时发达，印度尼西亚的林绍良更是"红顶商人"的典范，他在印度尼西亚独立战争期间，把一个名叫哈山·丁的独立军的领导人在家里藏匿了 1 年多，而此人正是印度尼西亚共和国第一任总统苏加诺的岳父。凭借这层关系，林绍良获得了丁香进口专利权，继而垄断了全国面粉、水泥等行业的专营权。林家资产一度高达 184 亿美元，在 1995 年名列《福布斯》全球富豪的第六位。新中国成立后，东南亚巨商千方百计与北京拉近关系，当年便有不少商人将子弟送到北京少数几家高干子弟云集的学校读书，试图以此埋下人脉的伏笔。印度尼西亚第二大财团金光集团董事长黄奕聪便曾将次子黄鸿年送到积水潭中学读书，此人在 1992 年组建中策公司，倚靠当年积下的同学人脉，大面积收购国有企业，形成了轰动一时的"中策现象"。

2.1.2.4　中国家族企业成长的外部环境分析

中国家族企业九成以上平均寿命为 2.9 年[①]，与世界其他国家的家族企业平均寿命相比，中国的家族企业生命周期短暂。中国的家族企业是在国家经济体制剧烈变革、游戏规则不断变更的背景下产生的。在这个市场规则迅速调整的过程中，家族企业为了赢得市场竞争优势，不得不经常性地突破已有的政策限制或者采取各种花样的变通做法谋求生存与长寿。中国又是一个家文化传统最为悠久和深厚的国度，特别是几千年家文化传统的社会心理积淀所形成的外部环境，使得企业家必须严格控制内部高级管理人员对于企业的忠诚度，防止出现纷争以至于影响企业的组织与经营行为、企业绩效与生命周期等。中国民

---

① 　资料来源：《中国民营企业发展报告》。

主建国会和中国企业家系统的调查显示，中国家族企业发展的外部环境地区差异较大，东部地区明显好于中西部地区（栗战书，2003）。家族企业对所在地区的基础设施条件评价最高；对政府政策和规章制度的公开透明情况、简化行政审批手续、减少市场准入限制方面给予一定的肯定，但却对深化垄断性行业改革、享受公平的国民待遇、解决融资难和人才瓶颈等方面表现出迫切的期待。中国家族企业生命周期短暂除了企业内在的原因之外，企业的外部环境也起着关键的作用。

2.1.3 中国家族企业生命周期①

2.1.3.1 创业期家族企业

家族企业的发展过程都是从创业期开始的，同时多数的创业期家族企业的规模都较小。虽然也有创业初期即具有较大规模的，但数量较少，缺乏典型代表性。因此，小型家族企业有时又是处于创业期阶段的家族企业的代名词。但二者仍有区别，很多的家族企业在经历了长时期的创业之后，发展较为稳定，但其企业规模既没有做大也没有做强，而多数还维持在小型企业的规模。据此我们把创业期家族企业分为两个阶段，一是萌芽期的创业阶段，二是初创期的创业阶段。

萌芽期的创业阶段主要代表是那些刚进入创业的家族企业，有时也被称为原始家族企业阶段。在这一阶段，主要还是以生存为第一要务的，企业的规模往往较小，甚至很多的时候还不具有企业的形式，往往以个体工商户存在，或者不具有法律上的身份，属于流动性摊贩等形式。创立此类业态，创业者所追求的目标并不是成为企业家，而主要是解决生活所需的谋生手段。萌芽期的创业主要是为了解决生活所需，一般所从事的行业集中在生活服务类行业，创业者往往以自己的技艺特长或熟悉的行业进行选择进入，此类型的创业者多数来源于工作不稳定、收入较低、社会地位不高的劳动者，他们主要是通过个人自身的劳动来谋求发展，既是老板也是员工，对外身份属于老板，对内身份就是员工，两种身份合二为一是这一时期的典型特征。

初创期的家族企业，来源于两个渠道，一是萌芽期的谋生创业形式已经稳

---

① 马丽波．家族企业的生命周期论或与多维眼睛研究［M］．中国社会科学出版社，2009．

定，创业者开始考虑生活目的之外的需要，如对于生活品质的要求、社会地位的需要、个人情感的需要，特别是其中具有一定特长，如某些人在谋生过程中掌握的制作手艺，又如食品加工制作手艺；或者在小范围内形成了一定的产品或者服务的知名度，如有影响的饭店、商店、理发店、美容店等。这些具有一定特长的创业者开始考虑突破满足生存后的发展问题，进入了家族企业的初创阶段。二是来自直接的创业者开创的企业形态。此类型的创业者往往具有直接的目的和方向，他们开创的企业形态，目的就是为了获得更好的发展需要。此种类型的创业者多数选择的不是自己直接从事劳动者角色，通过雇佣其他人进行劳动，而自己主要承担的是管理的角色。这种类型的创业者多数也兼做一些员工身份的工作，但主要是应急性工作，其创业的目的已经不是解决生活问题，而是进入生活发展和事业开创时期。此时，对外的老板身份成为主要角色，对内多数时候还具有员工身份，老板和员工的角色由合二为一的一体化开始分离，是初创期的家族企业典型的外在表现。

2.1.3.2　成长期家族企业

在渡过创业期之后，家族企业的生存问题不再是主要任务，发展壮大成为成长期的主要目标。这一阶段业务趋于稳定，发展目标逐渐确立，各项制度建设开始受到重视，人力资源的管理受限于家族企业的发展，开始引入外部管理人员，但高层次的决策和管理人员仍然由家族成员掌握。成长期的家族企业虽然在时间上和规模上无法做到精确定量研究，但其在这一时期具有以下典型特征。

一是封闭性逐渐被打破。在家族企业发展进入到成长期之后，企业的生产经营规模不断扩大，部门的组织层次不断增多，管理上的复杂性越来越明显，对人才的需求难以从内部进行满足，需要从外部吸收大量的人才加入企业。同时，规模的扩大，同样意味着资金的需求不断增大。外部融资开始被引进到企业的生产经营中，此时有关的产权结构出现新的变化。

二是外部性特征开始显现。在成长期，经营权与所有权开始分离，企业主掌控所有权，但有关的经营权开始放手给外人进行管理，而生产等一线的操作人员完全脱离，创业者不再兼具有员工和老板的双重角色，这一时期有时也被称为泛家族企业阶段，即企业主要成员中，不仅仅是家族成员构成，而且还会有因为朋友关系、同学关系甚至是同乡关系等被引入到家族企业之中，单纯的亲缘和血缘关系已经不能满足需要。

三是内外规则开始出现冲突。在家族企业进入成长期后，原先依靠家族规则进行决策执行的方式开始被现代企业制度所逐渐替代，但在这个依靠人治迈向法治或者是情感管理到制度管理的过程中，"家族规则"与"现代企业管理制度"的矛盾不断显现，传统的家文化影响家族企业，家族企业创业者还要受到现行法律制度的约束，两者的平衡或者倒向某一个方面都是这种冲突的结果。如果家族规则凌驾于法律制度之上，家族企业的现代化之路就比较长，如果创业者能改变家文化的影响，对制度进行调整，那么家族企业成长为现代企业之路就相对要快。

2.1.3.3　成熟期家族企业

家族企业的发展经历了创业期的艰辛和成长期的迷茫后，各项制度趋于稳定，企业规模较大，部分企业实现上市经营，家族企业的各项业务都在有条不紊地推进之中，此时家族企业就像成年人一样，已经进入到了成熟期。具体有以下几个显著特征：

一是现代企业制度建立。在家族企业经历了成长期后，经过制度内外因素的作用，现代企业制度逐步建立。所有权与经营权分离，专业化、规范化以及制度化的管理方式开始成为主流。现代化的管理理念和方式开始全面深入到家族企业管理的各个领域之中。依靠职业经理人进行各层次的经营管理，同时引入对职业经理人的股权等激励措施，采取法治的管理方式，利用契约进行治理，制度管理代替情感管理，人才引进采取任人唯贤的方式。

二是股权结构多元化出现。在成长期的家族企业经过慎重抉择，不断调整融资的方式，外源性融资逐渐增多，特别是规模较大的家族企业，传统上依靠内源性融资的方式已经不能满足企业发展壮大的需要，而通过公开市场向社会募集资本成为发展壮大的必要手段。家族企业的创业者对股权的绝对控制观念逐步改变，逐步减少其持股的比例，最后成为持有股份较少的普通股东。这个过程随着企业规模发展壮大，单独的家族积累不足以满足生产经营需要的时候，家族企业所不得不选择的发展道路。

三是所有者权益目标最大化引领的制度安排。在创业期和成长期的家族企业，由于股权封闭单一特点，使其最终目标是家族利益的最大化，制定和采取的制度都是与此相适应的，诸如管理方式、管理团队、员工身份等都体现了家族利益最大化的制度安排。在进入到成熟期之后，虽然家族企业在企业中占有的股份仍然具有较大比例，有的还处于绝对控股地位，但毕竟有了社会公众股东的加入，股权多元化的特点，客观上需要家族企业的经营不能仅仅为了家族的利益，而需要转变为以所有投资者的利益为目标追求。这种目标的转换同样需要相应的制度予以保障，现代企业制度的建立与其说是家族企业创业者的选择，倒不如说是所有者权益目标实现的客观需要而推动的更为妥帖。

2.1.4　不同生命阶段家族企业治理模式特征①②

2.1.4.1　初始期——古典家族企业治理模式的特征

初始期的古典家族企业治理模式表现为企业的产权高度集中，企业管理的制度化、规范化程度低，职业经理人并没有作为主要经营管理者参与到企业日常运营中来。其主要有以下几个方面特征：

（1）产权具有高度的封闭性，集中在家族成员手中。

（2）企业管理的制度化程度非常低，对治理团队的选择仅限于家族内部的成员，其内部管理处于"人治"的阶段。

（3）家族企业的经营控制权都集中于家族成员手中，即家族企业内的高级管理职位全都由家族成员把持，企业内即使存在外来人员，其也是处于中下层管理、技术岗位上。

（4）股东会、董事会、监事会或者没有建立，或者流于形式，企业决策由家族企业的创始人做出决策。家族中其他成员做出的决策需得到家族企业创始人的首肯才能执行。

2.1.4.2　成长期——折中型家族企业治理模式

成长期的折中型家族企业治理模式表现为企业管理介于"人治"和"法治"之间，企业所有权和经营权开始分离，职业经理人与家族成员共同控制家族企业的经营权。成长期的折中型家族企业治理模式具有以下四个方面特征：

（1）企业所有权开始分散，家族仍掌握大部分股权，处于绝对或相对控股，但非家族的股东的产权对家族产权起一定的牵制作用。

① 余小波. 基于企业生命周期的中国家族企业治理模式研究［D］. 湘潭大学商学院，2012.
② 吴颂华. 中小企业治理存在的问题及改进——基于企业生命周期理论［J］. 中国管理信息化，2014（11）：71－73.

（2）企业管理开始由"人治"向"法治"的过渡，一方面在企业内部开始建立比较规范的现代企业制度，但另一方面企业的执行力又不够。

（3）职业经理人与家族成员共同控制家族企业的经营权，企业内的一些高层岗位开始由非家族成员来担任，但家族成员仍占据大部分重要的高层职位。

（4）监督约束机制流于形式，家族企业的创始人在企业具有很强的权威性，股东会、董事会和监事会的作用有限。

2.1.4.3　成熟期——现代家族企业治理模式的特征

成熟期的现代家族企业治理模式表现为，家族企业基本建立了比较规范的企业制度，职业经理开始在企业的治理系统中发挥出重要的作用。成熟期的现代家族企业治理模式具有如下四个特征：

（1）家族企业建立了现代企业制度，管理规范化、执行力得到了提高，企业的运行开始严格按照其要求进行。

（2）家族虽然依然保持着对企业治理的重要影响，但家族拥有的一部分产权已不干预家族正常的运营，家族企业的经营控制权主要掌握在外来职业经理人手中。

（3）股权相对分散，但家族的股份仍具相对优势，能对企业的治理系统保持重要的影响。

（4）股东会、董事会、监事会的运作比较规范，其成员构成也趋向合理化。

2.2　动态演化博弈理论

2.2.1　演化博弈理论的产生和发展

2.2.1.1　演化博弈理论的产生

经济演化思想很早就存在于经济理论中，即使是在以静态分析为主的新古典经济学盛行的年代，演化思想也仍然在经济学中占有一席之地。马歇尔

（Marshall，1948）就曾指出，演化的概念比静态的概念更复杂，因此大量的经济基础理论研究还是以机械类比、均衡、稳定、决定性为主；阿尔钦（Alchian，1950）建议在经济分析中用自然选择的概念代替利润最大化的概念，认为适度的竞争可以作为决定各种制度形式存在的动态选择机制。在这种选择机制下，即使不把行为主体看做是理性的，但来自社会的演化压力（优胜劣汰）也将促使每个行为主体采取最适合自身生存的行动，从而使得达到的演化均衡为纳什均衡。阿尔钦的这种演化观不仅为新制度经济学研究制度的选择提供了一个思路，而且也为演化博弈论的发展提供了思路；纳什（Nash，1950）的"群体行为解释"，则认为是包含较完整的演化博弈思想的最早理论成果。纳什认为，不需要假设参加者有关于总体博弈结构的充分知识，也不要求参加者有进行任何复杂推理的愿望和能力，只需假定参加者能够积累关于各种纯策略被采用时的相对优势的实证信息，纳什均衡仍可达到。[①]

2.2.1.2 演化博弈理论的发展[②]

演化博弈理论能够在各个不同的领域得到极大的发展应归功于斯密斯（Smith，1973）与普瑞斯（Price，1974），他们提出了演化博弈理论中的基本概念——演化稳定策略（Evolutionary Stable Strategy）。斯密斯和普瑞斯的工作把人们的注意力从博弈论的理性陷阱中解脱出来，从另一个角度为博弈理论的研究寻找到可能的突破口。自此以后，演化博弈论迅速发展起来。20世纪80年代，随着对演化博弈论研究的深入，许多经济学家把演化博弈理论引入到经济学领域，用于分析社会制度变迁、产业演化以及股票市场等，同时对演化博弈理论的研究也开始由对称博弈向非对称博弈深入，并取得了一定的成果。20世纪90年代以来，演化博弈理论的发展进入了一个新的阶段。威布尔（W. Weibull，1995）比较系统、完整地总结了演化博弈理论，其中包含了一些最新的理论研究成果。其他的一些理论成果包括克瑞斯曼（Cressman，1992）以及萨缪尔森（Samuelson，1997）的著作。

与此同时，演化博弈论在经济学中的应用研究也飞速发展。弗里德曼（Friedman，1991）认为演化博弈在经济领域有着极大的应用前景，并对一些具体应用前景的动态系统进行了探讨；巴苏（Basu，1995）研究了公民规范和

---

① 王文宾. 演化博弈论研究的现状与展望 [J]. 统计与决策，2009（3）：158－161.

② 易余胤，刘汉民. 经济研究中的演化博弈理论 [J]. 商业经济与管理，2005（8）：8－13.

演化之间的关系，认为规范的长期存活依赖于演化过程和自然选择；弗里德曼和方（Friedman & Fung，1996）以日本和美国的企业组织模式为背景，用演化博弈分析了在无贸易和有贸易情形下企业组织模式的演化；拜斯特和古斯（Bester & Guth，1998）用演化博弈理论研究人类在经济活动中利他行为的存在性及其演化稳定性。登弗伯格和古斯（Dufwenberg & Guth，1999）在双寡头垄断竞争的情形下比较了两种解释经济制度的方法：间接演化方法和策略代理方法，研究了在怎样的市场环境中这两种方法会导致相似的市场结果；戈特曼（Guttman，2000）用演化博弈理论研究了互惠主义在有机会主义存在的群体中是否能够存活的问题；青木昌彦（2001）从认知的角度提出了一个关于进化博弈的主观博弈模型；哈如威和普拉赛德（Haruvy & Prasad，2001）运用演化博弈的方法研究在具有网络外部性的条件下免费软件的最优价格和质量；科斯菲尔德（Kosfeld，2002）建立了德国超市购物时间反常的演化博弈模型；奈宝格和瑞戈（Nyborg & Rege，2003）用演化博弈理论研究了顾及别人感受的吸烟行为的社会规范的形成；加斯米那和约翰（Jasmina & John，2004）研究了三种不同的学习规则在公共物品博弈中仿制人类行为时谁表现得更好的问题；丹尼尔、阿瑟和托德（Daniel，Arce & Todd，2005）研究了四种不同类型的囚徒困境博弈，指出这四种囚徒困境要达成合作所需的演化和信息要求。

进入 21 世纪以来，国内的学者也开始关注演化博弈论。谢识予（2001）、张良桥（2001）、盛昭瀚和蒋德鹏（2002）介绍了演化博弈理论的一些基本概念和相关内容；崔浩、陈晓剑和张道武（2004）用演化博弈论的方法分析了有限理性的利益相关者在共同治理结构下参与企业所有权配置并达到纳什均衡的演化博弈过程；胡支军和黄登仕（2004）给出证券组合选择的一个演化博弈方法；高洁和盛昭瀚（2004）研究了发电侧电力市场竞价的演化稳定策略；周峰和徐翔（2005）运用演化博弈论探讨了农村税费改革问题；刘振彪和陈晓红（2005）创建了从单阶段创新投资决策到多阶段创新投资决策的演化博弈均衡模型研究企业家创新投资决策问题；石岿然和肖条军（2004）在一个三阶段 Hotelling 博弈模型的基础上研究双寡头零售市场价格策略的演化稳定性问题；易余胤等（2003；2004；2005）运用演化博弈方法研究了信贷市场、双寡头市场、自主创新行为、合作研发中的机会主义行为等一系列问题。从以上的研究成果来看，近一两年来有越来越多国内学者关注该领域，并且应用演化博弈论探讨了经济学领域中的很多问题。但国内的研究成果仍然存在着不少问题，主要体现在：（1）对演化博弈论的特征以及基本概念不够清晰，演化博弈并不是演化的观点和博弈的思想简单相加，动态演化的博弈模型也不一定就是演化博弈模型。（2）运用演化博弈论解释某些问题显得"牵强附会"，让人感觉只是单纯套用演化博弈论，或是不清楚演化博弈论的理论框架。（3）只能运用一些非常简单的演化博弈模型，研究不够深入。事实上，问题（2）、（3）的产生至少部分是由于（1）引起的，因此，有必要把演化博弈论（模型）的特征以及基本概念界定清楚。

2.2.2 演化博弈理论的含义

2.2.2.1 演化博弈理论与传统博弈理论比较

在传统博弈理论中，常常假定参与人是完全理性的，且参与人在完全信息条件下进行的，但在现实的经济生活中的参与人来讲，参与人的完全理性与完全信息的条件是很难实现的。在企业的合作竞争中，参与人之间是有差别的，经济环境与博弈问题本身的复杂性所导致的信息不完全和参与人的有限理性问题是显而易见的。

与传统博弈理论不同，演化博弈理论并不要求参与人是完全理性的，也不要求完全信息的条件。有限理性这一概念最早是由西蒙（Simon. H. A.）在研究决策问题时提出的，它是指人的行为只能是"意欲合理，但只能有限达到"。威廉姆森在研究影响交易费用的因素时，对有限理性的问题进行了归纳总结人的有限理性是由两方面的原因引起的：一方面是由于人的感知认识能力限制，它包括个人在获取、储存、追溯和使用信息的过程中不可能做到准确无误；另一方面则是来自语言上的限制，因为个人在以别人能够理解的方式通过语句、数字或图表来表达自己的知识或感情时是有限制的（这或许是因为他们没有掌握到所必需的词汇，或许是因为这些词汇还不存在），不管多么努力，人们都将发现，语言上的限制会使他们在行动中感到挫折。从这两个方面而言，完全理性的人根本就不可能存在。①

演化博弈论是把博弈理论分析和动态演化过程分析结合起来的一种理论。在方法论上，它不同于博弈论将重点放在静态均衡和比较静态均衡上，强调的

---

① 尤里，唐林，于云晴，陆海曙. 知识型员工监管激励的研究综述 ［J］. 人力资源管理，2010 （4）：49 – 51.

是一种动态的均衡。演化博弈理论源于生物进化论，它曾相当成功地解释了生物进化过程中的某些现象。如今，经济学家们运用演化博弈论分析社会习惯、规范、制度或体制形成的影响因素以及解释其形成过程，也取得了令人瞩目的成绩。演化博弈论目前成为演化经济学的一个重要分析手段，并逐渐发展成一个经济学的新领域。

2.2.2.2　演化博弈理论含义

演化博弈论摒弃了完全理性的假设以达尔文生物进化论和拉马克的遗传基因理论为思想基础，从系统论出发，把群体行为的调整过程看作一个动态系统，在其中每个个体的行为及其与群体之间的关系得到了单独的刻画，可以把从个人行为到群体行为的形成机制以及其中涉及的各种因素都纳入到演化博弈模型中去，构成一个具微观基础的宏观模型，因此能够更真实地反映行为主体的多样性和复杂性，并且可以为宏观调控群体行为提供理论依据。①

2.2.3　演化博弈理论的应用优势

2.2.3.1　方法论

新古典经济学以原子论和机械力学为理论基础，它假定参与人是完全理性和一致偏好的。参与人在既定的条件下可以得到一个最优方案，如生产商在技术和资源一定的情况下可以找到一个获得最大收益的生产方案，消费者在既定的预算条件下可以获得一个最大效用的消费方案等。博弈论在新古典经济学的基础上增加了行为主体之间的互动，使得理论更贴近现实，但总的来说，博弈论仍然没有跳出新古典经济学的框架。因此，在运用博弈论建立模型时，对各种关系做出的假设往往不切合实际，因此，根据此类模型做出的决策往往和现实相差较远，容易导致失误。

演化博弈论摒弃了完全理性的假设，以达尔文生物进化论和拉马克的遗传基因理论为思想基础，从系统论出发，把群体行为的调整过程看作一个动态系统，在其中每个个体的行为及其与群体之间的关系得到了单独的刻画，可以把

① 李富荣，张景华. 一个经济学的新领域：演化博弈理论 [J]. 统计与决策，2007（5）：131 - 132.

从个人行为到群体行为的形成机制以及其中涉及的各种因素都纳入到演化博弈模型中去，构成一个具微观基础的宏观模型，因此能够更真实地反映行为主体的多样性和复杂性，并且可以为宏观调控群体行为提供理论依据。因此，演化博弈论提供的经济现象的解释比博弈论更深刻、更贴近实际、更有说服力。

2.2.3.2 认识论

博弈论假设行为主体具有完美的理性思维，即行为主体始终以自身最大利益为目标，具有各种环境中追求自身利益最大化的判断和决策能力，具有在存在交互作用的博弈环境中完美的判断和预测能力，不会犯错、不会冲动、没有不理智。另外，博弈论中的一个最重要的假设就是博弈双方行为人的"共同知识"假设，即所有参与人都是理性的，所有参与人知道所有参与人都是理性的，如此类推，以至无限。这是一个令人难以想象的无限推理过程，就行为人对现实世界的认识能力而言，是一条非常严格的假设。很显然，现实世界这种假设通常是得不到保证的。

演化博弈论对于行为主体采取的是有限理性假设，因此，这些个体不具备博弈论中行为主体的"全知全能"，无法在经济活动中瞬间能够获得最优的结果。在演化博弈论中，行为主体被假设为程序化地采用某一既定行为，它对于经济规律或某种成功的行为规则、行为策略的认识是在演化的过程中得到不断的修正和改进的，成功的策略被模仿，进而产生出了一般的"规则"和"制度"作为行为主体的行动标准。在这些一般的规则下，行为主体获得"满意"的收益。这与现实情况更相符合。

2.2.3.3 时间的不可逆性

博弈论注重均衡状态的研究，忽视达到均衡的过程。在博弈论中，行为主体能够立即对外部环境作出完美判断，达到均衡状态。博弈论忽视时间问题，强调行为主体瞬间的均衡，即使考虑时间问题，也把时间看作对称或可逆的。

在演化博弈论中，时间占有非常重要的地位。行为主体在演化过程中不断修正和改进自己的行为，模仿成功的策略等，都需要一个相对较长的时间。演化博弈论认为，时间是不可逆的，过去时间内的状态与未来时间的状态是不对称的，因而，行为主体状态的演化跟初始的时间状态息息相关。

2.2.3.4　随机（突变）因素

在博弈论模型中，不确定因素以随机变量的形式出现，通过给定随机变量的分布，模型的研究将最终集中于一些重要变量的平均值上，而不确定因素往往被忽略。因此，在博弈论中，即使存在不确定性因素，理性的行为人仍可实现最优化的结果。在演化博弈模型中，随机（突变）因素起着关键的作用，演化过程常被看成是一种试错的过程。行为人会尝试各种不同的行为策略，并且每一次都将发生部分替代。在多数情况下，用概率分布来描述这种不确定性是不可能的，这种不确定使长期最优化决策难以实现，演化过程的长期趋势很难预测，但如果选择过程的适应性标准确定，演化过程呈现一定的规律性，此时，演化过程的长期趋势又是可预测的。

2.2.3.5　选择机制及均衡

传统的博弈理论中的行为主体是完全理性的，通常，在完全理性的假设下，如果纳什均衡存在，那么博弈双方博弈一次就可直接达到纳什均衡。这个结果不依赖于市场的初始状态，所以不需要任何的动态调整过程。而演化博弈论认为，纳什均衡的达到应当是在多次博弈后才能达到的，需要有一个动态的调整过程，均衡的达到依赖于初始状态，是路径依赖的。

另外，在有多个纳什均衡的情况下，若某个纳什均衡一定会被采用时，必须存在有某种能够导致每个博弈方都预期到的某个均衡出现的机制。然而，博弈论中的纳什均衡概念本身却不具有这种机制。因此，当博弈存在多个纳什均衡时，即使假设博弈方都是完全理性的，也无法预测博弈的结果是什么，如果博弈方只有有限理性，就更难预测博弈的结果了。当然，在博弈论中，当存在多个纳什均衡时，可以利用后向归纳法来实现对纳什均衡的精练，但这种方法的前提条件是参与人需要满足一个比完全理性更强的理性假定——序贯理性。这在现实中是无法达到的。而在演化博弈理论中，均衡的精练通过前向归纳法来实现，即参与人根据博弈的历史来选择其未来的行为策略，是一个动态的选择及调整过程。因此，尽管参与人都是有限理性的，但动态的选择机制将使得在有多个纳什均衡存在的情形下达到其中的某一个纳什均衡，实现纳什均衡的精练。

2.3 契约治理理论

2.3.1 契约理论

2.3.1.1 契约的内涵

契约，也称为合同、合约，英文为 Contract（或 Compact，Covenant），法文为 Contract，德文为 Vertrag。这些词的意义大致相同，都来源于拉丁文 Contractus。而罗马法上的"合约"（Contrcactus），由 Con 和 Tractus 二字组合而成。Con 由 Cum 转化而来，有共同的意义；Tractus 有交易的意义。合起来为：共相交易。也就是说，从字义上来理解，契约是指两个人以上或两个方面以上之间达成某种协议，意在做什么。

《法国民法典》第 1101 条规定："契约为一种合意，依此合意，一个或数人对于其他人或数人负担给付、作为或不作为的债务。"根据《法国民法典》的解释，所谓合意是指，签约双方当事人意见一致的状态。契约的签订必须依据双方的意志一致同意而成立，缔约双方必须同时受到契约的约束：在《法国民法典》中，也包含着第三层意思，即契约的自由。在《牛津法律大辞典》中，契约是指两人或多人之间为在相互间设定合法义务而达成的具有法律强制力的协议。

无论是西方文化，还是中国文化，契约思想的产生都已有悠久的历史。在中国，有文字记载的契约最早出现于《周礼》。据《周礼》记载，中国春秋战国时期就有契约安排的形式。那时，人们把借贷契约称为"传别"；非买卖性产权的转移证明为"书契"；买卖典当契约则称"质剂"。在西方，最早的契约思想可以追溯到古希腊的智者以及伊壁坞鲁等人。不过，他们都有把法解释为一种契约的倾向，以契约解释法和法的起源。例如，柏拉图在他的《理想国》中认为，人们根据一致同意的契约而订立法律以避免相互的伤害。到古罗马时代，契约思想得到了长足的发展，英国法律史学家梅因正是在研究古罗马时代的契约史后得出了一个著名的论断"所有进步社会的运动，到此为止，是一个从身份到契约的运动。"也就是说，在古罗马不仅以法律的形式固定了契约的概念，而且随着契约制度的确立社会结构与关系也发生了巨大的变化。17~18 世纪的社会契约论也就是在罗马人的契约思想的浸润下呼之欲出。现代以来，随着社会经济的发展，人们交往中契约关系越趋复杂，人们越加期望对不同的契约关系有更多的了解与认识。在《牛津法律大辞典》中，契约是指两人或多人之间为在相互间设定合法义务而达成的具有法律强制力的协议。现代经济学中的契约概念，实际上是将所有的市场交易（无论是长期的还是短期的、显性的还是隐性的）都看作是一种契约关系，并将此作为经济分析的基本要素。

2.3.1.2　关系契约的定义与研究状况[①]

1. 关系契约产生

关系契约概念源自于美国法学家麦克尼尔（Macneil）提出的关系契约理论。这一理论从研究社会生活中人与人之间交换关系的特点出发，分析了不同缔约方式，认为每项交易都是嵌入在复杂的关系中的，理解任何交易都要求理解它所包含的关系的所有必要因素，从而形成了一种与传统观念不同的契约法思想。[②] 菲吕博滕和里克特（Furubotn and Richter）认为关系契约不试图考虑所有将来的事态的长期约定，在这里契约双方之间的过去、现在或将来的关系非常重要，它一方面强调正式契约作为参照物的重要性；另一方面整合了重复交易关系的理念。无论企业内或企业间的交易，当签订或实施一个完全契约需要很高成本的时候，交易双方可能选择依赖关系契约（Williamson，1985；Macleod，2002），关系契约有助于克服正式契约在签订和实施中的困难。例如，一个正式契约将那些事后可以由第三方（法院）验证的条款，在事前得到明确，关系契约可能基于那些仅通过签约双方事后被观察到的结果，而事前明确这些结果需要很高成本。这就是说，关系契约可以使得双方利用他们特定情况下的具体知识，并就新获得的信息做出调整，所以关系契约不能通过第三方实施，而只能自我实施。

2. 关系契约的定义

关系契约的定义众说纷纭，截至目前还没有一个人们普遍接受的关系契约定义，但是基本上不外乎以下三种方向：（1）一是仅仅明确一般条款和关系

---

① 刘彦勇. 关系契约与家族企业治理［D］. 东北财经大学马克思主义学院，2007：14 - 30.

② 陈灿. 当前国外关系契约研究浅析［J］. 外国经济与管理，2004（12）：10 - 12.

的目标，并明确规定了处理争端决策的机制的契约（Milgrom and Robers，1992），这个定义的起点是契约的不完全性。（2）指那些对个人行为产生重大影响的非正式约定和未写明的行为规范（Baker，Gibbons and Murphy，2001），出发点是强调了交易中合同外的部分。（3）不试图考虑所有将来的事态，却是长期的约定，在这里契约双方之间的过去、现在或将来的关系是非常重要的（Furubotnand Richter，1998），这个定义是上述两个定义的混合形式，它一方面强调正式契约作为参照物的重要性；另一方面整合了重复交易关系的理念。综合起来说，关系契约是一个自我实施的条款，它根植于交易双方一个特定的环境，在这个环境中，这些条款不能有第三方（如法院）实施。例如，一个正式契约必须事前予以明确地规定条款，这些条款事后能被第三方验证，而一个关系契约可能是基于仅由交易双方可观察的结果达成的承诺，或者是由于事前详细明确这些结果需要很高的成本。由此可见，一个关系契约允许双方利用他们具体状态下的具体知识，并努力去适应不确定消除后所获得的新情况。基于同样的原因，关系契约不能被第三方实施，所以必须是自我实施的：将来关系的价值必须充分大，以至于没有一方愿意违背诺言。①

3. 关系契约的研究状况②

金德伯格（Goldberg，1976）和威廉姆森（Williamson，1976）最早注意到了古典契约和关系契约的区别。特别是威廉姆森，他直接借用了麦克尼尔的关系契约概念（Macneil，1974）来分析经济生活中的双方依赖现象，形成了独具特色的交易成本经济学。在契约人假设（有限理性和机会主义）的基础上，他以交易为基本分析单位，用资产专用性、不确定性和频率来描述交易，进而发现资产专用性造成了交易双方相互依赖和交易的根本性转换。因此，资产专用性是关系契约产生的根本原因。因为专用技术比通用技术有更高的效率，而专用性投资一旦做出又会面临对方机会主义行为（"敲竹杠"）的威胁，所以保护专用性投资是非常重要的。但是，专用性投资行为一般只为双方当事人所观察，第三方（包括法庭）无法验证，法律实施通常是很困难的，因此双方必须进行一些私人安排来防止机会主义行为。威廉姆森认为双方的可信承诺会防止机会主义行为，抵押品能够支持需要专用性投资的交易。威廉姆森的贡献在于指出了关系契约产生的原因，提出了私人安排替代和补充法律安排的

---

① 潘晨苏. 关系契约与产权结构 [D]. 浙江大学经济学院，2005：21 – 25.

② 吴颉，熊平. 小议关系型契约与正式契约的关系 [J]. 时代金融，2007 (8)：111 – 112.

思想。但是，对私人安排的多样性和关系契约的性质他并未做出令人满意的解释。在他来看，关系契约就是由于资产专用性产生的不完全缔约，就是用抵押品创造可信承诺来支持交易。相比之下，克莱因等人直接指出利用品牌资本和声誉等自我实施机制能够防止敲竹杠的行为，这加深了我们对关系契约性质的认识。笼统地看，私人安排是关系契约的本质特征。私人安排是多样的，除了抵押品、品牌资本和声誉等自我实施机制外，起码还存在以牙还牙策略、第三方私人实施机制、规制和一体化等形式。如果仔细分析一下这些私人安排的话，就会发现只有自我实施机制才是关系契约的本质特征。巴克尔（Bakeretal，1994，2002）等人也持有相同的观点，他们的关系契约激励理论结合了哈特等人的不完全契约理论，通过对资产所有权对关系契约的激励作用分析，很好地解释了企业内关系契约（关系雇佣）和企业间关系契约（关系外购）之间的差异，从而丰富和拓展了威廉姆森和克莱因等人对关系契约的分析，标志着关系契约理论发展的新阶段。同时，这种关注企业内和企业间关系契约的理论也进一步细化了企业、市场和企业网络的划分，成为一种应用前景十分广泛的新企业理论。但是，从方法上看，无论是金德伯格对关系交易的认识、威廉姆森对关系契约产生的原因和私人安排的分析、克莱因等人对自我实施机制的论述，还是巴克尔等人的关系契约激励理论，他们都是沿着交易成本的思路进行的，所以，这些认识和理论都可以看做是关系契约的交易成本解释。经济学家一般认为关系性缔约理论包括两个分支，一个是采用标准微观经济理论方法以正规最优化模型为特征的不完全契约理论；另一个是以语言叙述为特征的关系契约理论。在菲吕博滕等人来看，关系性缔约是新制度经济学的中心概念，交易成本经济学等同于关系契约理论，它包括实证的委托代理理论和自我实施协议理论。这显然是对关系契约理论的一种广义理解。从以上的分析我们得知，关系契约的本质特征是自我实施机制，这是交易成本经济学的一种狭义解释。如果从关系契约的狭义解释看，关系契约不能等同于交易成本经济学，只能算作它的一部分。威廉姆森认为哈特等人的不完全契约理论是对交易成本经济学的正规表达，很显然，哈特等人的表达至少是不完全的。就像巴克尔等人所指出的那样，哈特等人忽视了关系契约问题。虽然关系契约也是不完全契约，但它和哈特等人的不完全契约理论至少有两个方面的差别：一是体现在对契约的不完全性的处理上，不完全契约理论主张通过确定所有权（剩余控制权）的法律办法弥补契约的不完全，而关系契约则是通过自我实施机制的私人安排来解决。另一个差别体现在分析方法上，不完全契约理论采用的是静态分析方法，而关系契约理论运用的是重复博弈的方法，较好地体现了关系契约的长期的动态特征。其他的现代契约理论，如委托代理理论，主要涉及信息不对称条件下代理人的机会主义行为问题，又如逆向选择（事前的信息不对称）和道德风险（事后的信息不对称），但是它们都假设契约是法庭可执行的，这和第三方无法实施的关系契约和不完全契约的含义是不同的。从交易成本理论发展起来的关系契约理论，揭示了交易双方维持长期关系的规律，对于企业网络的形成和运作机制具有较强的解释力。

除了理论方面的许多成果外，经济学家最近开始了关系契约理论的实证研究，但这些实证远远没有形成系统。波普和曾格（Poppo and Zenger, 2002）检验了契约的复杂性和关系治理的关系，结果表明正式契约越复杂，关系治理越丰富，这支持了正式契约和关系契约互补性观点。而科尔特斯和辛格（Corts and Singh, 2004）研究了美国钻油产业中重复交易对契约选择的影响，实证结果显示，越紧密的关系导致越多地采用成本加成契约，这表明关系消除了激励问题，所以关系起到对高能激励契约的替代作用。由此可见，我们在分析正式契约和关系契约的关系上仍缺乏一个一致的结果。需要特别强调指出的，在这些实证研究中，无论关系契约和正式契约在内容上是替代关系或是互补关系，都没有与两者在实施上总是互补的观点相违背。对于家族企业而言，企业内和企业间的交易都存在大量的关系契约。如家族企业老板与下属之间未写明的任务分配、补偿、晋升、终止雇佣等方面从来没有在雇佣契约中得到完全的明确；供应链也经常涉及长期的紧密合作关系，通过这种关系供应双方在不可预见或不可签约事件发生时实现相互适应。

4. 关系治理与契约治理

家族企业的治理明显不同于传统管理学和经济学中建议的企业治理模式。各种证据表明，家族企业的治理似乎是不科学、不规范的，常常通过一些非正式的途径来完成，例如，对家族成员的计划无条件的信任；在非正式场合产生的重大决策。在传统观念中，家族企业要建立现代企业制度似乎必须抛弃这些非正式的治理方式。然而，近来许多研究学者指出，由于家族企业的特殊性，必须要有一些非正式的治理机制才能保证企业的顺利发展，并将这类非正式的治理称为"关系治理"。研究者发现，关系治理与正式的制度、契约一样能够使企业中委托—代理双方目标一致，起到减少代理成本、降低交易风险的作用。近年来，有一些国外学者提出委托—代理关系是一种关系契约，而家族企业环境下的代理契约的治理不仅包含传统代理理论阐述的正式契约的治理（契约治理），还有关系型缔约条件下的关系治理（Relational Governance）。麦克尼尔（Macneil）等人指出关系契约的治理由正式治理和关系治理两个部分组成。其中，正式治理是指在企业之间正式订立的契约，或在企业内基于契约理论建立的各种正式治理手段，因而也被称为契约治理。此前尽管有关研究都认为关系契约的治理方式是区别于非关系契约的，并将其命名为"关系治理"，但对这一概念的理解各不相同。营销学的研究认为关系型规则构成关系治理。扎希，文卡塔拉曼和卡拉曼（Zahee，Venkatraman and Claro）等人都认为关系治理是交易双方间合作的行为，关系性规则通过影响合作而影响绩效。罗斯（Roath）等人更认为关系治理包含了法律也就是正式契约的维度，他们将正式契约与其他起治理作用的规则一揽子统称为关系治理。而波普和曾格（Popp and Zenger）的研究明确提出，通过社会过程及其产生的社会规则，关系治理和契约治理一样，同样能够起到减少与资产专用性、绩效难以评估和不确定性有关的交易风险的作用。关系治理使交易风险减低的机制在本质上既是经济的也是社会的，关系性规则是能够产生治理的作用的。这样关系治理成为一个明确的与正式契约（契约治理）相对的概念，并从关系契约概念中独立出来。也就是说，关系契约中可以契约化的部分由正式契约来治理，而超出正式契约的、不可规定、不可程序化的部分被命名为"关系治理"。同时关系治理的性质也明确了。关系治理具有与正式契约相对的一些性质：非正式、社会性、未明文规定与自我履行，对关系契约的治理既包含制度性的成分也包含关系性的成分。①

2.3.2 契约理论的发展历程

2.3.2.1 古典契约理论

古典的契约思想主要有以下三个特点：

（1）契约是具有自由意志的交易当事人自主选择的结果，他们所签订的契约不受任何外来力量的干涉。古典契约论的这一特点，既体现了自由选择的思想，又体现出反对政府或立法机构控制、干预的思想。

---

① 何轩. 家族意图与家族企业治理模式的选择——中国本土化的探索性研究［D］. 中山大学管理学院，2009.

（2）契约是个别的、不连续的。斯密认为，"由于契约而产生的办理某事的义务，是基于由于诺言而产生的合理预期。诺言跟意图单纯的宣告大不相同。虽然我说我想为你做这件事，但是后来由于某种事件发生我没有做到，我并没有犯违约罪。诺言就是你向允诺的人宣告你一定履行诺言。因此，诺言产生履行的义务，而违反诺言就构成损害的行为。"斯密的这个思想，包括了两层意思：一是缔约者想签订什么契约？二是违背契约后应当给予什么补偿？在古典契约中，没有持久性的通过契约建立起来的合作关系。

（3）契约的即时性。由于个别性的契约，对交易当事人的权利、责任、义务作了明确的规定，协议作了明确的规定、协议条款是明确的，不需要对未来的事件做出规划，因此，契约的谈判、签订、履行都现时化了。此外，契约对违约当事人的赔偿方式的限制也是十分清楚的。古典契约理论是与古典经济学的形成、发展、成熟相一致的同古典经济学的缺陷一样，有其局限性。

2.3.2.2 新古典契约理论

新古典契约理论主要有以下几点：

（1）契约的抽象性。无论是瓦尔拉斯交易模型中，还是在埃奇沃思契约曲线中，任何契约既是交易当事人卖者喊价的结果，又是交易的均衡点。契约成了实现均衡的手段。从实质上来说，这种均衡已经剔除了古典契约中的伦理道德因素，变成了市场自然秩序的结果。这与达尔文进化论是一脉相承的。契约是交易当事人反复探索、调整的结果。

（2）契约的完全性。新古典的契约是在有秩序、不混乱的、没有外来干扰的情况下顺利进行并完成的。这主要表现在，契约条款在事前都能明确地写出，在事后都能完全地执行；当事人还能够准确地预测在执行契约过程中所发生的不测事件，并能对这些事件做出双方同意的处理；当事人一旦达成契约，就必须自愿遵守契约条款，如果发生纠纷，第三者能够强制执行契约条款。在新古典契约理论中，契约对当事人的影响只限于在缔约双方之间发生，对第三者不存在外在性；每一契约当事人对其选择的条款和契约结果具有完全信息；且存在足够多的交易者，不存在有些人垄断签订契约的情况；契约签订和执行的成本为零。

（3）契约的不确定性。阿罗明确地指出："关于未来，一个最引人关注的特征是，人们不能完全地认识它。人们的预测，不论是关于未来价格的，还是关于未来销售状况的，或者即使是关于人们未来在生产或消费过程中可以利用的产品之质量的预测，也肯定是不确定的。"如何将不确定性契约转换成确定性契约，就成了新古典契约理论的重要内容。在新古典契约中，这种转换可分为事前和事后的两类。事前的不确定性风险可以通过不同类型的保险来转换；事后的可通过第三者的事后契约调整来实现。阿罗认为："凭借出售和购买一些只有在某些不确定性的事件发生的时候才兑现的合约，来取代不确定性所毁坏的市场，从而明确地将不确定性纳入考虑视野范围内。"新古典契约关系是一种长期的契约关系，当事人关心契约关系的持续，并且初步地认识到契约的不完全性和事后调整的必要。双方发生纠纷，当事人首先谋求内部解决，如果解决不了再付诸法律。它强调一种包括第三方在内的规制结构。正如麦克尼尔所说的，新古典长期契约具有两个共同特征：一是契约筹划时留有余地；二是无论是留有余地还是严格规定，契约筹划者所使用的技术和程序本身可变范围很大，导致契约具有一定程度的灵活性。

2.3.2.3　现代契约理论

自 20 世纪 70 年代以来，以阿尔奇安和德姆塞茨（Alchian and Demsetz，1972），詹森和梅克林（Jensen and Meckling，1976），罗丝（Ross，1973），米尔利斯（Mirrlees，1974），霍姆斯特龙（Holmstrom，1979）和格罗斯曼和哈特（Grossman and Hart，1983）等人的经典工作为代表，经济学家们发展了一个专门的"契约理论"来分析完美市场之外的契约尤其是长期契约。契约理论在早期也称代理理论，后来发展成为更加形式化的委托—代理理论，还有交易成本理论、非完全契约理论（产权理论）（苏启林，2004）。这些相关的理论都是不断地对新古典经济学理论假设不断的放松，不断地贴近现实，而产生和发展的。

1. 委托—代理理论

委托代理关系是指某人或某些人（委托人）委托其他人（称代理人）根据委托人的利益从事某些活动，并相应授予代理人某些决策权的契约关系。托人和代理人的权利和义务均在双方认可的契约中加以明确。这里的契约是正式契约，包括报酬的形式与数量、信息系统、责任与权利、分工、所有权的分配等。在契约中，能主动设计契约形式的当事人称为委托人，而被动地接受契约形式的当事称为代理人。委托代理关系是一种经济利益关系，双方都追求自身利益最大化。在现代公司中，资本所有权与经营权在股东与董事会、董事会与经理层之间产生了分离，股东大会选举董事组成董事会负责公司决策，但董事会并不具体管理公司的日常经营业务，而是聘任专业经理人来执行这一职能，这样，在股东、董事会与经理层就产生了两级委托代理关系。一般来说，委托代理关系的产生有以下四个原因：所有权与控制权的分离；不确定性和分散投资风险；科层组织结构中的信息不对称；有限理性和个人能力的约束。委托代理理论假设每个人都是理性自私的。理性各方经谈判签订契约的过程，是一个重复博弈的过程，委托人和代理人通过反复博弈，最终达成一个契约。委托人、代理人达成的契约实际上是一切博弈在均衡点上均衡的结果。在均衡点上，假设对方不改变决策，谈判任何一方都无法通过单独改变自己的决策和行为而提高自己的效用，这也是博弈论中的"纳什均衡"。在完全信息和不存在不确定的条件下，委托代理双方可以签订一个完全契约，对经营环境的变化和代理人的行为一一作出规定，从而避免道德风险和败德行为。但现实中完全信息和不存在不确定性的条件并不存在，只能签订不完全契约，由此产生的委托代理问题使得对代理人的激励和约束成为必要（樊炳清，2003）。当人们建立了契约关系、但契约的一方难以观察时，容易产生败德问题了。"委托—代理"关系，是讨论这种问题的基本框架，这是双方达成契约的基础。建立委托代理关系，在很大程度上是为了获得专业化分工的收益。实证的委托代理理论脱胎于契约联结的方法，是契约理论最重要的发展。它的所有结论都来源于正式的模型，如委托代理关系的层级，多重代理人和多目标代理，合谋和长期的代理协定等。主要的模型思想是强调有信息优势的一方和没有信息优势的一方的交易，包括私人信息，包括涉及其行为（隐藏行动）和特征（隐藏信息）。信息不对称是委托代理关系研究的核心问题。签约之一前的信息不对称引发逆向选择，委托人和代理人的私人信息是双方不能观察到的，因此在选择合作方的过程中，为了达到签约后风险最小，双方都按照非理想化的假设降低对方所表现出的已有的条件。签约之后的信息不对称引发道德风险，由于合作协议是建立在委托人、代理人相互信任的基础之上的，为了防止委托人的利益受损，代理人在实际操作层面上面临一些利益，是协议不允许获得的，这就是对道德的考验。有些代理人会采取隐藏的行动违反当初口头允诺或书面协议，对委托人造成一定的道德风险，此时需要委托人设计激励约束机制进行支撑，使代理人明白不采取行动才是最优的选择，防止双方都遭到损失。委托代理理论主要发展受到理论预测的契约和实际观察的契约之间的差异的促进。这一理论大大促进了经济学家对资本家、管理者、工人之间内在的关系以及更一般的市场交易关系的理解。

2. 交易成本理论

康芒斯把交易纳入经济学分析单位，按照人类与自然的关系，把人类的经济活动分为生产活动与交易活动两大类：生产活动是指人类与自然的关系，交易活动是指人与人之间的经济关系，二者共同构成了人类的全部经济活动。在交易成本理论中，交易是产生经济活动运行摩擦的载体，这种摩擦就是交易成本。交易成本的开山之作是罗纳德·科斯在 1937 年发表的《企业的性质》。之后，经过学术界 70 多年的理论探索，构成了现代的交易成本理论。交易成本理论是以交易成本为分析基础，研究企业性质与市场关系问题的理论。菲吕博滕与瑞切特（EirikFurubotn，RudolfRichter，1997）认为交易成本包括利用市场进行交易的市场交易成本、在企业内部行使命令权利的管理性交易成本以及一组与某一政治实体的制度结构的运作和调整相关的政治性交易成本，而且这三种成本都可能通过"固定"交易成本和"可变"交易成本，"固定"交易成本指在建立制度安排中所发生的专用性投资，"可变"交易成本则指取决于数量的交易费用。

3. 不完全契约理论

不完全契约理论是建立在以科斯（Coase）和威廉姆斯（Williamson）创立的交易成本上的，是模型化了的交易成本理论。威廉姆森的交易成本理论把"资产专用性"及其相关的机会主义作为决定交易费用的主要因素。而该理论强调组织或契约安排的目的和功能在于保护"专用性"的投资免受"套牢"或"敲竹杠"机会主义的侵害，并且以"交易成本最小化"为理论核心。"机会主义行为"和"专用性"密切相关，"专用性"成为研究中在解释制度安排的核心概念。格罗斯曼和哈特认为，产权的边界影响了交易双方对专用性投资的激励。纵向一体化的有限理性是由于契约的非完全性引起的，非完全契约产生低效率。纵向一体化可以减轻但是无法抑制由于非完全契约产生的敲竹杠问题，产权的变化既会增加成本，也会提高受益。从产权角度来分析契约理论的产权学派，主要研究产权的配置和边界是如何影响交易双方对专用性投资激励的。由于事前契约无法预见所有的不确定状态，机会主义行为对投资水平存在着威胁，经常导致低水平投资，为了降低机会主义行为，不完全契约为我们提供了分析框架，即强调契约的激励作用，把产权与剩余控制权联系在一起。

2.3.3 家族企业契约

2.3.3.1 企业契约

1. 企业是个市场性契约

市场提供了构成企业经济活动关系的签约主体，市场经济中的企业是经济主体之间的一组契约关系的联结点构成企业契约体的各种要素只能来自于要素市场，企业的产出价值的实现也只能通过商品市场中的交易才能实现。企业的两端是市场，企业是连接要素市场与产出市场的一个枢纽。在这个意义上讲，把企业理解为经济主体之间的一组契约关系的联结点是有道理的。企业的经济活动，无非是各种生产要素的所有者和消费者之间为保持一定的物质生活条件而结成的多边交易关系。首先，企业是由许多个独立的要素所有者组成的。所有这些要素所有者可以分为两大类，一类是提供人力资本要素的所有者，这又可具体划分为创业和领导型人力资本所有者、中间层次的专业型人力资本所有者以及作业型人力资本所有者等三个层次；另一类是提供物质资本的所有者，包括金融资本（股权资本和债权资本）、实物资本。除此之外，企业还要与投人品提供者即各级供应商和消费者发生各种必不可缺的经济关系。如果我们撇开这些当事人相互之间的所有契约关系，最后会发现，剩下的所谓"企业"只不过是一个"空壳子"而已。因此，我们说，市场经济中的任何一个企业都是以一组契约关系为基础的。

企业是要素所有者市场交易的产物，是以要素所有者对各自所拥有的要素的排他性产权为基础的。企业制度的具体形式是市场上的要素所有者让渡要素使用权的结果我们知道，要素所有者可以选择不同种类市场交易契约的权利是各种生产交换方式和组织的基础。要素所有者可以自己利用资源直接生产，然后将产品出售给市场，从而获取收入，也可以按照契约安排规定的条件，将要素的使用权让渡给一位代理人以换取收入。当后面一种选择出现时，即。当企业家或代理人依据契约赋予的有限的要素使用权直接指挥生产，而不是根据瞬时的价格变化来组织生产并向市场出售产品，企业就产生了（张五常，1983）企业，是要素所有者市场交易的产物，是以要素所有者对各自所拥有的要素的排他性产权为基础的。没有这一点，也就没有要素所有者对各种市场交易契约形式的自由选择，也就没有企业的产生。排他性的要素产权的存在，才构成了真正意义上的要素市场，从而要素所有者之间才能得以进行相应的市场交易，最后通过这种交易构成了企业契约。在这一交易中，排他性要素产权所有者让渡出要素使用权，对各自所拥有的要素的初始产权即要素财产权进行了重组和置换。这样要素财产权便转化为企业产权，并形成了相应的企业制度。这一过程可简要地表述为：要素初始产权的存在—要素市场上的交易—企业契约的达成—企业制度的产生。

2. 企业是个关系契约

企业是个动态的长期的重复性契约对企业契约而言，由于参与签约的当事人之间构成了某种长期的交易关系，各方为了各自的利益，必然不断进行着多次、重复的博弈行为。企业契约不是静态的、固定的，契约的初始状态必然要随着企业生存环境的变化而变化，参与企业契约的各方必然要根据实际情况的变化提出不同的签约要求，由此导致了企业契约进行着不断的边际调整，参与契约各方的利益关系和地位也发生着变化，从而显示出企业契约的动态演变特征。

在企业契约中，非正式规则起着至关重要的作用一次性的市场交易，即使存在着由于不确定性带来的信息的不充分，在法律、规章等正式规则的约束下，参与交易的各方总能够尽量地在事前把各自的权利和义务规定得比较清楚，即使出现了违约情况，在一个较完善的法治环境中，第三方的调节或制裁作用也是能够产生较大的效果的。但是，对长期的重复性交易的企业契约而言，正式规则发挥作用的空间受到了极大限制。即使这些正式规则是相当完美的，规则的执行也是不折不扣的，企业契约关系的顺利履行也是不可能的。企业契约的当事人是多方的，形成关系是持续的，契约的经济活动更是复杂和多变的，企业契约的内容是高度不确定和高度烦琐的。这样，各方的责、权、利在事前是讲不清的，在事中或事后更是无法分得清的，交易的各方之间必然会出现一片"公共领域"（巴泽尔，1997），如何最大限度地减缓由于这片"公共领域"的存在而带来的外部不经济效应方面，再完善的正式规则发挥作用的程度也是很有限的。因此，非正式规则就是极其重要的。[①]

2.3.3.2　家族企业契约

家族企业作为企业的一种组织形式，除了具有以上分析的企业的共性之

---

① 王立宏. 企业契约性质理论的问题研究 [J]. 社会科学辑刊，2014（6）：134－138.

外，还有着自身特殊的契约性质。

首先，从家族企业产生和发展的外部环境来看。分析家族企业这种契约存在的外部环境，这可以为我们全面理解中国家族企业的本质特征做好准备。并且中国家族企业的存在，与中国传统文化有着密切的联系，家族企业文化本身就是体现了中国传统文化的突出特征。几千年家族文化传统的社会心理积淀对企业组织与经营行为，对家族企业的生存和发展都产生影响。以儒家文化为代表的传统伦理特别强调家庭价值，强调家庭成员更容易建立共同的利益和目标，从而更容易进行合作，家族企业将企业经营行为视为家族的延伸，很自然地将自己纳入经营活动中。① 因此，传统文化中的家族关系、伦理规范、家族制度与非经济因素形成一条强有力的纽带，将企业与家族紧紧地整合到一起。

其次，从契约与人类交易的关系来看。威廉姆森曾把人类历史上的交易方式归纳为三种：人格化、半人格化、非人格化。历史上的大部分交易是人格化的，以小量的生产在小地方重复交易，这种交易没有第三者强制执行；半人格化的交易大多发生在长期贸易，依靠传统习惯或依靠抵押来约束交易双方；非人格化交易是交易双方订立契约，由一套完整的司法制度体系来强制执行契约。非人格化交易是现代经济社会最重要的特征，而家族企业内部的交易方式是人格化或半人格化的。在家族外部，人与人之间的关系通常按利己主义的原则处理，而家族内部则按一种服从或默契来解决，企业内部的各种关系是通过长幼尊卑等家族伦理道德的自发作用来规范协调的，各个成员之间的正式契约不存在或不完善，对各种人际关系的协调只能起到辅助作用，即人与人之间的交易关系主要靠自发而非外部强制力维护。从制度经济学的角度分析，家族企业是一种比较松散的非正式组织，其实质是从事经济活动，承担经济功能的放大的家庭。以上仅仅是用的契约一般性来分析中国家族企业，如果把家族企业这种企业的组织形式纳入到现代契约理论的分析框架中，我们还可以得出家族企业契约性质的本质特点——家族企业的契约是一种不完全契约。

2.3.3.3 不完全契约引致的中国家族企业的治理问题②

引入职业经理人之前家族企业契约的性质。在没有引入职业经理人之前，家族企业的契约是一种包含了家族关系的关系契约，其内部的交换关系随着时

① 舒小清. 我国家族企业的产权问题研究 [D]. 西南石油学院经济管理学院，2003.
② 彭晓辉. 现代契约理论下的家族企业变迁 [J]. 商业时代，2006（23）：46-47.

间得到延展，此时的企业契约是包含了一种强信任关系的契约，包括企业主在内的整个家族成员所参与的企业活动都包含在这个契约当中。而且，此时的家族企业其实也是一种不完全契约，只不过此时企业契约的不完全性表现的并不是很明显。首先，企业主以及他的整个家族都是基于利润最大化的经济人，但是他们仍然只是有限理性的，他们不可能具有完全的理性。其次，由于家族企业所在的外部经营环境的复杂性，获取信息的不完全和不充分，此时的家族企业在经营管理过程当中具有相当大的不确定性。这种不确定性就带来了此时的家族企业的企业契约是不完全的。为了能够有效地消除这种不确定性给家族企业带来的各种经营风险此时的家族企业必须通过设计相应的契约来对付这种不确定性。

随着家族企业的发展，其契约本身的不完全就渐渐显得越来越明显。原先能够带领家族成员的企业主的能力已经显得越来越不够了，其有限理性更加明晰的暴露了出来，家族企业的竞争环境已经不能够跟以前相比，面临的竞争者越来越多，竞争的层次也越来越高，此时家族企业的外部环境比以前更加复杂，家族企业企业主的集中决策与其获取信息的不充分的矛盾显得越来越突出，这就意味着一部分决策权必须让渡给有充分信息的代理者。

家族企业的现实问题。家族企业在创业之初，面临着资金、技术、管理等资源匮乏，如果某一个环节出现问题，公司都有破产和倒闭的风险，家族内部资源正好可以弥补这一不足。因此，创业者选择家族制往往不是比较不同企业制度之间经济绩效差异之后的结果，而是他们创业时唯一可能的制度选择。因为家族成员的参与常常是创业时最需要的低成本组织资源；家族成员之间更容易建立起共同的利益和目标，从而更容易进行合作；家族企业的性质更能保证企业主的权威；与其他公司相比，家族企业的凝聚力更强。正是出于上述原因，中国较早实行改革开放的东南沿海地区涌现了大批家族企业，取得了令人瞩目的成绩。但是，伴随着中国市场经济的深化、企业规模的扩大，家族制企业制度的局限性逐步显现，当发展到较大规模后，成为全国乃至国际性企业，实行多元化经营以后，很多家族企业就面临着来自市场竞争的"生存检验"了，原先促进生产力发展的积极因素转变为阻碍企业进一步发展的制约因素，集中表现为：

首先，家族企业的创立在很大程度上依赖于雇主式企业家的个人魅力和能力以及以企业家为中心的家族成员的共同努力。这个阶段，企业家能力相对于企业成长水平而言是足够的。但是随着企业规模的不断扩张和市场压力的加大，企业家的能力满足不了企业发展的需要了。在企业发展扩张阶段，无论是技术、产品，还是市场、融资，均超出了企业主所拥有的经验沉淀和知识储备，而且管理者再学习的速度远远落后于企业发展的速度，而管理者的经验和知识的折旧速度又远远高于企业的变化速度。此时，企业家个人能力的局限甚至成为企业发展的栓节。当企业家能力不能推动企业持续成长时，那么就应该引入新的管理资源。

其次，家族企业产权高度集中，这种高度集中的产权结构在家族企业创办的初期，将家族及个人的命运同企业的发展紧密相连，能够促使家族成员能够各尽其力为家族和个人的最大利益，为企业的发展努力工作。随着外部环境的变化和企业的发展，这种单一的产权结构在企业进一步发展阶段，产生了难以克服的弊端。一方面，在产权单一的家族企业中，产权关系与亲缘关系混淆必然导致家族及其成员对企业经营的干预，造成企业的经营困境。另一方面，单一的产权结构限制了家族企业发展再融资的途径，阻碍企业规模的继续扩大。

最后，产权高度集中，无法对管理者形成有效制约及监督，企业的发展变为个人的发展，出现所有者不堪管理重负和经营决策失误等问题。因此，我们可以看到，当企业在初建或规模较小时，单一的产权结构的家族制促进了企业的发展，但是对于不断扩大企业规模和不断拓展企业经营范围的大中型家族企业来说，单一产权制约了企业的发展，开放产权就显得刻不容缓了。

2.3.4 家族企业不同时期契约治理①

2.3.4.1 初创期人格化契约治理的特征

从契约与人类交易的关系来看，威廉姆森曾把人类历史上的交易方式归纳三种：人格化、半人格化、非人格化。历史上的大部分交易是人格化的，以小量的生产在小地方重复交易，这种交易没有第三者强制执行；半人格化的交易大多发生在长期贸易，依靠传统习惯或依靠抵押来约束交易双方；非人格化交易是交易双方订立契约，由一套完整的司法制度体系来强制执行契约。

根据以上三种类型的界定，本书将家族企业三个阶段的治理分别定义为人格化契约治理、半人格化契约治理和非人格化契约治理。人格化契约治理就是

---

① 张贾芳. 基于现代契约理论的家族企业治理结构研究［D］. 湘潭大学商学院，2009：22-34.

指家族企业在创业初期，主要依靠家族的初创期家族企业是以家族社会资本为
纽带而建立起来的，因此，联结各种生产要素的家族企业契约主要是一种人格
化契约。它的特征有以下四方面：

（1）契约的建立以家族社会网络为基础。交易者之间存在一种特殊的亲
情关系，即使有少部分非家族成员参与交易，但他们与家族成员之间也往往具
有某种特殊的私人关系，如地缘性的老乡关系、业缘性的战友关系、同学关系
以及其他朋友关系。从委托代理角度看，家族企业委托人和代理人之间的契约
包含了感情的联络和相互的期望，即感情进入到交易关系当中。另外，这种特
殊的私人关系导致了交易者之间的重复交易。因此，家族企业的人格化契约实
质是嵌入一种社会网络关系的关系契约。

（2）契约的联结没有讨价还价的过程。非家族企业契约是交易者之间通
过长时间的讨价还价而达成的一种明示的要素市场契约，要素所有者之所以愿
意进入契约，是因为通过契约可以实现固定的或者可预期的要素价值（如工
资、利息或红利等）。而家族企业契约的联结则无须经历这种市场化的讨价还
价过程。尽管进入契约仍然是为了实现个人的利益（感情利益、经济利益），
但特殊的私人关系使得交易者都相信对方不会欺骗自己，不会损害自己应得的
利益。

（3）契约的实施依赖于一些非正式行为控制机制。家族企业契约的实施
不是依赖交易双方所签订的有法律约束力的契约条款，以及企业各种各样式的
规章制度，而是依赖一些非正式行为控制机制。这些控制机制也就是家族社会
资本，如家族企业成员之间互动的社会结构、信任、家族规范、利他主义以及
共享的价值观和共同的愿景。这种非正式控制机制在文献中也被称为关系治理
（Mikko A. Mustakallio，2002；Poppo & Zenger，2002）。与正式契约相比，来自
社会网络中的价值规范以及意见一致更能减少交易成本。

（4）所有权的配置以身份为依据。在家族企业创业时期，由于企业家主
要是和家族经济资本所有者达成契约，因此，企业剩余索取权与剩余控制权也
主要是配置在家族成员内部，此时所有权配置的依据是身份，是家族成员和企
业家之间血缘或亲缘关系的密切程度。另外，在许多情况下，企业的财产所有
权往往是模糊的，也就是说，家族成员之间的交易不是一种清晰的产权交易。

2.3.4.2　初创期人格化契约治理的适应性

在家族企业初创阶段，企业规模一般不是很大。这导致一方面对物质资本

的要求不是太高。另一方面对人力资本的要求也比较低。当企业规模比较小时，凭家族成员的能力和经验完全可以驾驭。因此，要素交易主要发生在家族成员之间，就能够满足这个阶段企业发展的需要。根据诺思（1994）提出的制度"适应性效率"标准，人格化契约制度在家族企业创业阶段应具有很高的适应性。所谓适应性效率是指处于该制度下的人或组织同该制度的适应程度，适应程度高，制度效率就高。由于创业期家族企业要素交易主要发生在家族成员之间，因此，家族成员对所有权根据身份配置、社会资本作为主要控制机制等人格化契约制度具有高度适应性，由此大大减少了由于引入外部要素所有制而必须发生的交易成本。

2.3.4.3 家族企业成长期的折中契约治理

随着生产过程的技术性质的变化，制度的效率必然是会降低的。凡勃伦（1964）在其《有闲阶级论》一书中指出，制度是由物质环境（主要指生产过程的技术性质）决定的，因而，制度必然随着物质环境的变化而变化。但物质环境是不断变化的，制度是以往过程的产物，同过去的环境相适应，无论如何也赶不上天天都在变化的环境。黄少安（2000）提出了同样的看法，"适应于变迁之时环境的制度本身会越来越不适应于环境的变化"。李怀（1999）也认为，同任何事物的发展过程一样，制度本身也有一个产生、发展和完善以及不断面临被替代的过程。某一特定的制度只能存在一个特定的时期，有着它自己的"生命周期"。他说："制度的效率生命曲线在达到一定点之后，会随着生存时间的递增而同时出现效率递减的趋势。一般来说，制度的效率往往和时间反相关。"可见包括企业契约在内的各种社会制度，随着环境的变化，都存在一个效率递减的过程，这就决定了任何一项制度都不可能永久地存在，而必须适时根据制度环境的变化做出调整，即制度的变迁是一个常态。家族企业作为一种特殊的企业组织形态也同样遵守这个规律。对于家族企业来说，在创业期通过家族社会资本为纽带，以一种非正式的人格化契约来联结和规制各种家族生产要素，这种非正式制度促进了家族企业的产生和发展。随着家族企业规模的扩大，人格化契约制度效率开始降低，这种降低最终将通过制度成本与收益的变化表现出来。

由上可知，人格化契约制度确实适应了家族企业创业阶段的发展。但是，随着家族企业进入成长期，企业的规模不断扩大，必然要吸纳外部物质资本与人力资本，创业期家族企业的人格化契约制度效率将不断降低，从而推动着家族企业契约的变迁。在新建立的网络关系中，人与人之间的关系是嵌入在正式的契约交易中的。因此，家族企业由因为关系而建立交易，向因为交易而建立关系转变，由人格化契约向非人格化契约的转变是家族企业成长的必由之路。

2.3.4.4 成长期契约治理机制的适应性边界

在市场交易中，交易的风险越高，就越需要契约来保障（Williamson，1985；Klein，Crawford & Alchian，1978）。历史上远程贸易的发展就是推动契约制度产生的主要动力，因为远程贸易与集市贸易相比，委托人和代理人之间的信息不对称程度大大增强，为了控制贸易中的巨大风险，正式契约制度逐步发展起来。随着家族企业物质资本契约与人力资本契约的变迁，家族企业家与其他要素所有者之间的交易风险越来越大，因此，家族企业在成长过程中就必须完善各种契约治理机制。该阶段的治理方式主要是在引入契约治理机制的基础上整合人格化的因素，从而联结成一种折中契约治理的方式，以致适应成长期企业发展的需要。因为，契约治理机制并不是万能的，它并不能解决一切冲突。那些被认为公司制度高度成熟、信用制度和法律制度都很完备的发达国家，委托人与代理人的利益冲突，以及由此所带来的经理人员通过制造虚假信息增加个人收入，或通过内部人控制增加隐形收入等手段损害股东和公司利益的现象并不鲜见。如美国就出现了安然、世界通信、施乐、环球电讯等巨人企业的财务丑闻。这些都说明契约治理机制存在一定的缺陷，它在一定的程度上需要非正式的制度进行补充或整合。

2.3.4.5 家族企业成熟期的关系契约共同治理

我们知道当家族企业进入成熟期后，家族企业的经营范围不断扩展，经营的产业层次不断提高，上市家族企业数量也不断增加。家族企业的公开化、社会化程度不断提高，在家族成员仍然控制企业股权的情况下，家族企业的股权多元化趋势更加明显，家族控股比例进一步下降。同时，家族外的高级管理人才大量进入企业，并掌握着部分的所有权或部分高层管理职位。家族企业最终将演变为公众化的企业即所有权与经营权分离的企业。科斯在《企业的性质》中提出企业能够节省交易费用，并认为企业之所以能够节省交易费用，有三个方面的原因：第一，企业实际上是一个契约替代了一系列的契约，从而节省了大量缔结契约的费用。第二，企业是一个长期契约对一系列短期契约的替代。"如果订立一份较长期的契约而不是几份短期契约，就可以避免订立每份契约的某些成本。"但契约期限越长，风险和不确定性就越大，因此，不可能在缔约前把生产要素买卖双方的一切权利和义务都规定清楚。第三，企业契约中包括了劳务的利用。由于与物品买卖契约相比，劳动契约更难以说明细节，因此劳动的购买在企业的出现中具有特殊的重要作用。科斯认为，"企业的本质特征就是对价格机制的取代。"

在成熟期，内部所有权逐渐明晰的家族企业，倾向于规范的治理——契约治理；但由于契约治理机制的边界有限，所以必须借助于家族内部的信任、关系网络等资源进行关系治理，从而起到很大的补充作用。关系契约治理是采取关系治理和正式治理相结合的一种治理机制。关系治理包括结构规定和关系型规则，而正式治理则包括企业内部的契约治理和契约之间的正式契约。关系契约就是一种由未来关系的价值所维系的非正式协议，它随着时间的推移而不断展开。它实际上是对契约不完全性的一种反映，普遍存在于企业内部和企业之间。企业内部的关系契约主要是指能够极大影响企业内个人行为的非正式协议和各种不成文的非正式协议。关系契约治理可以很大程度上缓解单纯实施个体激励的局限，极大地促进企业团队成员合作效率的实现。家族企业治理应该是契约和关系治理的相机抉择或整合。古典家族企业内部契约的完备性适合家族治理；现代家族企业由于内部契约的不完备性在趋于多种机制共同治理时，应依据家族企业发展的不同阶段以及家族企业成长的特殊环境而在契约治理和关系治理之间相机抉择或合，使经理人认知并践行家族文化以提高家族企业的决策质量。

第3章

境外家族企业治理模式

3.1 三权分立外部控制模式

3.1.1 美国企业治理结构的变迁①

19 世纪 40 年代以前,美国的企业以业主制和合伙制为主,企业实行高度的个人管理,出资者就是经营者,老板和经理合二为一。1840 年以后,美国的铁路企业第一次出现了专业的经理人员,官僚管理开始取代个人管理,管理层级制度开始出现并得到发展。到 1860 年美国绝大多数州都有了某种类型的普通公司法,公司制特别是股份有限公司形式的企业也越来越多,而业主制和合伙制的企业则不断萎缩。从 19 世纪 70 年代开始,美国企业兴起了纵向一体化和横向一体化运动。在企业兼并浪潮中,股份公司这种组织形式显示出巨大的优越性,逐步成为现代企业的主要组织形式。

20 世纪 20 年代前,美国的企业治理结构都是典型的"资本雇佣劳动"式单边治理模式。业主制和合伙制企业更是如此,股份制企业也不例外。出资者成为企业的所有者,行使企业的控制权,就企业的生产经营活动做出决策,并独占企业的剩余。人力资本所有者包括经理人员和普通员工是企业的雇员,他们接受物质资本所有者的雇佣,执行其生产经营决策。20 年代后,随着企业

---

① 孙晶晶. 美、日家族企业治理结构的变迁及对我国民营企业的启示〔J〕. 青年科学(教师版),2014(9).

规模的不断扩大，企业的股东数目急剧增加，股份持有极度分散。股东对企业的控制力被大大削弱，企业控制权开始转移到经理人员手中，经理人员成为企业的实际控制者。这就是所谓的"经理革命"，它直接带来了美国企业治理结构的变化。在随后的几十年里，物质资本所有者凭借拥有的股份参与企业分红，更多地在股票市场上通过"用脚投票"实施股权约束。经理人员事实上拥有了部分企业剩余索取权。1952 年，美国辉瑞制药公司推出了第一个经理人员股票期权计划之后，经理人员股票期权计划开始在美国盛行。在这一时期，普通员工也开始受到重视，但较之经理人员则相差悬殊。1935 年，美国通过国家劳资关系法案，赋予劳动者结成他们自己所选择的工会的权力，并要求企业同意集体协商。到 20 世纪 60 年代，美国律师路斯—凯尔索提出了"职工持股计划"，并在 70 年代得到发展。尽管如此，经理人员仍然只被看作是股东的代理人，作为出资者的股东依然是企业天经地义的所有者。人们根深蒂固地认为，经理人员只应该对股东负责，企业必须以股东的利润最大化为根本目标。经理人员拥有部分企业所有权，普通员工受到一定程度的重视和激励，都只是为了解决信息不对称条件下的代理问题，以降低企业的代理成本。

20 世纪 80 年代末开始，美国有 29 个州相继修改了公司法，新的公司法要求公司经理人员对公司的利益相关者负责，而不仅仅为公司的股东服务。换言之，股东只是利益相关者中的一部分，而劳动者、债权人包括经理人员自身等则为另一部分利益相关者。公司法的这一重大变革，既是美国企业治理结构演变的结果和反映，也推动了美国企业治理结构的演变。人力资本所有者包括经理人员和普通员工开始越来越多地分享部分企业所有权，更多地参与企业的控制和企业剩余的分配。进入 90 年代，大量的企业实施了各种所有权项目，如 401 计划、423 计划、股票期权计划、员工持股计划、股票奖励计划、收益分享计划以及其他奖励机制。美国的企业治理结构正在朝着利益相关者共同治理模式演进。

3.1.2　三权分立外部控制模式的主要内容

美、英两国均是高度发达的市场经济国家，资本市场、职业经理人市场较为完善，企业和市场的透明度较高。美、英的家族企业有选择地将现代企业制度的优势融入家族企业中，在保留家族对企业最终控制权这一家族企业的根本特征的同时，形成了比较成熟的、规范的企业治理模式。

3.1.2.1　多级控股化

这种模式下的家族企业,在股权开放中仍然保留高度的控制权。首先股权的相对开放主要体现为美英家族企业股权分散化,这是所有权与经营权相分离和发展多极融资渠道促进企业成长的结果。伴随着股权分散化,美英家族企业的主要股东法人化特征明显。一方面,一些大的家族由于各种原因,改变了直接拥有企业的状况,通过某个公司为中介,间接地拥有企业。另一方面,美英家族企业呈多级控股化趋势。家族不仅通过母公司来控制子公司,而且子公司下边还有许多孙公司、重孙公司,利用这样的纵向多级持股结构,有效地接近各类市场和分散经营风险。其次,家族牢牢地掌握着企业的控制权,这表现在伴随着家族企业产权的开放程度不断提高,家族对家族企业的重要控制权并没有任何的削弱。尽管出现了股权分散化的现象,但是美英的家族企业往往以较少的股份就可以相对控股,这与美英上市公司股权分散的整体状况是分不开的。如美国近39%的上市公司以及近38%的合伙企业和私营公司都属于家族控股的企业,这些企业中,家族成员所拥有的该企业股权的总和,虽然比重不是太高,但足以占据第一大股东的地位。

3.1.2.2　管理职业化

在职业经理人上,美英家族企业职业化管理程度高,它们普遍实行所有权和管理权分离,聘用职业经理人。一般来说,家族除了拥有所有权之外,还对企业拥有控制权,而分离给职业经理人的仅仅是管理权,这种治理结构打破了家族企业经营管理人才的局限,提高了企业效率,为家族企业的做大提供了保障。在众多美国名声显赫的家族企业中,不乏两权分离的实例,例如 Denn is 家族公司,这家拥有43年历史的家族企业,目前由第二代负责,企业股权由第二代共6位家族成员平均拥有。公司的第二代家族成员为建立长期的可持续发展组织,经过两年多的内部调整和变革,建立起专业化管理组织,在主要岗位如 CEO、CFO 雇佣了职业经理人,把家庭系统与企业系统进行了相对分离,将家庭控制和现代化管理较好地结合起来。①

---

① 吕洪霞,丁文锋.家族企业治理模式的国际化比较及其对中国的启示 [J].当代经济科学,2006 (1):103 – 107.

3.1.3 典型案例一：美国杜邦家族①

杜邦家族是美国最古老、最富有、最奇特、最大的财富家族。这个家族至今已保持了 200 年长盛不衰，世所罕见。20 世纪 90 年代杜邦家族控制财富 1 500 亿美元，出了 250 个大富豪，50 个超级大富豪。其家族创始人是伊雷内·杜邦，靠制造火药发财，后来因一次火药大爆炸，家族财富荡然无存。20 世纪初杜邦家族出了杜邦"三巨头"。他们再次创业，将家族带入史无前例的鼎盛时期。美国杜邦家族有 248 年的悠久历史，是世界 500 强企业中最长寿的公司。

杜邦公司（Du Pont Company）创办于 1802 年 7 月，建立至今，已将近 210 年。早期是制造火药的工厂，现在是世界第二大的化工公司，在 20 世纪带领聚合物革命，并开发出了不少极为成功的材料，如塑料（Vespel）、氯丁二烯橡胶（Neoprene）、尼龙、有机玻璃、特富龙（Teflon）、迈拉（Mylar）、凯芙拉（Kevlar）、M5 光纤（M5fiber）、诺梅克斯（Nomex）、可丽耐（Corian）及特卫强（Tyvek）。这 200 多年中，尤其是 21 世纪以来，企业的组织机构历经变革，其根本点在于不断适应企业的经营特点和市场情况的变化。杜邦公司所创设的组织机构，曾成为美国各公司包括著名大公司的模式，并反映了企业组织机构发展演变的一般特点。

3.1.3.1 成功的单人决策及局限性

历史上的杜邦家族是法国王室的贵族，1789 年在法国大革命中化成灰烬，老杜邦带着两个儿子伊雷内和维克托逃到美国。1802 年，儿子们在特拉华州布兰迪瓦因河畔建起了火药厂。由于伊雷内在法国时是个火药配料师，与他同事的又是法国化学家拉瓦锡，加上美国历次战争的需要，工厂很快站住了脚并发展起来。

整个 19 世纪中，杜邦公司基本上是单人决策式经营，这一点在亨利这一代尤为明显。亨利是伊雷内的儿子，军人出身，由于接任公司以后完全是一套军人派头，所以人称"亨利将军"。在公司任职的 40 年中，亨利挥动军人严厉粗暴的铁腕统治着公司。他实行的一套管理方式，被称为"恺撒型经营管

---

① 案例资料来源于李帅达. 杜邦家族传奇［M］. 浙江人民出版社，2012.

理"。这套管理方式无法传喻，也难以模仿，实际上是经验式管理。公司的所有主要决策和许多细微决策都要由他亲自制定，所有支票都得由他亲自开，所有契约也都得由他签订。他一人决定利润的分配，亲自周游全国，监督公司的好几百家经销商。在每次会议上，总是他发问，别人回答。他全力加速账款收回，严格支付条件，促进交货流畅，努力降低价格。亨利接任时，公司负债高达 50 多万美元，但亨利后来却使公司成为此行业的首领。

在亨利的时代，这种单人决策式的经营基本上是成功的，主要是因为：（1）公司规模不大，直到 1902 年合资时才 2 400 万美元；（2）经营产品比较单一，基本上是火药；（3）公司产品质量占了绝对优势，竞争者难以超越；（4）市场变化不甚复杂。单人决策之所以取得了较好效果，与"将军"的非凡精力也是分不开的。直到 72 岁时，亨利仍不要秘书的帮助，任职期间，他亲自写的信不下 25 万封。

但是，正因为这样，亨利死后，继承者的经营终于崩溃了。

亨利的侄子尤金，是公司的第三代继承人。亨利是与公司一起成长的，而尤金一下子登上舵位，缺乏经验，晕头转向。他试图承袭其伯父的作风经营公司，也采取绝对的控制，亲自处理细枝末节，亲自拆信复函，但他终于陷入公司的错综复杂的矛盾之中。1902 年，尤金去世，合伙者也都心力交瘁，两位副董事长和秘书兼财务长终于相继累死。这不仅是由于他们的体力不胜负荷，还由于当时的经营方式已与时代不相适应。

3.1.3.2　首创的集团式治理

正当公司濒临危机、无人敢接重任、家族拟将公司出卖给别人的时候，三位堂兄弟出来力挽家威，以廉价买下了公司。

三位堂兄弟不仅具有管理大企业的丰富知识，而且具有在铁路、钢铁、电气和机械行业中采用先进管理方式的实践经验。他们果断地抛弃了"亨利将军"的那种单枪匹马的管理方式，精心地设计了一个集团式经营的管理体制。在美国，杜邦公司是第一家把单人决策改为集团式经营的公司。

集团式经营最主要的特点是建立了"执行委员会"，隶属于最高决策机构董事会之下，是公司的最高管理机构。在董事会闭会期间，大部分权力由执行委员会行使，董事长兼任执行委员会主席。1918 年时，执行委员会有 10 个委员、6 个部门主管、94 个助理，高级经营者年龄大多在 40 岁上下。

公司抛弃了当时美国流行的体制，建立了预测、长期规划、预算编制和资源分配等管理方式。在管理职能分工的基础上，建立了制造、销售、采购、基本建设投资和运输等职能部门。在这些职能部门之上，是一个高度集中的总办事处，控制销售、采购、制造、人事等工作。

执委会每周召开一次会议，听取情况汇报，审阅业务报告，审查投资和利润，讨论公司的政策，并就各部门提出的建议进行商讨。对于各种问题的决议，一般采用投票、多数赞成通过的方法，权力高度集中于执委会。各单位申请的投资，要经过有关部门专家的审核，对于超过一定数额的投资，各部门主管没有批准权。执委会作出的预测和决策，一方面要依据发展部提供的广泛数据；另一方面要依据来自各部门的详尽报告，各生产部门和职能部门必须按月按年向执委会报告工作。在月度报告中提出产品的销售情况、收益、投资以及发展趋势；年度报告还要论及 5 年和 10 年计划，以及所需资金、研究和发展方案。

由于在集团经营的管理体制下，权力高度集中，实行统一指挥、垂直领导和专业分工的原则，所以秩序井然，职责清楚，效率显著提高，大大促进了杜邦公司的发展。20 世纪初，杜邦公司生产的五种炸药占当时全国总产量的 64%～74%，生产的无烟军用火药则占 100%。第一次世界大战中，协约国军队 40% 的火药来自杜邦公司。公司的资产到 1918 年增加到 3 亿美元。

3.1.3.3　充分适应市场的多分部体制

可是，杜邦公司在第一次世界大战中的大幅度扩展，以及逐步走向多角化经营，使组织机构遇到了严重问题。每次收买其他公司后，杜邦公司都因多角化经营遭到严重亏损。这种困扰除了由于战后通货从膨胀到紧缩之外，主要是由于公司的原有组织对成长缺乏适应力。1919 年，公司的一个小委员会指出：问题在于过去的组织机构没有弹性。尤其是 1920 年夏到 1922 年春，市场需求突然下降，使许多企业出现了所谓存货危机。这使人们认识到：企业需要一种能力，即易于根据市场需求的变化改变商品流量的能力。继续保持那种使高层管理人员陷入日常经营、不去预测需求和适应市场变化的组织机构形式，显然是错误的。一个能够适应大生产的销售系统对于一个大公司来说，已经成为至关重要的问题。

杜邦公司经过周密的分析，提出了一系列组织机构设置的原则，创造了一个多分部的组织机构。在执行委员会下，除了设立由副董事长领导的财力和咨询两个总部外，还按各产品种类设立分部，而不是采用通常的职能式组织如生产、销售、采购等。在各分部下，则有会计、供应、生产、销售、运输等职能处。各分部是独立核算单位，分部的经理可以独立自主地统管所属部门的采购、生产和销售。

在这种形式的组织机构中，自治分部在不同的、明确划定的市场中，通过协调从供给者到消费者的流量，使生产和销售一体化，从而使生产和市场需求建立密切联系。这些以中层管理人员为首的分部，通过直线组织管理其职能活动。高层管理人员总部在大量财务和管理人员的帮助下，监督这些多功能的分部，用利润指标加以控制，使它们的产品流量与波动需求相适应。

由于多分部管理体制的基本原理是政策制定与行政管理分开，从而使公司的最高领导层摆脱了日常经营事务，把精力集中在考虑全局性的问题上，研究和制定公司的各项政策。

新分权化的组织使杜邦公司很快成为一个具有效能的集团，所有单位构成了一个有机的整体，公司组织具有了很大的弹性，能适应需要而变化。这使杜邦公司得以在 20 年代建立起美国第一个人造丝工厂，以后又控制了赛璐珞生产的 75% ~ 100%，垄断了合成氨。而且在 20 世纪 30 年代后，杜邦公司还能以新的战略参加竞争，那就是致力于发展新产品，垄断新的化学产品生产。从 30 年代到 60 年代，被杜邦公司首先控制的、有着重要意义的化学工业新产品有：合成橡胶、尿素、乙烯、尼龙、的确良、塑料等，直到参与第一颗原子弹的制造，并迅速转向氢弹生产。

3.1.3.4 "三驾马车式"内部治理结构

杜邦公司的执行委员会和多分部的管理机构，是在不断对集权和分权进行调整的情况下去适应需要的。例如，20 世纪 60 年代后期，公司发现各部门的经理过于独立，以致有些情况连执行委员会都不了解，因此又一次作了改革：一些高级副总经理同各工业部门和职能部门建立了联系，负责将部门的情况汇报给执委会，并协助各部门按执委会的政策和指令办事。

60 年代以后，杜邦公司的组织机构又发生了一次重大的变更，就是建立起了"三驾马车式"的组织体制。

新的组织体制是为了适应日益严峻的企业竞争需要而产生的。60 年代初，杜邦公司接二连三地遇到了难题：过去许多产品的专利权纷纷满期，在市场上受到日益增多的竞争者的挑战；道氏化学、孟山都、美国人造丝、联合碳化物以及一些大石油化工公司相继成为它的劲敌。以至于 1960 ~ 1972 年，在美国消费物价指数上升4%、批发物价指数上升25%的情况下，杜邦公司的平均价格却降低了24%，使它在竞争中蒙受重大损失。再加上它掌握了多年的通用汽车公司10亿多元股票被迫出售，美国橡胶公司转到了洛克菲勒手下，公司又历来没有强大的金融后盾，真可谓四面楚歌，危机重重。

1962年，公司的第11任总经理科普兰上任，他被称为危机时代的起跑者。

公司新的经营战略是：运用独特的技术情报，选取最佳销路的商品，强力开拓国际市场；发展传统特长商品，发展新的产品品种，稳住国内势力范围，争取巨额利润。

然而，要转变局面绝非一朝一夕之功，这是一场持久战。有了新的经营方针，还必须有相应的组织机构作为保证。除了不断完善和调整公司原设的组织机构外，1967年底，科普兰把总经理一职，在杜邦公司史无前例地让给了非杜邦家族的马可，财务委员会议议长也由别人担任，自己专任董事长一职，从而形成了一个"三驾马车式"的体制。1971年，又让出了董事长的职务。

这一变革具有两方面的意义：一方面，杜邦公司是美国典型的家族公司，公司几乎有一条不成文的法律，即非杜邦家族的人不能担任最高管理职务。甚至实行同族通婚，以防家族财产外溢。现在这些惯例却被大刀阔斧地砍去，不能不说是一个重大的改革。虽然，杜邦公司一直是由家族力量控制，但是董事会中的家族比例越来越小。在庞大的管理等级系统中，如果不是专门受过训练的杜邦家族成员，已经没有发言权。另一方面，在当代，企业机构日益庞大，业务活动非常复杂，最高领导层工作十分繁重，环境的变化速度越来越快，管理所需的知识越来越高深，实行集体领导，才能作出最好的决策。在新的体制下，最高领导层分别设立了办公室和委员会，作为管理大企业的"有效的富有伸缩性的管理工具"。科普兰说："'三驾马车式'的集团体制，是今后经营世界性大规模企业不得不采取的安全设施。"

20世纪60年代后，杜邦公司的几次成功，不能说与新体制无关。过去，杜邦公司是向联合碳化物公司购买乙炔来生产合成橡胶等产品的，现在，它自己开始廉价生产，使联合碳化物公司不得不关闭了乙炔工厂。在许多化学公司挤入塑料行业竞争的情况下，杜邦公司另外找到了出路，向建筑和汽车等行业发展，使60年代每辆汽车消耗塑料比50年代增加3～6倍。70年代初，又生产了一种尼龙乙纤维，挤入了钢铁工业市场。

所以，可以毫不夸张地说，杜邦公司成功的秘诀，首先在于使企业的组织机构设置适应需要，即适应生产特点、企业规模、市场情况等各方面的需要。

而且，这样的组织机构也不是长久不变的，还需要不断加以完善和发展。

3.1.4　典型案例二：法国穆里耶兹家族①②

让我们先来看看这一组不可思议的数字吧——一家由若干独立运营的子公司组成、拥有 50 万名员工的大型家族集团企业，其股权分属 600 位家族成员所有；其中 250 位成员直接参与各子公司的运营，分布于全球 30 多个国家；家族第 6 代的 400 多位家族成员还将依序继承这一传统。这就是著名的法国穆里耶兹（Mulliez）家族。体育用品零售商迪卡侬（Decathlon）、法国连锁超市欧尚（Auchan）等，都是其家族集团旗下的子公司成员之一。

3.1.4.1　穆里耶兹家族的崛起

从零售店到大卖场，凭借大卖场模式，欧尚在第二次世界大战后很快成为法国最大的零售商之一。尽管手握家族权柄 45 年的杰拉德被认为是整个穆里耶兹财富帝国的灵魂人物，但祖辈半个世纪的财富积累无疑对穆里耶兹家族的崛起功不可没。早在 1903 年，杰拉德·穆里耶兹的祖父路易·穆里耶兹便已在法国经营一家名为菲尔达的小纺织厂。1946 年，菲尔达开始发展自主品牌的纺织、针织和缝纫用品，并以特许经营的方式扩大分销网络，布局专营店。经历了两次世界大战，菲尔达更是快速随着战后法国经济的复苏而不断发展壮大。到 20 世纪 50 年代，菲尔达已经拥有上千家零售店，初步奠定了穆里耶兹帝国的根基。1961 年，29 岁的杰拉德带着对零售业的热情，凭借自己多年来在菲尔达对零售店经营的研究，在法国北部工业城市里尔一个只有 600 平方米的废旧工厂里开设了第一家欧尚超市。尽管这次尝试的结果并不尽如人意，但却使杰拉德坚定了继续从事零售业的决心，并找到了大卖场模式的精髓。

战后不久，法国短暂的经济复苏很快陷入了阿拉伯石油禁运所带来的经济衰退，这使得消费者对欧尚低价、折扣、自选的大卖场模式更为青睐。大卖场模式很快成为法国零售的主流业态，欧尚也在这个潮流中迅速扩张，成为法国最大的零售商之一。

到 1981 年，杰拉德开始布局欧尚的全球业务，先是在西班牙开设了第一

---

① 案例资料来源于赵国瑞．法国式的家族宪法［J］．英才，2012（10）：152 - 153.
② 案例资料来源于夏敏．五代传承的穆里耶兹家族［J/OL］．TheLINK，2013（3）.

家国际店。之后的 20 年，意大利、葡萄牙、波兰等众多欧洲穆里耶兹财富帝国的灵魂人物，但祖辈半个世纪的财富积累无疑对穆里耶兹家族的崛起功不可没。

早在 1903 年，杰拉德·穆里耶兹的祖父路易·穆里耶兹便已在法国经营一家名为菲尔达的小纺织厂。

1946 年，菲尔达开始发展自主品牌的纺织、针织和缝纫用品，并以特许经营的方式扩大分销网络，布局专营店。经历了两次世界大战，菲尔达更是快速随着战后法国经济的复苏而不断发展壮大。到 20 世纪 50 年代，菲尔达已经拥有上千家零售店，初步奠定了穆里耶兹帝国的根基。

1961 年，29 岁的杰拉德带着对零售业的热情，凭借自己多年来在菲尔达对零售店经营的研究，国家以及美洲、亚洲国家和地区也开始逐渐熟悉这个远道而来的法国零售品牌，欧尚也开始渐成穆里耶兹财富帝国的中流砥柱。

终于，75 岁的杰拉德正式退休，继任主席职位的是他的侄子维雅内·穆里耶兹。维雅内生于 1963 年，是杰拉德的堂弟达米安·穆里耶兹的儿子。在进入家族企业之前，曾在罗兵咸永道会计师事务所工作过 8 年。1998 年进入欧尚后，一直负责欧尚的财务管理工作，直到 2004 年开始担任欧尚旗下一个跨国地产集团的首席执行官。

穆里耶兹家族从来不缺少有魄力的经营者。与创业元老杰拉德相比，维雅内似乎更懂得坚守原则下的权衡之道。

在中国市场，欧尚与家乐福这两个同籍零售巨头丝毫没有"他乡遇故知"的亲切，更多的却是短兵相接的搏杀，双方都在筹谋如何扩大自己的市场份额。

2000 年，一个绝佳的机会使得欧尚成功收购了台湾大润发 67％ 的股份，开始迂回切入中国大陆零售市场。随着大润发在大陆市场的迅速崛起，尽管作为纯粹家族企业的欧尚对上市从来没有好感，但与大润发之间的交叉控股迫使其不得不"打破家规"，接受捆绑上市。上市给双方带来的好处不言而喻。2011 年 7 月，欧尚中国和大润发联合重组后的高鑫零售有限公司在香港成功上市。一个拥有近 200 家门店的零售巨鳄成为中国零售市场的新领军者。

3.1.4.2 家族理念与"家族宪法"

严格的"家族宪法"、近乎宗教式的家族理念灌输使得穆里耶兹家族聚集了深厚的"内力"。事实上，欧尚集团仅仅是穆里耶兹家族庞大商业帝国的一部分。穆里耶兹家族还掌控着全球最大的体育用品超市迪卡侬，世界第四、欧洲第二的跨国装饰建材零售集团乐华梅兰以及家族传统产业菲尔达等 20 多家公司，他们全部由穆里耶兹家族终极控股。

100 年来，穆里耶兹家族一直人丁兴旺，整个家族目前传至第 4 代，有近 800 名继承人。杰拉德退休后，他的儿子、堂兄弟、子侄分别占据着各企业的高职。但与充斥各大媒体的家族战争不同，制度化的家族治理机制保证了庞大商业帝国运转的井然有序。

穆里耶兹家族设有家族协会、家族协会顾问委员会、家族终极控股公司及家族私人股权投资公司四个成熟的机构。

穆里耶兹家族协会成立于 1955 年，在第一家欧尚店建立之前就已经存在。当时仅仅是为了将路易·穆里耶兹的遗产顺利传承给 11 名继承人。此后，随着家族越来越庞大，家族协会的成员也逐渐增至 600 多人。

穆里耶兹家族协会由通过审核的家族成员组成。协会成员选举产生协会顾问委员会。顾问委员会负责对进入家族协会的成员进行审核，并协调各协会成员之间以及各成员与整个家族间的利益冲突，确保个人利益服从家族利益。

按照"家族宪法"，家族协会每隔 4 年举行一次会议，选举出 7 名家族协会成员组成顾问委员会。为了保证家族企业的持续发展及家族成员间的团结，家族协会每年 3 月会定期召开针对家族内部的股权交易会，各家族成员之间在不损害家族利益的前提下可以互相转让股份。这不仅使家族企业的经营者可以在家族内部募集到大量资金，让那些认同家族理念、对经营企业极富热情又有能力的家族成员可以大展拳脚，也为那些有不同职业理想的家族成员提供了退出通道，同时避免了非家族成员为谋求短期利益持股对家族企业造成的重大损失。

3.1.4.3　完善的家族治理结构

尽管"家族至上"，但是为了充分调动公司雇员的积极性，1977 年杰拉德开始对其雇员开放欧尚的资本，只不过雇员持股始终控制在一定范围内。目前欧尚 98% 的员工都是公司的股东，共持有集团 12.5% 的股份，其余 87.5% 由穆里耶兹家族协会持有。这种家族财富所有权理念不仅有效保证了家族企业的持续稳定，也使企业的凝聚力有效传导给公司雇员，为欧尚发展注入了新活力。

完善的家族治理结构、严格的"家族宪法"、近乎宗教式的家族理念灌输使得穆里耶兹家族聚集了深厚的"内力"。从穆里耶兹家族100多年来的传承史可以看出,能否有效解决家族内部的利益关系、能否建立人才循环的永续机制,是对家族企业最大的考验。

3.2 主银行治理模式

3.2.1 主银行治理模式的主要内容

德、日家族企业的治理模式属于内部监控型,是基于利益导向的多元化的相关利益主体治理模式,它以保障相关者利益的治理思想与人本主义的融合为基础。家族对企业的控制严格,家族色彩非常浓厚。

3.2.1.1 多元化相关利益主体

这种治理模式下的特征较为明显:首先,股权相对集中,尤其是法人(金融机构和实业公司)之间相互稳定持股,银行对企业持股和干股(例如,德国的股票托管制度和持股人股票制度、日本的主体银行制度),股票周转率低。其次,银行不仅持有企业的股票,而且还是企业重要的债权人,这虽然提高了企业的资产负债率,但也增强了银行对企业的影响。最后,法人和金融机构稳定而大量地持股,有助于克服经理人的短视行为,避免恶意接管带来的资源浪费,但是,法人持股者相互持股的协商交易成本较高且容易产生垄断行为而损害中小股东利益;由于内部封闭,资源流动性差,市场机制作用未能得到充分发挥而可能浪费资源。

3.2.1.2 家族牢牢控股

虽然很多德国、日本的家族企业管理权已经交给职业经理人,然而家族却牢牢掌握着公司的所有权和控制权,不仅非上市公司存在这种状况,而且在一些上市企业,甚至企业集团也存在同样的问题,如日本企业的董事会几乎全为内部董事(包括由主体银行向企业派遣的内部董事),董事与经理合一,企业对经营者的监督主要靠内部组织。①

3.2.2　典型案例一：日本金刚组②③

众所周知，日本是世界上的长寿国家，但少有人知的是，日本也是世界上长寿企业最多的国家。调查报告显示，创业历史超过 100 年的企业占日本企业总数的 1%，其中 81.9% 是在明治时代（中国晚清时代）创建的，大多集中在以京都、奈良和大阪为中心的近畿地区，那里也是日本经济最为活跃的地区。据韩国中央银行 2008 年发表的名为《日本企业长寿的要因与启示》的报告书中指出，578 年从百济渡往日本的金刚重光（柳重光）创业的日本建设会金刚组是世界上最古老的企业，至今已有 1 430 年。根据报告书显示的数据，世界上持续存在 200 年以上的企业有 5 586 家，分属 41 个国家，让人惊叹的是其中半数以上的 3 146 家集中在日本。其后是，德国 837 家，荷兰 222 家，法国 196 家。在日本，创业 1 000 年以上的企业有 7 家、500 年以上的有 32 家、200 年以上的有 3 146 家、100 年以上的有 5 万家，这些长寿企业的 89.4% 是不满 300 人的中小企业。

日本有如此众多的长寿企业，而且经历了不同的社会政治经济制度，在我们来看，这种罕见的现象只能用文化来解释。一方面，日本的文化基因在企业经营者身上得到了代代流传；另一方面，这些企业的绵延不绝、对事业的专注和对传统的尊重，又渗透到日本社会中成为文化的一部分。

3.2.2.1　金刚组株式会社发展历程

日本的金刚组株式会社成立于公元 578 年，至今已有 1 400 年历史。578 年，朝鲜人柳重光东渡日本，开始了自己的建筑事业。593 年，圣德太子招请柳重光等人主持修建"四天王寺"弘扬佛法，此次修建让金刚家族在日本声名鹊起。607 年，金刚家族开始营造法隆寺，此寺达到日本古代木造建筑的最高峰。

1583 年，丰臣秀吉将大阪城修建成地势险要的军事要塞，金刚家族是其

---

① 吕洪霞，丁文锋. 家族企业治理模式的国际化比较及其对中国的启示 [J]. 当代经济科学，2006（1）：103 - 107.

② 案例资料来源于孙瑞. 金刚组：千年企业的生存密码 [N/OL]. 经济观察报，2011 - 8 - 15.

③ 案例资料来源于家族企业接班人计划 [J/OL]. 环球企业家，2013 - 10 - 3.

实际组织者。明治维新时代，金刚家族因明治天皇的"灭佛毁寺"运动而受到了巨大的冲击。为了度过这次因政治变化而带来的经营危机，金刚家族展现了其特有的韧性。他们果断向新的领域进军，开始从事商业建筑的建造与维修。第二次世界大战给金刚家族带来了更大的挑战，日本国内的建筑业基本都停顿下来。金刚家族再次调头，通过制造军用木箱和棺材熬过了这一次大危机。

1955 年，日本经济从复兴走向高速增长，身为第 39 代传人的金刚利隆抓住了这次机会，迅速拓展经营规模，由单一寺庙建筑、庭院建筑业发展成综合建筑业，将日本独特的建筑美学与水泥建筑工艺融为一体，创建了独自的建筑工艺，"金刚组"由此不断成长壮大。

20 世纪 90 年代，日本经济遭遇严重的衰退。在 20 世纪 80 年代购买大量土地从事建筑业的金刚组经受前所未有的考验，四处借债，摇摇欲坠。

2006 年 1 月，无力清偿庞大负债的株式会社"金刚组"在金刚家族第 40 代传人金刚正和的手中出售，金刚组卖掉了除寺庙建筑之外的全部业务，重归主业。

3.2.2.2 金刚组千年传承之道

这个全球最古老的家族企业，在 1 400 年传承中，凝聚了一套颇为值得借鉴的传承之法。

（1）选择一个稳定的行业，是延续 40 代的重要基础。

（2）拥有高超的建筑工艺是其生存发展的核心技术。

（3）金刚家族内部特有的组织管理架构独特，家族成员组成金刚组，"堂主"相当于总裁一职，金刚组内分成多个小组，约 5 ~ 8 人为一组，各组保持其独立性，互为竞争。小组会集中改良固有技术，接单时总部会评估各组的能力，借以决定哪一组承办工作。

（4）以佛教寺庙的建造与维修作为自己的核心业务。坚持最最基本的业务对公司来说非常重要。

（5）在家族企业传承最关键因素的继承人选择问题上，金刚家族勇敢地背离了日本传统文化的长子继承制。他们不采用长子继承的做法，而是选有健康心态、责任心和智慧的儿子继任。甚至，他们也不限于儿子。

1934 年，金刚组传至第 37 代时，世袭子孙无意经营，家族首次任命第 37 代嫡孙之妻挑起家族大梁。金刚家族为了延续传承还有一个诀窍，女婿进门时，他们会要求他改姓，这样即使某一代没有儿子，也不会断代。财富、知识、技术——这些显性的资源与能力，都是很容易接班的。而最难于传承的，是企业家精神。

3.2.3　典型案例二：瑞典瓦伦堡家族①

3.2.3.1　无冕之王瓦伦堡家族

依赖与时俱进的实业扩张、广阔的政治人脉，以及金字塔形隔绝债务的公司架构、不断紧跟全球趋势变化调整的资产结构、通过基金会等方式传承财富的技巧，瑞典的瓦伦堡家族度过了一次次经济危机，将财富积累与保全的故事延续了 2 个世纪。这是一个媲美美国洛克菲勒、摩根和欧洲罗斯柴尔德家族的财团，一个延续了 2 个多世纪的企业帝国。

瓦伦堡家族是瑞典经济的一根巨大支柱。20 世纪 90 年代中后期，他拥有在斯德哥尔摩股市上市的所有企业市值的 40%。一个规模庞大的产业帝国，除了 Investor 投资控股公司，还是以下这些公司的大股东，如表 3-1 所示。

表 3-1		瓦伦堡家族股权结构		
行业/公司	所占股份（%）	投票权（%）	占总资产份额	市值（亿美元）
通信技术				
Ericsson 爱立信	5	9.4	18	28
Saab 瑞典飞机制造公司	19.8	38	2	3.49
WM - data 信息技术公司	16.3	29.3	1	1.81
工程				
ATLAS COPCO 重型机械设备制造商	15	21.4	11	17
ABB 阿西亚 - 布朗 - 勃法瑞公司欧洲最大的电力工程公司	8	8	7	11.6
Scania 斯堪尼亚公司全球最大的重型汽车制造商	10.6	19.3	5	7.37
Electrolus 伊莱克斯	7.7	26	3	5.30

---

① 案例资料来源于毛学麟. 瓦伦堡家庭：160 年的财富故事 [J]. 新财富，2009（1）：114 - 117.

续表

行业/公司	所占股份 （%）	投票权 （%）	占总资产 份额	市值 （亿美元）
健康产品				
AstraZeneca 阿斯利康全球第三大制药公司	3.2	3.2	15	22.9
Gambro 瑞典金宝	19.9	26.3	6	9.92
金融服务				
SEB 斯德哥尔摩私人银行瑞典最大银行	17.5	18.2	14	21.5
OMX 瑞典股票交易所	10.8	10.8	1	1.53
新的投资	0	0	3.4	17.6
其他	0	0	2.5	7.04
总资产				155.06

资料来源：毛学麟. 瓦伦堡家族：160 年的财富故事 [J]. 新财富，2009（1）：114 - 117.

1846 年，水手出身的安德·瓦伦堡独具慧眼，看中造船、航运业的发展前景，于是投资蒸汽船，专门在横贯瑞典东西海岸的约塔运河从事航运，挣了一大笔钱，为瓦伦堡集团的建立奠定了基础。19 世纪 50 年代，瑞典的金融业不许私人经营，但工业化浪潮的兴起为金融业发展提供了广阔空间。安德说服议会成立了斯德哥尔摩私人银行，即现在瓦伦堡家族的旗舰——斯安银行（Skandinaviska Enskilda Banken，SEB）的前身。在瑞典工业化发展的初始阶段，这家银行为那些急需资金的企业提供了重要的财务支持。安德从中悟出了一个道理：控制一家公司，不必拥有其大部分股票，只要是其主要股东就行。这一行之有效的经验至今仍是瓦伦堡财团的一条金科玉律。

20 世纪 20 年代欧美经济大萧条时期，1/3 的瑞典公司倒闭，瓦伦堡家族没有被眼前的困难吓倒，而是精挑细选，以极其低廉的成本收购了一些暂时亏损但颇具发展潜力的公司。例如，当时有一家国有制药企业，收购价只要 1 瑞典克朗（100 瑞典克朗约合 13 美元），但得背负 100 万克朗的债务。经过资产重组之后，这家公司后来成为瑞典著名的跨国制药企业阿斯特拉公司（Astra）。

瓦伦堡家族的产业帝国主要由银瑞达（Investor AB，也叫"投资者"集团，总部位于斯德哥尔摩市中心）掌控。银瑞达成立于 1916 年，专门负责管理瓦伦堡家族在瑞典各大公司的股份和投资。银瑞达在 20 世纪 90 年代已完全成为瓦伦堡家族的投资引擎，代表家族开展业务，而且业务也更加多元化。银瑞达的核心投资占总资产的绝大部分比重（2007 年 12 月的统计数据是 81%），在全球收益超过 1 000 亿美元。目前，核心投资包括 10 个国际蓝筹股公司：阿西亚·布朗·勃法瑞（ABB）、阿斯利康（Astra Zeneca）、阿特拉斯·科普柯（Atlas Copco）、伊莱克斯（Electrolux）、爱立信（Ericsson）、斯德哥尔摩期权交易所（OMX）、萨博（SAAB）、斯堪尼亚（Scania）、瑞典北欧斯安银行（SEB）和胡斯华纳（Husqvarna）。银瑞达核心投资企业的产品涵盖各个领域。目前，它已发展成瑞典最大的控股集团，净资产超过 120 亿欧元，其在爱立信、瑞典北欧斯安银行和阿斯利康等公司中都拥有超过 50% 的股份，在其他众多瑞典工业集团中也占有重要股份。正是通过银瑞达的投资、控股，瓦伦堡家族才顺利建立起北欧地区最具影响力的工业集团。

　　一个世纪以来，瓦伦堡家族牢牢地控制了瑞典多数重要公司的股份，同时还拥有其他大多数公司的投票权，由此成了这些公司的实际控制者。由于当时瑞典政府对股市实施了 AB 制，其中 A 股不能流通，但持有者可以享有董事会的选举权；而 B 股可以流通，但只对现金流通与红利有"表决权"，所以，虽说 B 股的数量远大于 A 股，但只要掌握了 A 股，便能牢牢地控制企业。其中，最典型的例子就是在一段时间，瓦伦堡家族仅持有伊莱克斯公司 4% 的股份，却拥有其 94% 的投票权。

　　当然，这种双重股权制度也让瓦伦堡家族拥有的股份看起来"并不是很多"，这也就是为什么富可敌国、权倾朝野的瓦伦堡家族，却从未在全球富豪榜上出现过。那么，虽然拥有瑞典超过 40% 的上市公司，瓦伦堡家族的财富究竟是如何隐形的呢？原来，大部分的家族财富都和各类基金捆绑在一起，并以此控制银瑞达集团 45% 的股份、22% 的总资产，同时在 SAS、STORA 和 SKF 拥有大量股份。也就是说，瓦伦堡家族的大部分财富都转化为这些非营利性的基金。这些用来鼓励瑞典乃至全球科研人士的基金包括纳特·爱丽丝·瓦伦堡基金、马库斯·瓦伦堡奖、彼得·瓦伦堡基金和罗尔·瓦伦堡国际基金等。至 2007 年 12 月 31 日，银瑞达已坐拥大笔现金，几乎没有负债，净资产市值达 1 552 万亿瑞典克朗，并且能在短期内随时调用 650 亿美元的资金，收购或回购大额股票。

3.2.3.2　家业长青的秘诀

　　中国有句古话叫"富不过三代"，而瑞典瓦伦堡家族，事业不仅已传到了第五代，而且还蒸蒸日上。除了瓦伦堡家族每一代掌门人的创新外，他们高瞻远瞩、着眼未来的投资方式，亦是其成功的主要原因。那么，这个五代相传、富可敌国的家族企业，又有什么致富秘诀呢？

1. 亦商亦政，谋略长远

瓦伦堡家族是一个紧跟时代潮流的家族，据了解，从纳特开始，瓦伦堡家族中有近 10 名成员成为瑞典的外交官。其中纳特官衔最高，曾任瑞典外交部部长，而影响最大、最有名的则是罗尔。据说罗尔在做参赞时，凭借其特殊身份，借职务之便，在战争中为滞留于匈牙利的大量犹太人办理了瑞典护照，一举拯救了近 10 万名犹太人，罗尔营救犹太人的事迹为其家族赢得了极大声誉。另外，瓦伦堡家族不仅支持家族成员从政，还乐于与政界高官交往。当然，积极参与政治是为更好地服务于其商业帝国。

2. 视野广阔而行事低调

瓦伦堡家族的每一代掌门人都视野远大、胸怀广阔，据说自安德烈奠定家族基业以来，除好学、尊重、忠诚、勤奋这些家规外，航海、冒险、丰富的国际阅历已成为家族接班人的必修课。在接班之前，他们或在国外接受教育，或在国外积累工作经验，这种阅历也使得他们在全球化浪潮中游刃有余。另外，100 多年来，瓦伦堡家族一直恪守行事低调、简约、不事张扬的为人处世传统，很少有经济活动以外的事件在公众面前曝光，但这并不妨碍他们的影响力渗透到瑞典社会的各个层面。可以说，航海和海外经历几乎是每一个瓦伦堡家族接班人的必修课程。综观瓦伦堡家族 200 余年的历史，水手出身或曾远航的人比比皆是：安德烈——帝国事业的开创者，就曾在大海上漂流数年；带领家族走向兴旺的雅各布 17 岁就辍学出海，跟随商船往返于瑞典和美国之间。另外，发家后瓦伦堡家族的子孙也各自都有一番海外经历，他们或在国外接受教育，或在国外积累工作经验。

3. 双重股权结构与分散投资和隔离负债

早在安德烈时代，对金融证券业情有独钟的创始人就从中悟出了一个道理：通过控制一家公司的股权（不必拥有其大部分股票）和成为其主要股东，就可以控制整个企业的财富。这一行之有效的经验至今仍是其家族从商的金科玉律，在长期的商海鏖战中，贯彻到了其投资的各个领域，特别是其前瞻性地对银瑞达双重股权结构的设置。

1916 年，随着瑞典经济复苏，瑞典政府开始注意到银行出于自身利益对其控制的企业进行干扰，于是立法限制银行持有工业公司的长期股权并进行公司制改革，允许银行以封闭式基金形式组建控股公司。瓦伦堡家族第二代掌门人马库斯借机以 SEB 为基础，成立了财务金融投资公司——银瑞达，由此奠定了其产业帝国的根基，随后，瓦伦堡家族将 SEB 所持有的各大公司股份陆续转入新成立的银瑞达。

当时银瑞达正是瓦伦堡家族中的 SEB 银行资本与公司企业间的缓冲层，瓦伦堡家族通过银瑞达大举持有其他公司股权，相继购买 SKF 的控股权及爱立信的股份，最终持有瑞典很多老牌企业和龙头企业的大多数股份，也正是通过这种复杂的股权安排，瓦伦堡家族依然控制着瑞典的众多大型企业。

公开上市的银瑞达本身就设置了 A、B 股的双重股权制度。这种控股的关键之处在于，通过一种区分 A 类与 B 类股权额度的制度，使得 A 类股权享有数倍于 B 类股权的投票权（即把公司股票划分为 A 类和 B 类，其中持有 1 股 A 类股票的股东享有 1 票投票权，持有 1 股 B 类股票的股东却只享有 1/10 票投票权）。数据显示，银瑞达总股本为 7.67 亿股，分别为 3.12 亿股 A 类股票和 4.55 亿股 B 类股票，A、B 类股票的资本比例约为 4∶6，但由于同股不同权，投票权比例接近 9∶1。银瑞达前五大股东的股权比例仅为 32.78%，但投票权高达 62.73%，其中，瓦伦堡家族通过瓦伦堡家族基金会和 SEB 基金会（SEB Foundation），以不到 25% 的股权获得了超过 50% 的投票权，牢牢保持了对银瑞达的控制权，也正是通过这种双重股权结构的设置，才保证了家族的控制力不被稀释。

另外，瓦伦堡家族还通过控股公司银瑞达，在瑞典和欧洲其他国家的众多大型企业中拥有相当数量的股权和投票权，如在瓦伦堡家族持股的伊莱克斯、SKF 和制造重型机械设备的阿特拉斯·科普柯。运用同样的道理，瓦伦堡家族也在下层实业公司中实施双重股权制度（即家族持有的 A 类股票享受的投票权是 B 类股票的 10 倍），特别是在爱立信则表现得尤为明显：当时瓦伦堡家族仅持有爱立信 5% 的股票，却拥有 38% 的投票权。

当然，控股旗下企业有时是为了保护家族在企业中的控制权，也会采取对其他股东不利的做法，因此也受到一些非议，如家族利用双重投票权的股票制度来确保自己对公司拥有稳固的控制权，用以抵制其他企业的并购。

4. 基金会传承财富

瓦伦堡家族财富设计的另一大特色是通过家族基金会来实现财富传承。据了解，瓦伦堡家族的大部分财富都与其旗下控制的基金捆绑在一起，这些基金资产约 62 亿美元，包括纳特·爱丽丝·瓦伦堡基金、马库斯·瓦伦堡奖、彼得·瓦伦堡基金和罗尔·瓦伦堡国际基金等。最早的基金成立于 1917 年，主要目的是为了避税和保证家族财富的不被削减。这些基金发挥了特殊作用，如控制其旗下银瑞达45%的股份，并持有22%的总资产，同时这些基金还拥有SAS、STORA、SKF的大量股份。另外，就像将旗下公司股票的分红权与投票权相分离一样，瓦伦堡家族多只基金运作的核心是将股权继承权与财产继承权相分离，每位家族继承人都可以通过股权分红、家族成员之间的股权转让等获得继承财产。这样，既可以为家族成员源源不断地提供生活保障，同时割断了家族成员与家族企业之间的紧密联系，防止遗产继承纠纷导致家族财富贬值或股权控制力减弱。当然，瓦伦堡家族控制的基金每年也会向科学研究机构提供大约10亿瑞典克朗的巨额资助，用来鼓励瑞典乃至全球的科研人士从事科学研究。

5. 根据行业兴衰及时调整资产结构

瓦伦堡家族漫长的发展史，也是其家族不断通过财务投资公司银瑞达调整其资产结构的历史，如其家族在不断减持林木业、汽车等资产的同时，又增持电信、电气等行业的股权。据了解，瓦伦堡于20世纪80年代向全球扩张，银瑞达旗下公司纷纷在全球范围进行资源整合，并发展成为业内领先的跨国公司。如ABB，其前身为1883年成立的ASEA，直到20世纪70年代，ASEA还主要在瑞典国内发展，1987年瓦伦堡家族将ASEA与瑞士BBC合并为ABB，并开始国际化扩张之路。此后两年，ABB在西欧和北美市场收购了55家公司，并与美国电气巨头西屋成立合资公司。1996年，ABB又与德国奔驰的铁路运输系统合并业务，成为全球最大的铁路系统提供商。20世纪90年代，瓦伦堡控制的银瑞达通过股权投资，开始向多元化发展。一个时期以来，银瑞达控制的轿车、卡车等汽车制造企业资产十分庞杂，且其旗下的豪华车生产企业经营惨淡，为处置资产，瓦伦堡家族将旗下的汽车公司分割为萨博和斯堪尼亚两家公司，并于2000年前后分两次将萨博的全部股权出售给通用汽车（事实上，这场与通用汽车的交易，彻底为瓦伦堡家族甩掉了包袱。据相关材料显示，1993～2007年的14年间，萨博持续12年亏损，其中2006年和2007年的亏损额分别高达29亿瑞典克朗和22亿瑞典克朗。目前，又传出通用汽车将售出萨博的资产和品牌）。2008年3月，银瑞达又将斯堪尼亚以200亿瑞典克朗售出给德国大众，由此获得近180亿瑞典克朗的现金，使银瑞达的现金规模由2007年年底的150亿瑞典克朗增加到2008年第三季度的300亿瑞典克朗，从而为其在全球金融危机中增持其他公司的股权提供了有力保障。目前瓦伦堡家族又以医疗、科技、工程、金融为重心调整商业谋略。

遵循专业化、国际化，瓦伦堡家族的另一成功之道就是善于借大萧条之际实施扩张,在选定核心业务后目标坚定和持之以恒地进行长期投资。主要表现在,瓦伦堡家族通过 1856 年创办的瑞典斯德哥尔摩私人银行 SEB(即现在的瑞典北欧斯安银行的前身),借助两次经济危机向其他产业扩张。其第一次扩张是在 1877 年的瑞典经济衰退时期,当时 SEB 的许多客户陷入流动性困境,为了减少瓦伦堡家族的损失,SEB 对部分企业进行了"债转股",一举成为阿特拉斯·科普柯、斯堪尼亚等一大批公司的股东。安德烈去世后,他的两个儿子以斯德哥尔摩私人银行为纽带,大举向瑞典的各个工业领域扩张。其第二次扩张是在 1920 年发生于瑞典的经济危机中,瓦伦堡家族又通过其控制的银瑞达大量收购濒临破产的企业,一举奠定了其在瑞典众多企业中的控制地位。

另外,瓦伦堡家族还利用市场低迷之际,大举增持持股公司股票,以加强对该公司的控制地位。这种着眼于长期投资的独特眼光,在企业遇到困难的时候表现得格外明显。如 2002 年,银瑞达投资的两家核心企业亏损严重,据资料显示,其控制的爱立信在 2001 年和 2002 年两年内累计亏损超过 50 亿美元,股价甚至跌破了 1 美元,而其控制的电力工程公司——ABB 则因为过度扩张和并购后整合失败而债务缠身,股价也跌近谷底,企业面临破产。特别严重的是,瓦伦堡家族控制的银瑞达的股价更是暴跌了 50%。但瓦氏家族不仅没有抛售股票,反而通过银瑞达增持了更多的股票(大约 17 亿美元),向市场发出了正面信息,之后随着各家公司经营业绩的改善,ABB 和爱立信的股价又一路回升。这种保护性的长期投资策略十分有效。

6. 与时俱进的投资策略与手段

在通过国际化扩张培育了一批跨国公司后,瓦伦堡家族控制的银瑞达在投资手段上又有了与时俱进的创新。1994 年,银瑞达创建了殷拓集团(EQT PARTNERS),涉足新兴的 PE 领域,主要有私募股权投资、企业运营投资、金融投资等。在亚洲市场,银瑞达的 PE 主要投资于保健、IT 和技术领域的中小成长型非上市公司,如在中国,就曾成功投资于阿里巴巴等多个企业。

据了解,银瑞达控制的私募股权主要投资于新兴市场中的成长型企业和较成熟的公司,其中对成长型企业采取小额投资,而对较成熟的公司则采取债务融资的形式投资,这两部分业务也分别是银瑞达通过其控制的全资子公司——银瑞达创业投资有限公司(IGC)及部分控股子公司——私募股券投资公司殷拓集团进行操作的。投资的策略是以少数股份来积极影响投资企业,并占有董事投票权。私募股权投资的重点主要集中于高新技术、互联网络、传媒等行业领域,以 3~6 年为投资期,平均单个企业的投资额度在 800 万~1 500 万美元。目前，银瑞达在全球的私募股券投资公司超过了 100 家，其中在亚洲就有 20 家，主要集中于平均股权价值约为 5 000 万美元，投资期约为 3 ~ 5 年的消费品、服务业、零售业、药业及制造业项目。目前殷拓集团募集并管理着 8 只不同种类的基金，成功投资的企业超过了 20 家。

银瑞达的运营投资业务主要是对未上市公司进行投资，使银瑞达拥有控股权或决策权。目前，银瑞达名下有 7 家运营投资公司，如瑞典金宝（Gambro）、猎头公司 Novare 和 Grand Hotel 酒店等（瑞典金宝是一家医药技术公司，于 2006 年 6 月在斯德哥尔摩证券市场被银瑞达全资收购，为银瑞达投资的核心企业；成立于 2001 年的 Novare 为银瑞达全资控股公司，主要从事人力资源领域的研究、招募等服务，同时也为银瑞达、银瑞达控股公司及其他客户提供人力资源服务；成立于 1874 年的 Grand Hotel 酒店是斯堪的纳维亚地区顶级的豪华酒店之一）。在亚洲等新兴市场，银瑞达的运营投资业务包括与中国香港和记黄埔和 3Scandinavia 公司的合作。

瓦伦堡家族的独到眼光还体现在注重科技创新和对高科技领域的投资上，为了确保企业的竞争力和行业领先优势，每任掌门人都大力支持研发投入。第二次世界大战爆发后，瑞典政府鼓励企业参与军工产业，瓦伦堡家族控制的银瑞达当即参股和控股了多家军工企业，其旗下的军工企业萨博更以其高精尖的武器制造技术获得了大量的政府订单。20 世纪 60 年代末，当时现代通信技术刚露苗头，瓦伦堡家族果断收购了爱立信，并将其发展成为全球最强的通信设备供应商之一。进入 90 年代后，瓦伦堡家族又开始涉足高速增长的新兴产业——IT、传媒、制药和生物科技。其中 IT 业务主要集中在宽带网络电话服务和 3G 业务上，如 2000 年 9 月，其控制的银瑞达投资 14 亿瑞典克朗与中国香港和记黄埔成立了 3G 合资公司（银瑞达占股 40%）。目前，瓦伦堡家族继续投资高科技领域，其中银瑞达投入 3G 业务的资金已超过 50 亿瑞典克朗。

3.3 金字塔治理模式

3.3.1 金字塔治理模式的主要内容

金字塔治理模式由科学管理之父——弗雷德里克·温斯洛·泰罗创立。金字塔形组织是立体的三角锥体，等级森严，高层、中层、基层是逐层分级管理，这是一种在传统生产企业中最常见的一种组织形式。在计划经济时代，该结构在稳定的环境下，在生产力相对落后的阶段、信息相对闭塞的时代，不失为一种较好的组织形态，它机构简单、权责分明、组织稳定，并且决策迅速、命令统一。但在市场经济条件下，信息技术发达的今天，金字塔形的组织结构则由于缺乏组织弹性，缺乏民主意识，过于依赖高层决策，高层对外部环境的变化反应缓慢，而凸显出刻板生硬、不懂得应变的机械弊端。

传统组织的特点，表现为层级结构。一个企业的高层、中层、基层管理者组成一个金字塔式的形状。当企业规模扩大时，原来的有效办法是增加管理层次，而现在的有效办法是增加管理幅度。当管理层次减少而管理者幅度增加时，金字塔状的组织形式就被"压缩"成扁平状的组织形式。

首先，基层管理职员：团队里的士兵，负责一个很具体的客户或一件独立业务，代表的是公司业务体系中的点。中层管理者：监督员工按照一定的时间一定的质量完成一定的工作。他是一些相似的同方向的点的汇总，那些点构成组织的业务线，他是监督者。高层管理者：把不同资源不同目标相结合，有时需要交叉使用资源，就是不同的线构成的面上面工作。

罗伯特·卡兹（Robert L. Katz）认为，管理者需要具备以下技能：

（1）技术技能——业务技能。对基层员工尤为重要。这是他们作为有效管理者的前提条件。

（2）人际技能——与组织中人打交道的能力。包括：如何与员工沟通；如何激励、引导和鼓舞员工的热情和信心。是所有管理者都必须具备的。

（3）概念技能——对事物的分析、判断、抽象和概括能力。对高层管理者尤为重要。

东南亚金字塔模式不仅指东南亚国家和地区，还包括韩国、中国香港、中国台湾等国家及地区。它是建立在以家族为代表的控股股东主权模式基础之上的，赖以存在的条件是家族直接控制企业的发展以及儒家家族主义传统观念。

3.3.1.1　所有权与经营权高度融合

在这种模式下，股权相对集中地控制在家族手中，家族成员一般在企业中担任一定职务，企业内部控制也在相当程度上存在。企业的资产负债率可能会较高，但外部债权人并不像日德模式中的银行债权人那样能对企业施加较大影响。股权的家族集中以及董事会的家族化倾向，使得董事会在企业事务中具有较强的支配作用。董事长个人决策和家族成员集体决策是主要的决策方式，非家族成员或本身不是所有者的经营者主要只负责具体的操作和实施。

该模式的优点是，家族成员具有奉献精神，能以公司的长远目标为重。对于其中的上市公司，股票市场的约束使其企业信息披露较透明。但也有局限性，家族控制容易导致独裁、滥用家族成员、排斥专业管理人才等，尤其在企业规模扩大和管理复杂程度加大时容易出现管理才能的稀缺人员。在所有东南亚国家及地区的非公众公司中，2/3 的公司经营者与控股家族具有亲缘关系。以中国台湾为例，81 家大型家族企业集团中，企业核心职位由同一家族成员担任的有 56 个，占近 70%，属于两个家族共同担任的 18 个，占 22%。

3.3.1.2 家长式领导风格

对于大多数华人家族企业来说，家族不但是其创造者和所有者，而且是其经营者和管理者，家族及其利益往往就是企业的灵魂及目标，即使是那些在证券交易所上市的公众有限公司，建立家族的资本积聚和控制也往往是首要目标，权力配置的方式也往往被用来为这个目标服务。正因为如此，创业家长或家族大家长往往处于主宰地位，实行家长万能式的集权管治。例如，中国香港的李嘉诚家族企业集团以李嘉诚为首；中国台湾的台塑集团以王永庆为首；印度尼西亚最大华人企业沙林集团，以创业者林绍良为首，第二大华人企业金光集团以黄奕聪为首，第三大企业力宝集团除了以李文正为首之外，其国际执行委员会主席、副主席和执行经理都是李氏家族成员；马来西亚的郭氏兄弟集团由郭鹤年为首，金狮集团以钟迁森为首，丰隆集团以郭令灿为首，成功集团以成志远为首，他们是集团公司的董事长，他们通过核心企业控制整个集团。

家长式的领导风格，是华人企业治理最突出的特征之一。华人企业中领导者与下属的关系表现为企业自上而下的家长权威和责任感以及自下而上的依赖性和顺从。而这种关系与家族中家长与家人、父亲与子女及尊长与晚辈的对应关系极其类似。

在东南亚家族企业管理中，家长既是一家之主，又是企业的最高主宰，他把家长的宗亲权威与企业的领导决策权威集于一身，他采取集权式的领导方式，很少授权，他作风专断、贬抑下属、维护形象（尊严）及教诲下属。在家长的权威面前，身为儿女和下属者必须无条件服从，所表现的行为主要是顺应行为、服从行为、敬畏行为及羞愧行为等。这样，家族企业以家长为首，形成了可以与家族尊卑相对应的等级制结构。

3.3.2　典型案例一：韩国三星家族 ①

3.3.2.1　三星发展史

2012 年，三星集团员工超过 42 万名，销售额 2 686 亿美元，占同年韩国 GDP 的 24%；《华盛顿邮报》的报道显示，其 2012 年出口额 1 567 亿美元，占韩国总出口量的 28.2%。彭博（Bloomberg）的数据则显示，2012 年年末，三星电子的总资产为 1 629 亿美元，市值达 2 273 亿美元，占韩国股市总市值的 18%。正因对韩国经济的影响举足轻重，才有"三星共和国"的说法。三星集团发展历程如表 3-2 所示。

表 3-2   三星集团发展历程

年份	事件
1938	李秉喆在大邱市创办三星商会，成立贸易公司
1948	成立三星物产、制糖与纺织
20 世纪 50 年代	拥有第一制糖、第一毛织等关键企业
1958	收购安国火灾与海上保险（后更名为三星火灾上海保险）
1963	成立三星人寿、新世界百货公司
1965	创办韩国《中央日报》
1969	成立三星电子
1974	成立三星石油化学、重工业
1977	成立三星建设、造船、半导体通信
1987	李健熙就任为第二代三星董事长
1988	公司创办 50 周年，提出"二度创业"宣言
1990	三星电子不断开发新产品
1993	提出三星"新经营"宣言，断然实施大幅改革
1995	三星汽车实质破产

---

① 案例资料来源于高皓. 重权在握的三星集团秘书室：内置式家族办公室典范 [J]. 新财富，2014-2-17.

续表

年份	事件
2000	三星汽车纳入雷诺汽车旗下
2007	李健熙提倡"三明治论"与"危机论"
2008	李健熙因非法资金案辞职
2010	李健熙复任董事长,并由长子李在镕担任三星电子总经理

资料来源:[日]金美德. 韩国四大财阀[M]. 江裕真译,台湾大是文化出版社,2013.

三星的影子无处不在,其旗下子公司业务涉及各个领域,无论是电子、机械、化工、军事,又或是纺织、金融、服务等行业(见表3-3)。三星的电视和智能手机都在市场上占据领先位置。从2006年开始,三星一直保持着世界最大电视机生产商的地位,并在2011年超过苹果,成为世界最大的智能手机生产商。Strategy Analytics的数据显示,2013年第三季度三星智能手机的出货量占全球的35.2%,而苹果仅占13.4%。

表3-3　　　　　　　　　　三星集团旗下子公司

电子	机械化工	金融服务	生活服务	其他
三星电子 三星SDI 三星电机 三星康宁高精密材料 三星SDS 三星显示 三星LED	三星重工 三星Techwin 三星道达尔石化 三星石油化学 三星精油化学 三星BP化学	三星生命保险 三星火灾海上保险 三星信用卡 三星证券 三星资产管理 三星风险投资	三星物产 三星C&T 三星工程 三星第一毛织 三星爱宝乐园 新罗酒店 杰尔思行 三星S1公司 三星医疗中心 三星经济研究所 三星生物制剂公司 三星Bioepis	三星人力开发院 三星人寿大众福利基金会 三星狮子棒球队 湖岩基金会 三星文化基金会 三星福利基金会 三星生命公益基金会

资料来源:三星官方网站。

3.3.2.2　三星集团秘书室——内置式家族办公室

在三星集团70多年的发展中,李氏家族与之风雨共济、共同成长。而无家族办公室(Family Office,FO)之名、行FO之实的三星集团秘书室,则对集团的集权管理和家族治理发挥了决定性作用(见表3-4)。秘书室担任着李氏家族大管家的角色，帮助家族凝聚权力，集中管理分布在世界各地的子公司，并协调企业和家族之间的利益。

表 3 - 4　　　　　　　　　三星集团秘书室的组织结构与发展历程

阶段		三星物产秘书课（1959 年）	秘书室（1972 年）	秘书室（20 世纪 80 年代）	结构调整本部（1999 年）	战略企划室（2006 年）
职员人数		20	100	250	150	< 100
下属分组结构	财务	投资资金管理	财务组	财务组	财务组	战略志愿组（财务）
	人事	人力资源管理		人事组	人事组	人力资源组
	秘书	★	秘书组	秘书组	●	●
	企划公关		企划组	企划组	企划公关组	企划广告组
				广告组		
	调查监察		调查组	调查组	检查组	战略志愿组（经营诊断）
			监事组	经营管理组		
	运营		营销组	质量安全组		
				运营组		
				国际金融组		
				电算组		
	法务				法务组	●

注：●表明小组在该阶段为独立科室；★表明秘书室在该阶段无专门的独立小组，但仍承担该功效。

1. 秘书室功能一：企业管理与治理

在三星，秘书室是主导集团实际业务的核心机构，是集团的中枢管理部门，负责整个三星集团的情报收集与企划、金融资源分配、决策管理、人事安排和经营诊断。其在三星内部有着"一人之下、万人之上"的地位。由于保管着会长李健熙的印鉴，"室"代表着会长。

情报收集与分析：这是李秉创建秘书室的首要目的，三星秘书室的情报收集能力甚至比韩国国家情报组织还要强大。资料显示：无论是私人聚会还是商务会议，散布于世界各地的三星职员无时无刻不在收集情报，通过集团内网 SINGLE 发布，综合汇总到秘书室，秘书室调查组下的 7 名员工对情报进行分析、处理后，或者发送到集团子公司，或者向室长或会长汇报。

秘书室中的监察组更是掌管着收集情报、研究分析和企划的更大权力，高层次的情报通常来自监察组，如对竞争对手经营战略的追踪。20 世纪 90 年代海湾战争爆发、金日成去世、俄罗斯进口收银机等情报，都由三星秘书室在第一时间得到。其情报收集能力让人不禁联想到 19 世纪的罗斯柴尔德家族。虽然无法如同罗斯柴尔德家族般以情报控制债券市场，但利用遍布世界的分支机构获取政治、经济情报，三星集团可以迅速进行决策和行动。

金融资源分配：三星集团的所有投资决策均要通过秘书室财务组。一般由会长提出战略方向，但具体资源分配、流向各部门和子公司的额度则由财务组决定。超过 1 000 亿韩元（约合 5.6 亿元人民币）的投资必须得到财务组的批准，实际上，子公司总经理的自主支配投资额度只在 100 亿韩元以下。三星集团的第一毛织、新罗饭店、三星电器、三星重工和三星精密等公司均在秘书室的指挥下成立或收购。

财务组也对集团内部资金流进行调度。不难想象，三星集团的内部关联交易应该相当庞大，根据韩国 Chaebul 网站 2012 年统计，其旗下有 6 家子公司的内部关联交易比率达到 100%，21 家子公司超过 70%。这些交易的金额、对象，全由秘书室决定。

外部资金募集也由秘书室统一安排。1984 年三星半导体建设厂房时，这家在国际上尚无名气的公司无法取得投资者的信任，因此，秘书室国际金融组以三星集团的名义筹集到了 140 亿美元海外投资。面对亚洲金融危机时海外对冲基金的恶意收购，当时的秘书室财务组组长金仁宙游说欧洲各个金融机构，举行贷款延期协商会，并和高盛集团进行投资协商，成功争取到足够的资金，保住了经营权。

统一决策管理：1997 年金融危机后，韩国开始进行经济结构改革，三星集团成立结构调整委员会，研究投资发展方向。该委员会成员由各子公司会长和结构调整本部部长李鹤洙组成，每月开会一次。不过，由于结构调整本部掌握实权，其内部的组长会议才是作出决策的实际机构，从而在三星内部形成了"会长→结构调整本部→子公司总经理"的权力金字塔。

在结构调整本部时代，各子公司里设有一名管理督导，本部内对应一名营运督导。管理督导通常由公司内部部门的一位负责人担任，管理督导直接向结构调整本部汇报，反馈情报、评估公司业绩、进行业务咨询（包括改善工作系统、提高效率、反腐败调查）和传达本部意见。结构调整本部财务组下的营运督导担任各子公司的负责人，监督和避免子公司之间业务的重复。

三星集团子公司的总经理决策都在"室"的指导下进行。"室"曾经指导停止中国区的保证金融资，全部用现金交易，子公司就得服从这一意见。"室"为子公司拟定称为"管理基准"的严格损益基准，子公司必须严格实施，同时，"室"对"管理基准"的判决有较大的自主评判空间，即使子公司的业绩良好，如果财务组对某项指标不满意，仍可以在"管理基准"上将其判为赤字。

法务与游说：秘书室的法务与游说小组目的只有一个，就是为家族和企业争取政策上的优势。

法务组本来负责集团的法务咨询，但根据秘书室原法务组长金勇澈的披露，其任务还包括对司法机构进行游说甚至行贿。2006 年，法务组被分离出结构调整本部，成为独立的法务室时，已拥有 110 名律师和 13 名前任检察官。

秘书室时刻注意着政治、媒体和检查单位的动向和人员变动。在韩国总统大选时，它密切关注各位候选人，收集民意调查报告，分配助选资金，并会利用多年经营的人脉进行游说。

人力资源分配：秘书室在人力资源上有着双重功能。对内，人事组掌控着集团内部所有子公司部长级（M2）的人事任免、薪资奖金，另外成立人事档案。据金勇澈透露，集团的人事评审由结构调整本部作出评价，子公司总经理反而没有人事方面的话语权。因此，每到人事任免时，各子公司总经理最大的问题，就是如何确保自家公司的干部名额。拥有集团管理权限的秘书室干部，因而时常受到接待。

对外，人事组广泛招聘社会精英，科长以上的岗位招聘均由秘书室和会长决定。三星的秘书室因此成为高层人才培养中心，被称为"人才士官学校"，汇聚韩国各界精英，组成三星集团的人际关系网络。结构调整本部通常由子公司中能力优越并进入公司 5 年以上的管理层组成。

2. 秘书室功能二：家族治理与传承

相对其他典型的家族办公室，三星秘书室并不直接管理李氏家族的私人资产，这与三星集团和李氏家族之间纠缠不清、公私不分的资产状态有着直接的关系。由于并未实现家族资产和企业资产的完全分离，与欧美家族办公室清晰的定位不同，秘书室更致力于三星集团与李氏家族整体的发展。

虽然没有家族办公室的名义，但隶属于集团内部的秘书室从成立之始就一直担负着家族办公室的职能，执行对家族资源的集中分配、继承计划、社会资本管理、金融资本管理等诸多职责。在管理企业的同时，秘书室针对李氏家族的服务巨细靡遗，从礼宾护卫到衣食住行、从税务筹划到财富传承无所不包。

礼宾护卫："室"的秘书组对会长提供基本的秘书功能,包括礼宾和警卫。100多人的随行秘书和警卫人员24小时负责会长李健熙的安全和日程安排,分3班轮流。会长出差时,秘书组大概要提前一个月拟定详细的日程和路线计划,检查出差路线和办公室。礼宾护卫小组还得负责李健熙酒店房间的家具摆设和环境设置,每次出差都将酒店房间按照李健熙家中格局进行重新摆设,室内气压要维持在海拔600米的条件,室温必须维持在25~26℃。

通信交通："室"的通信小组随时待命,24小时提供卫星监控录影画面,以备李健熙随时掌握各地情况。一个3人以上的通信小组会时刻不离李健熙身边,他在家时就在地下室,在公司时就在会长办公室,入住酒店时就在隔壁房间。如果他需要联络某人,通信小组能够随时找到联系方法并与之取得联系。

住宅/健康/艺术品管理:李健熙和他儿女们的住址都选在首尔的梨泰院、汉南洞附近的风水宝地,形成了实实在在的"李氏家族村"。经由"室"的投资运筹,三星经营的Leeum美术馆也建立在"李氏家族村"内部。李健熙以需要保护美术馆内部昂贵的艺术品为名,在家族住宅区合法地配备了大量保卫人员。同时,Leeum美术馆的地下开设了一间专为李氏家族和三星经营团队服务的牙科医院,家族成员足不出户就可以获得全方位的健康管理。

秘书室也负责满足李氏家族的个人爱好。大学主修美术的李健熙夫人洪罗喜,每年会大手笔购入550亿~600亿韩元(约合3亿~3.5亿元人民币)的艺术品,这笔资金全部来自秘书室掌管的资金。

家族传承与税务筹划:从1994年开始,秘书室启动"经营权继承计划",协助李健熙的长子李在镕接棒三星集团。秘书室的财务组和法务组的主要任务就是在传承的过程中,通过交叉持股的方法强化家族对企业的所有权。韩国对大额财产的继承者或受赠者收取高额遗产税和赠与税,因此,"经营权继承计划"中也对李健熙的财产赠与进行设计,避免交付高达50%的财产赠与税。

3.3.3 典型案例二:新加坡南益集团

南益集团是李光前于1928年成立的橡胶公司,1931年9月改制为股份有限公司,以出口数量计算,为现时世界最大的橡胶出口商,年出口橡胶、胶片、胶液50万吨。南益集团的成功,连新加坡著名经济学者林孝胜也给予高度评价:"近年来学术界掀起了一场儒家伦理与结构或制度孰重的辩论,南益的成功正为这场辩论作了注脚。"李光前建立了以法治为基础并以结果为取向的西方现代管理制度及方法，有效避免了华人家族企业所固有的通病，如内让、过度极权、混乱无序等，但在非人际关系的管理结构底下的内涵，却是以儒家伦理思想为指导的管理哲学，再加上一个贤明公正的领导层，使南益成为一个有活力及冲劲的家族企业。到目前为止，南益已流传到家族的第三代，其70 年的创业与守业史在东方家族企业中是非常出色的。

1. 开放的文化

南益的创始人李光前年轻时接受过西方式的高等教育，因为出色的英语交流能力，才被著名华商陈嘉庚慧眼识中，步入商界。早期接受的教育大大地影响了李光前的思想和观念，中国儒家的忠、孝、仁、和、善、勇与西方公正与客观的理性巧妙地结合在一起，形成了中西合璧的经营观念，使他得以避免了其岳父陈嘉庚的失败，让南益在与诸如陈六使等同辈的竞争中得以制胜。在大好的商机面前，李光前并没有急于求成，而是以儒家仁与信的态度稳重地处理了与岳父生意上的分歧，赢得了业内人士的肯定；他为人和善，尊长爱幼，与所有的人都和谐相处，言传身教的作用，使其家族成员以及南益集团上上下下都在相互信任和信赖的基础上形成了高度的凝聚力和向心力，从而保证了企业的最佳竞争力。李光前的企业中曾有著名的四大助手，全被他委以重任，分别负责四大块地域的经营与管理，除非出现了重大问题，李光前从不加以干预，给予他们高度信任和广阔的发挥空间，不仅凝聚了南益的人心，使南益没有出现人才流失的现象，更重要的是，他本人宽厚、求善、诚实、节俭的品格在企业内倡导了高尚的道德基础，从而使企业在一个健康和谐开放的文化氛围中成长。

2. 中西合璧式的管理

李光前突破了很多家族企业家、业不分的界限，推两权分治为企业的精神取向，并严格规定公私有界，家族成员不得动用公款。家族成员经选举后有权成为董事，但董事成员只有决策权；非董事家族成员虽拥有公司的股份，但却无管理经营权，而将公司的管理权和执行权交与专业经理；家族成员被安排平均持有公司的股份，避免了权益不均带来的族内争执。这样的安排下，最高决策层就免除了利益冲突，而自觉地以发展家族企业为己任，在和谐的气氛中各司其职、各尽其能，使小家与大家有效地融为一体。同时，他沿用岳父陈嘉庚所起用的信息管理系统，采用西方先进的会计制度，建立了定期报告制度，并成为新加坡华商中第一家使用计算机作为信息联络与统计的工具，用计算机网络在几十家分栈和分公司间建立起不断更新的信息系统，使集团的财务、生产与市场销售等情况能最快地得到反馈，为决策提供有效的分析基础和依据。另一方面，李光前又是儒家伦理的实践者，注重员工间的沟通，注重营造并保持和谐的员工关系和公司的声誉与形象。像许多家族企业一样，南益的员工有明显的帮派特征，绝大多数为福建人，多为熟人相互介绍，但员工的工资结构视岗位有所不同，福利保障十分稳定，绝不拖欠；员工实行终身制，对员工的失误采取严格教育和纠正但并不开除的方式，即使在经营困难时也坚持不裁员，宁愿以停工减薪来减低运营成本，这些措施对员工起到了最大的激励和鼓励作用，使员工凝聚力异常强大。李光前两权分治的原则不但给予员工最大的发挥空间，也由于放手将海外分公司设为独立法人机构，而间接地避免了新加坡早期外汇管理对企业的限制。

3. 清晰理性的经营原则

经历了陈嘉庚时代的企业沉浮，李光前对商机的认识非常理性，不过分信赖银行及不投机就是他的两条基本经营原则。他认为，企业在困难时期会面临银行的巨大压力，如果银行的贷款无法从流动资产中抽离，则企业就岌岌可危了，因此他规定，不可向银行贷款用于固定资产的投资，集团只可将银行的贷款用于运营，这样就进可攻，退亦可守。这种稳重务实的财务原则，再加上他在担任华商银行董事时能以公私分明的态度处理岳父陈嘉庚的债务问题的做法，反而使他更赢得了银行的信任，无论在 1929～1933 年的大衰退时期还是1934 年及 1949 年的快速成长期间，南益集团都得到了包括汇丰银行在内的金融机构的大力支持。在经营原则上，当时的很多商人冒险将橡胶作为存货，只待行情上涨时脱手而一朝获取巨额利润，但如果遭遇行情低迷，就会面临很大的存货压力，甚至有不少企业因此被迫清仓破产。李光前规定南益的经营原则是不投机，所有分栈及分公司收到橡胶后即以现货或期货在纽约或伦敦市场上出售，因此大大减少了行情起落对南益的影响，在薄利多销的指导下保证了企业的良性周转。李光前还明确了"勿轻进入工业"的投资思想，他认为东南亚企业没有西方工业发展的环境和技术基础，贸然进入一个新的实业领域是一种巨大的风险，哪怕这一领域蕴藏着诱人的商机。此外，得益于接受的西方教育和流利的英语表达，李光前在陈嘉庚的公司里工作时，就实现了出口商对欧美企业的直接出口，是首位将东南亚商号从中介商的地位提升到贸易商的成功商人。在南益集团成立后，李光前将其对外直接贸易的优势加以发挥，企业每年的出口中大多数均为直接出口，减免了中间巨大的代理成本。

3.4　境外家族企业治理经验借鉴

3.4.1　境外家族企业治理模式分析

3.4.1.1　境外家族企业治理模式的不同点

1. 对家族企业实施高度控制的股权结构不同

在三权分立外部控制模式、主银行治理模式以及金字塔治理模式下，家族企业始终都保持对家族企业的高度控制权，但是达到这一目的的手段各不相同。最典型的情况有两种：一种是通过股权分散来实现；另一种是通过股权高度集中来实现。如何看待这种差异，笔者认为，各国所处的外部环境，特别是资本市场的发育程度不同，而资本市场的发育是各国金融制度的差异造成的，这与不同国家为促进经济发展而选择的金融制度有关。例如，美国是先发达国家，经过了相当长的市场发育时间，包括资本市场、经理人市场在内的各类市场比较成熟，金融制度对经济发展的促进主要是金融市场充分发挥作用的结果，政府干预很少。受益于发达资本市场的作用，家族企业即使持股的绝对比例在下降，但是股权的分离并不会威胁家族控制权的旁落。而日本是后发达国家，为了缩短与美国的发展差距，动用了较多的政府力量，并借助银行制度加快推进经济发展，而证券市场的发育是相对不足的。包括家族企业在内的各类企业的发展是通过与大银行相互持股实现控制的，所以即使股权曾经一度被强制性分散，但由于外部制度环境不支持，家族企业的股权很快又集中在家族手中。这一点在日本上市的家族企业中表现较明显。德国与日本的金融制度相似，通过与银行的相互持股，实现了持续融资和股权集中的兼顾。

2. 职业管理资源的介入方式不同

上述三类治理模式下的家族企业都不同程度地引入了外部职业管理资源，但采用的方式不同。有的是通过经理人市场引进职业管理资源，并通过开放股权和职业经理人市场的声誉等作为正式制度的市场力量激励和约束职业经理人。例如，利用经理人市场为职业经理人定价，从而获得横向与纵向评价和管理职业经理人的依据。利用金融衍生品市场开发的期权制度，维护经理人对企业长期发展的忠诚度；而有的国家则是以文化开路，以家族范畴的不断泛化引进外部管理资源，并积极利用家文化自律、自觉等因素，强调职业经理人的内省、共同奋斗、和谐相处，更多的是利用道德等非正式制度的力量激励和约束职业经理人。

3. 非正式制度的影响不同

家族企业都是家文化的产物，家文化作为一种非正式制度深刻地影响着家族企业制度的形成。由于世界各国对家的理解不同，而受其影响，各国的家族企业治理模式色彩各异。海外华人家族企业以血缘为基础的家文化渗透到家族企业管理的各个方面，体现为家族管理，即由家族成员、亲戚、姻亲等不断扩散的泛家族成员管理企业；同受儒家文化熏陶的家文化，在日本家族企业中，则体现为家族式管理，即对外部管理资源灌输家的精神或者理念，强调安身立命、相互依赖、和谐统一、高度信任，在家族企业治理模式中保留了浓厚的家族色彩；美国的家族企业，家的特征主要体现在家族对企业最终控制权的牢固掌握，而至于企业如何运作、管理资源如何整合、职业经理人如何监督，则更多的是靠外部的市场制度约束和企业内部治理结构的规范。

3.4.1.2 境外家族企业治理模式的相同点

1. 所有权和控制权重合

上述三种模式，都是以拥有所有权的家族对企业高度控制为基础的。也就是说，无论采取哪种模式，家族对企业拥有实际控制权这一家族企业的根本特征不能动摇。东南亚模式、日德模式如此，欧美模式家族企业的股权比例大大下降，但家族控制权并没有受到影响。这应是家族企业的内在特质。

2. 吸收现代公司治理优点，引入职业经理人管理

三种典型的家族企业治理模式，都程度不同地接受了现代公司治理的影响，吸收了现代公司治理结构中将所有权和经营管理权相分离的基本精神。

欧美模式基本上都是引入职业经理人进行经营管理，基本上实现了两权分离。德日模式的家族企业中，也有很多企业将经营管理权交给职业经理人。

东南亚模式的家族企业中，职业经理人虽然主要负责具体操作和实施，但其地位和作用也呈现上升趋势。这可看作是家族企业在发展过程中吸收现代公司治理经验所具有的重要特征。

3. 制度性传承，发扬自己的企业文化制度

无论哪种模式的家族企业，都很重视自身的文化、制度传承。它们借鉴现代企业文化建设的经验，将本家族企业创业者的优良传统进行总结和发扬，加以制度化，形成具有本企业特色的企业文化制度。同时，它们很重视建立科学合理的家族成员从企业中退出的机制，从而为职业经理人的职业化管理创造制度性空间。这可看作家族企业治理的文化特征。

3.4.2　境外家族企业治理模式的借鉴[①]

从以上比较分析可以看出，家族企业治理模式的选择和发展完善是有规律性的。目前，中国家族企业正面临着治理结构调整和完善的重大历史任务，对家族企业和家族企业治理存在着种种不同的观点和意见，探索中国家族企业治理模式问题具有重要的理论和现实意义。这里，仅从上述国际比较中引申出以下意见和建议。

3.4.2.1　树立正确的家族企业观和家族企业治理观

家族企业在世界范围内是普遍存在的，而且是长期存在的。因此，在看待家族企业问题上，一是要避免把家族企业与原始、落后相联系，家族企业完全可以存在于现代企业之中；二是要克服封闭和僵化的观点，树立发展着的家族企业观，使家族企业适应经济发展的要求而不断完善自身的结构。也就是说，要辩证客观地认识家族企业。家族企业治理与现代公司治理大不相同，但家族企业治理方式不仅对发展中国家，而且对发达国家，仍然是有强大的吸引力。尽管它们因不同国家、不同制度、不同文化而表现为不同的治理模式，但从整体而言，它们都是有效率的，从而才能得以长期存在和发展。也就是说，对家族企业治理要有一分为二的观点，既要看到它的缺陷以及与现代企业制度的不适应性，也要看到它的优越性和长处，从而扬长避短，实现创新和发展。

家族企业的治理模式必须满足二位一体的基本要求，这就是既确保有效控制，又加强职业化管理。中国家族企业治理模式的选择和发展完善，也必须遵循这一基本要求。当然，这必须从中国国情和企业自身实际情况出发进行创新，不能照搬照抄。中国家族企业治理结构的特点是所有权与经营权紧密结

---

①　吕洪霞，丁文锋. 家族企业治理模式的国际化比较及其对中国的启示［J］. 当代经济科学，2006（1）：103 – 107.

合，决策权和管理权高度集中；有一定比例的家族企业设置，职业经理的介入程度仍很低。

大多数中国家族企业的创建者既是所有者，又是管理者，同时也是生产、销售的直接参与者。在企业的创业阶段，管理层的扁平化可以使企业内部信息传递畅通，有利于企业对市场变化做出及时反应。

在企业成长阶段，专业知识、管理技能、实干加巧干越发变的重要；因循守旧、缺乏创新、不具备精益求精的企业家精神都会使创业容易守业难变成现实。这说明家族企业的壮大，除了家族成员自身知识水平需要提高以外，在管理层（或董事会）中引进外部人，如职业经理人（或独立董事）是不可避免的。若使外部人的利益不与家族企业的利益发生冲突，订立激励合同是家族企业的通常做法之一。

但激励合同并不是在任何情况下都能够增加企业绩效的。当外部人的补偿与企业绩效存在高度敏感时，补偿风险的增加对企业产生负面作用（Mishra，Mc Cnaughy and Gobel，2000），因为外部人宁愿放弃高额补偿，也不愿为企业去冒风险。

外部人的引入原本是为了解决企业发展所面临的瓶颈，但外部人在许多中国家族企业，尤其是在中国上市的家族企业中，并不能充分发挥应有的作用。以外部（独立）董事为例，与美、英治理模式下的家族企业的做法有很大差异，《中华人民共和国公司法》（1994 年 7 月 1 日生效）以及上海、深圳证券交易所股票上市规则对上市公司的董事会组成是否设置外部董事没有明确规定；加之社会及企业对外部董事的认识存在偏差，将企业中不持股的董事称为外部或独立董事，董事会中几乎不拥有学术上严格特征化的外部董事（即不与企业存在任何利益冲突）。假定确实拥有，比例上占少数的独立董事并不足以使董事会具有相对独立性，如新希望、太太药业各有 9 位董事会成员，独立董事分别占 3 席；东方集团董事会成员共有 6 位，外部董事占 2 席；广东榕泰董事会成员共有 11 位，外部董事占 4 席等。家族企业内本应拥有的外部董事的权责实际被削弱，其职能交由监事会（公司法规定股份有限公司及规模较大的有限责任公司需设立监事会）完成，而监事会是不能决定管理层的任命、罢免、补偿的。比照德国上市公司中的监管董事会，或者美、英等国上市公司中董事会下设的主要由外部董事构成的任命、审计、补偿委员会，在中国上市的家族企业设置外部董事只是流于形式。

由此可见，中国家族企业治理模式的选择一是要拿出勇气，下决心实施职业化管理，大胆引入职业经理人；二是要探索实施高度有效控制的多种方式，在能够确保有效控制的前提下，尽可能引入职业化管理；三是要根据各个企业的实际情况选择二位一体的具体模式。不同的家族企业，处于不同的企业生命周期，随着不同的成长环境而有差异。一般认为，一国企业的治理模式选择应结合本国的经济、文化、技术条件和市场发育状况、法制环境与历史沿革等因素，构建适合本国实际情况的公司治理模式。对于一个企业的企业治理模式选择，则要在充分考虑本国的基本制度环境背景前提下，分析企业在不同的生命期决定企业存在和发展的关键性资源的种类和分布状况后而定，特别是以人力资本为核心资源的新型企业和以物质资本为核心的传统企业之间有着很大的差异。中国是一个工业化进程尚未完成且仍处于转轨时期的发展中国家，劳动力密集是中国经济的禀赋特征，大多数家族企业仍处在原始资本积累过程中。这决定了稀缺性物质资本尤其是财务资本，是中国家族企业现阶段的核心资源之一。同时，由于某些行业买方经济的形成对经营管理型人力资源提出了更高的要求，兼之由于只是经济浪潮等的影响，部分家族企业正积极介入和致力于发展高科技产业，技术型人力资本所发挥的关键性资源作用也日益凸显，使得人力资本在一定程度上和一定范围内也成为家族企业的核心资源。

即不同的家族企业拥有的核心资源千差万别，即便统一企业的企业治理模式本身也具有渐进性、阶段性的演变特性。因此，可以将天然拥有公司控制权（张维迎，1998）的经理人视为企业其他所有利益相关者的代理人，从而将股东至上的治理模式等很多现实经济中的种种企业治理模式，皆置于委托代理理论与关键利益相关者和关键性资源的公司治理理论相结合的这一基本分析框架之中：不同的市场条件、政法环境和文化背景下，关键利益相关者之间采用不同的治理机制，从而形成不同的公司外部治理环境和内部治理结构，而欧美、德日模式也正印证了这一点。

3.4.2.2　扬长补短，在实施有效控制、引入职业化管理的同时，高度重视企业文化制度建设

如上所述，国外不同模式的家族企业中具有制度性传承的共同特征，重视企业文化建设。这一点对于我们中国家族企业来说，也是至关重要的。企业文化建设，对于家族企业而言，恰好是扬长避短，扬长补短，吸收现代公司制度

优点的黏合剂和切入点。几乎所有成功的家族企业，都有着自己曲折辉煌的创业史和奋斗之路，总结创业者经验，发扬创业者精神，并使之成为企业独有的一种文化，进而制度化，这对于企业的成长和发展具有重要的意义。借鉴国外经验，中国家族企业治理也应重视企业文化制度建设，不要认为文化是软的、无关紧要的。在进行企业文化建设中，一是要把文化建设与企业的治理结构调整相结合，与企业发展战略、经营管理等各项规章制度建设相结合，不要为文化而文化；二是要从本企业实际出发，处理好家族控制与职业经理人、企业员工的关系，立足于调动全体员工特别是高层员工的积极性；三是要立足于建立一个开放系统，既要发挥家文化的长处，更要克服家文化的缺陷，注重以人为本和公平、公正。

第4章

中国家族企业治理

4.1　中国家族企业发展特点

4.1.1　中国家族企业发展的基本特征

4.1.1.1　规模小数量大

中国家族企业长期隐没在私营企业的大群体之中，对其比重一直缺少准确的估计。根据 2011 年第九次私营企业抽样调查推出的《中国家族企业报告》揭示，绝大多数中国私营企业由企业主及其家族控制，在此次调查的大样本中家族企业（由自然人及其家族绝对控股的企业）数量占私营企业数量 85.4%，从总量上家族企业是一个数量庞大的群体。但从结构上看大多数家族企业属于小微型企业。在第九次私营企业调查抽出的家族企业中，所有者权益在 1 000 万元以下的家族企业占 75.2%，销售收入在 1 000 万元以下的企业占到了 58.4%，有近 70% 的家族企业全年雇用的员工在 100 人以下。

家族企业量大规模小的一个重要原因是大部分企业还处于创业成长阶段。外部融资渠道长期受限也限制了家族企业的成长，近年来资本市场的放开，将助推家族企业规模的成长，有助于中国家族企业未来在规模结构上渐趋均衡。2004 年中小板和 2009 创业板的先后开闸，以及境外上市通道的打开，给予了中小家族企业借助资本市场获取外部资本、迅速做大规模的机会。据《福布斯》杂志的最新统计,有188家家族企业在2005～2010年(统计截止到2010年9月)进入资本市场,其中145家在中小板上市,37家在创业板上市,而且IPO的家族企业呈逐年递增趋势,2008年有29家,2009年有43家,到2010年截止统计时已有69家。资本市场也助推了家族上市公司市场价值的提升,根据《理财周报》2011年7月发布的家族财富榜,上榜家族都控制着上市公司,处于第100位的蒋仁生家族股权市值亦有71.79亿人民币。上市的财富效应也吸引了更多中小家族企业借助上市融资谋求发展。

4.1.1.2 多属创业型企业

家族是创业企业的理想孵化器,在企业初创和早期成长阶段为企业提供人力资本、财务资本和社会资本等多方面的支持。正是由于这个原因,家族企业在年龄和地域分布上都体现出与创业活动的密切关联。在第九次全国私营企业调查的家族企业子样本中,企业平均经营年限为8.8年,一半以上的企业(占59%)成立于2001年之后,表明样本中多数家族企业处于初创和早期成长阶段。相似地,创业活动活跃的东部地区也成为家族企业最为集中的地区,56%集中在东部沿海省份,中部省份占调查样本的24%,西部省份占20%,仅江苏、广东、浙江、山东、上海和湖北6个省市的家族企业占了样本企业总数约41%(见图4-1)。

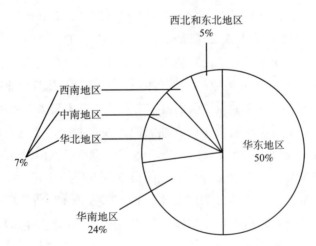

图4-1 福布斯2010中国上市家族企业分布比例

资料来源:陈凌.中国家族企业的社会决策 [M].浙江大学出版社,2011.

　　由于相当多创业企业背后都有家族的支持，家族对创业企业股权的控制表现亦十分明显。根据刘纪鹏（2011）对 212 家创业板上市公司的分析，其中 200 家企业都是家族企业，发行上市前平均第一大家族股东平均持股比例高达 54%，持股超过 70% 的有 51 家，50% ~ 70% 的有 64 家；30% ~ 50% 有 61 家；30% 以下的仅有 23 家，其中雷曼光电公司李跃宗家族，发行前持股 99%，发行后持股 74%。

4.1.1.3　集中于劳动密集型行业

　　从行业分布上看，制造业是上市家族企业最为集中的领域。其中，最多的行业分别是化工、耐用消费品、服装、机械和制药等。分布最多的地区是广东、浙江、江苏和福建。

　　中国家族企业的成长路径受到政策环境的约束，一方面战略性行业和不少资源性行业未向民营资本开放，或存在无形的政策壁垒；另一方面企业在创业成长的过程中缺少外部资本的支持。这使中国家族企业不得不走上更多依赖自身积累求发展的战略路径，从劳动密集型行业切入，在逐步积累起资本后向资本密集型行业发展，或在具备相当的资本积累后尝试进入政策壁垒较高的企业。

　　当前家族企业的行业分布既反映了政策环境的约束，也反映出家族企业群体资本积累的状况。第九次私营企业调查的数据显示，样本中家族企业的主营业务主要集中在制造业、批发零售、农林牧渔、建筑业和住宿餐饮等竞争性的、劳动密集型行业，其中主营业务属于制造业和批发零售业的企业分别占 40.7% 和 24.8%。不少企业积累起一定的资本后，主营业务开始多元化，向资本密集的行业和政策壁垒较高的行业进军。在第九次私营企业调查的家族企业子样本中，有 22.2% 实现了主营业务的多元化（进入两个及以上行业），向民营资本开放且资本密集的房地产业成为家族企业业务多元化的重要选择，主营业务跨两个行业的企业有 12.1% 涉足房地产业务，而主营业务跨三个行业的企业中有 31% 从事房地产业务，当然这也与房地产业近年来利润较为丰厚有关。销售收入均值达到 1 亿元以上的家族企业主要分布在采矿业、建筑业和房地产业，其中房地产企业的销售收入最高，均值为 63 391.61 万元；净利润方面，房地产和采矿业是利润最高的两个行业，均值分别达到 3 774.95 万元和 1 689.65 万元，佐证了上述判断。

　　还有一些家族企业寻求业务"重型化"，进入资本壁垒和政策壁垒都较高的行业，如东方希望由饲料业进入电解铝行业和长期由国有企业垄断的氧化铝行业、均瑶集团进入了航空业。预计未来随着"非公 36 条"的深入贯彻落实和家族企业的业务转型，家族企业的行业分布会更为均衡。

4.1.1.4 渗透着创业精神

现阶段大多数中国家族企业仍由第一代创业者控制和管理，他们基本上都从白手起家的状态开始创业，亲历创业艰辛，对企业形成了强烈的感情，这使得他们具有非常强的事业心和奉献精神，也构建了中国家族企业的竞争力。第九次私营企业抽样调查的数据显示超过九成的家族企业主在企业成立时超过 25 岁（剔除了改制的企业），暗示了大多数企业主是企业的创办人。数据同时揭示他们对企业非常投入，家族企业领导人用于管理、联系业务和经营关系的时间平均达 10.4 小时，用于个人休息的时间还不到 8 小时。创业者们对所创立企业的强烈情感，让他们的心与企业的发展紧紧联系在一起，这在一些典型的创业者身上体现得尤为明显。

因此，中国家族企业能否保持竞争力很大程度上取决于继任者是否能够延续创业者们的创业精神。在优裕环境中成长起来的第二代，并非都是社会舆论普遍贬抑的"富二代"（纨绔子弟），其中不乏能够承接前辈创业精神的精英，引领了企业的二次创业，开拓新业务，给家族企业提供了战略转型的契机。方太的茅忠群和李锦记的李惠森是其中典型的例子，茅忠群与父亲合作创建方太实现了业务由打火枪向抽油烟机业务的转型，李惠森创立无限极（原南方李锦记）也让家族拓展了更富成长潜力的健康产品业务。由于家族具备教育后代的社会功能，并在传承文化价值观上具有优势，认真的培养和继任计划有利于发挥企业家族在延续创业精神方面的优势，联想集团的董事长柳传志就曾说过："联想要做一个没有家族的家族企业，因为家族企业更能让继任者有事业心。"

4.1.1.5 管理决策权过于集中

管理决策权过于领导人是创业者控制和管理的企业的典型特征，这在中国家族企业中体现得尤为明显。由于大多数中国家族企业尚处于创办人控制之下，两权合一和控股地位使企业主能够免受企业内外部的约束，而创业者对企业强烈的心理所有权亦使他们更重视控制企业的管理决策。在第九次私营企业抽样调查的家族企业子样本中，由企业主亲自担任总裁或总经理的企业占据了有效样本数的绝大多数（84.2%），只有占有效样本数的 7.9% 由职业经理人担任总经理。企业主在管理决策中的集权也显而易见，在超过一半（57.6%）的家族企业中重大决策由企业主个人做出，在 73.5% 企业中日常经营决策是由企业主个人做出。虽然这种情况有利于企业快速做出决策，同时也容易加大决策错误的风险。株洲太子奶倒闭就是一个典型的例子，创办人李途纯一手把持着企业的经营决策，排斥外部投资者的管理参与，为追求高速成长做出了激进的扩张决策，却无人能劝阻，最终导致太子奶在剧烈变化的环境中崩盘，李途纯的专权与光明乳业（一家大型国有上市公司）王佳芬对集体决策的重视形成了鲜明的对照。

企业主的过度控制也可能阻碍企业实现"管理革命"。雷丁（1993）对此曾有深刻的评论，他指出华人家族企业中的普遍观念是只有老板才拥有最终的权威，而这导致了权力不可分享性，导致华人家族企业向管理职业化的过渡变得更为艰难。调查中绝大多数中国家族企业都未聘请职业经理人，也缺少相应的意愿，在未聘请职业经理人的家族企业中仅 18.1% 的企业有意在近期聘请职业经理。企业的决策权高度集中于企业主个人，无法分享和授出，当企业对管理能力的需求超越企业主自身能力时，企业主自身就成为企业进一步成长的障碍。在香港上市的汇源果汁就遇到了这样的问题，在上市前后的急速扩张过程中，过于集权的朱新礼不堪管理的重负，只好寻求将自己一手带大的汇源像"猪"一样甩卖。

4.1.1.6　管理团队家族化和泛家族化明显

家族涉入管理较普遍是现阶段中国家族企业的又一个重要特征。对于绝大多数尚处于创业成长早期的中国家族企业，家族成员参与管理不仅为企业提供了稳定的低成本人力资本，也在一定程度上缓解了企业成长中的管理能力供应问题。第九次中国私营企业抽样调查的数据显示，家族成员参与管理（即企业董事会或高管团队中除企业主以外至少有一名家族成员参与）的企业占私营企业的 55.5%，而样本中有 34.6% 的家族企业将"成本过高"作为不聘请职业经理人的主要原因。这暗示家族或家庭生产功能的发挥在企业成长的特定阶段可能具有积极意义。

中国社会的文化和制度环境导致了不少家族企业停留于家族式管理。现阶段中国法律制度环境尚不完善，合约实施的成本较高，代理人背叛的潜在成本高昂，加之中国人对陌生人信任不足，人际信任在家族内外差异明显，不少家族企业主选择让亲属出任管理职务，并保持着对关键岗位家族控制，上述样本企业中 38.1% 企业的财务负责人、40.1% 企业的采购负责人、28.2% 企业的销售负责人仍由企业主家族成员担任。这种安排的潜在问题也很明显，即家族成员的能力很可能无法满足企业成长对管理能力的需求。

家族企业解决控制与代理能力冲突的方式是泛家族化，即邀请与企业主有较近关系连带的人，如朋友、同学等加入管理团队，并通过关系运作活动进一步密切与他们的关系，从而在利用其管理能力的同时避免企业失控。在第九次中国私营企业抽样调查的家族企业样本中，有 7.3% 的企业由企业主的朋友和同学等主管企业的销售，6.7% 的企业由这类人主管研发，7% 的企业由这类人出任生产经理。家族企业领导人往往非常关心自己重视的非家族经理的个人生活，借此加深与他们的情感联系。

4.1.2　中国家族企业主的社会特征

4.1.2.1　男性创业者仍为主体

在传统中国家庭中，男主外女主内是主流的分工方式，而且在旧式的家庭伦理观念中，丈夫的地位也高于妻子，因此更为常见的是家庭支持男性创业。在家族企业密集的福建泉州、广东潮州等地，男性在外创业，妻子照管家务和孩子更是当地人普遍认同的角色分工。根据第九次私营企业抽样调查的数据，家族企业主中男性占比为 84.7%，男女比例为 5.53：1。但从趋势上看，随着家庭内性别角色渐趋平等，女性获得了较以往更多的职业发展机会，女性企业家的比重在逐步上升。与之相对照，在我们 2014 年对宁波地区私营企业的调查中，私营企业主中男女性别比为 11.2：1，有 91.2% 的企业主为男性。

我们调查发现，江浙地区家族企业主的平均年龄为 45.9 岁，97% 的企业主的年龄集中在 30~60 岁。排除改制而来的企业，有 91.1% 的企业主在企业注册时年龄超过 25 岁，据此推断结大多数家族企业处在第一代创业者控制之下，这种状况有助于理解为何企业主倾向于采用集权管理的形式。

4.1.2.2　企业主的人力资本日渐提升

家族企业主的人力资本决定了其企业家能力，从而影响企业的成败。戴建中（2001）曾依据 2000 年的私营企业抽样调查数据，发现企业的发展状况与企业主的文化程度存在明显关联，破产组的企业主文化程度明显低于规模成长组，前一组中初中文化程度占 48.7% ；后一组中拥有大学学历的占 50.3% 。

家族企业主的人力资本水平在持续提升。一方面，家族企业主的文化程度比以往有了大幅度的提高。最新第九次私营企业抽样调查的数据显示，具备大专及以上学历的家族企业主占到了 41.3% 。另一方面，越来越多的家族企业主在创业前拥有了相关的工作经历，借助实践提升了个人的人力资本水平。在 2010 年进行的第九次私营企业抽样调查中，相当比例的企业主在创办企业前在其他企业有过工作经历，其中有 24.3% 的企业主之前在国有企业工作过，17.1% 的企业主在集体企业工作过，27.7% 的企业主在其他私营企业工作过，而在 1997 年的调查中，这个比例总共不过 23.5% ，其中还包括事业单位的干部。

家族企业主文化水平的提升既得益于国民教育的发展，也受到经济改革进程的深刻影响。在 1992 年之前，家族企业主主要来源于体制外的和边缘化的群体（戴建中，2001），而 1992 年邓小平同志南方谈话之后，大批机关干部下海创业，20 世纪末互联网创业热潮兴起后一批受教育程度高创业者加入，家族企业主群体的文化程度构成发生了较大的变化。家族企业主在创业前较多具备企业工作经验的事实，一方面反映出企业主能力提升方式的变化；另一方面也反映了企业竞争日趋激烈对企业主人力资本要求也日趋提高。

4.1.2.3　地位不平衡与政治参与

家族企业主对个人地位的自我评价从一个方面反映了这一阶层在社会中的地位，从以往的调查结果来看，家族企业主倾向于将自己划为社会的中间阶层，但他们对于自身经济地位、社会地位与政治地位的认知并不匹配，对自身政治地位的评价低于前二者。根据第九次私营企业抽样调查揭示的信息，自认为自身的经济地位、社会地位和政治地位处于社会中层（在由高到低的 10 级阶梯中处于 5、6 两级阶梯）的家族企业主比例分别为 44.5% 、43.8% 和 35.8% 。企业主政治地位自评均值为 6.07，经济地位自评为 5.42，而社会地位自评为 5.45（数值小表示地位高）。这可能与当前中国政府强势、对私有产权的保护不完善的社会现实有关，在一定程度上可以解释家族企业主积极参与政治的原因。

企业主对自身地位的认知与改革进程中的变化密切相关。在改革开放之前，企业主的社会地位受政治地位影响较多，根据戴建中（2001）的研究，在 1989 年前开办私营企业的企业主中，相当部分来自于体制外的群体和边缘群体，甚至有 10.7% 的人家庭成分是"黑色"的。改革开放后，大量企事业单位职工下海经商和社会价值观念的变化，私营企业主的社会地位随经济地位的提升而提升。在 1997 年的调查中，私营企业主对自身经济地位、社会地位和政治参与程度的评价均处于中上水平，均值分别为 4.68、4.39 和 5.32。与1997 年调查相比，企业主对自身三方面地位的评价都有下降，这可能与近年来政府对经济领域管控加强，国有企业对经济资源的控制加强，官员和国有企业高管经济收入和社会影响力提升有关。

在私有产权保护不足、政府经济干预较强并控制大量经济资源的情况下，家族企业主积极谋求政治参与来密切与政府的关系，其中既有谋求政治合法性和规避侵害的需要，又有谋求政治租金和趋利的目的。入党和参加人大、政协是企业主参与政治的主要方式。在 2002 年以前，虽然党组织规定私营企业主不能入党，但实际上仍有不少企业主保留了党员身份，2000 年的私营企业抽样调查中，有 19.8% 的私营企业主是党员，还有约 1/5 的企业主有意入党，自 2002 年中国共产党允许吸收私营企业主入党以后，党员比例显著提高。2010 年的私营企业抽样调查的数据显示，在受访家族企业主中有党员 1 250人，占家族企业主总数的 39.3%，还有三成左右的家族企业（814 家）建立了党组织。任职人大、政协是家族企业主参与政治的另一种重要形式，另外家族企业主参与政协、人大的比例也保持在高位，约 24.8% 的家族企业主任乡级以上人大代表，36.57% 的家族企业主任县级以上政协委员。

4.1.2.4　企业主的社会资本

企业主的社会资本与其企业的成功具有较大的关联。石秀印（1998）指出企业家的成功经营要依赖外部资源，高质量的社会网络更有助于取得这些资源，作为社会选择的结果，具备更高质量社会资本的人更可能成为成功的企业家。他根据 1995 年私营企业抽样调查数据研究发现，原来职业为政企干部，或其关系密切的亲友为政企干部的私营企业主比例大大高于按人口比例折算的理论概率，原职业或紧密社会关系人职业为专业技术人员、专业户和个体户的私营企业主比重也明显高于理论概率。这暗示企业主拥有上述两类社会资本的企业更容易存活下来。石秀印（1998）分析了不同职业的社会关系可能带给私营企业的资源，政府干部可以提供市场准入并帮助获得经济资源，企业管理人员则转移自己企业的经济资源为私营企业输血，专业人员、专业户和个体户则能提供有助于改善企业经营的技术、技能和经验。进一步的考察发现，企业主紧密社会关系中有机关干部和企业管理人员的私营企业能够成长到较大的规模。

4.1.3　公众视野中的企业主和第二代

4.1.3.1　家族企业主的社会形象

公众对家族企业主的看法是混合的，他们白手起家创造财富的创业经历和精神常为公众津津乐道和推崇，但同时他们也给公众留下缺乏长期战略和管理观念落后的印象，而相当部分企业主富裕后对传统家庭价值的背弃（指非婚两性关系），以及对慈善的消极态度也让一部分公众对他们的道德留下了负面印象。

根据《中国企业家》杂志 2007 年发布的中国企业家公众形象调查报告，传统的大众传媒，如报纸、电视和杂志是公众了解企业领导人的主要信息渠道。从总体上看，受访者对民营企业领导人认同比例（45.7%）与对国有企业领导人的认同比例（48.6%）相差不大，而超过六成的受访者认为外资企业领导人更称得上企业领军人。虽然调查并非针对中国家族企业主，但受访者对于中国企业领导人的评价亦能在一定程度上反映家族企业主的社会形象，有 33.7% 的受访者认为中国企业领导人富有远见和深谋远虑的，22.5% 的受访者认为中国企业领导人具有艰苦奋斗精神，但对他们的道德存在一定的负面印象。中国企业领导人与国外企业领导人的社会形象差距主要存在于三个方面：战略和视野、管理观念和慈善参与。61.5% 的受访者认为外国企业领导人管理观念新，仅有 12.9% 者认为中国企业领导人具备此素质；有五成受访者认为外国企业领导人具有长远的战略目标和开阔的视野，但仅有一成的受访者认为中国企业领导人具备这两种素质。43.8% 的受访者认为外国企业领导人经常参与公益慈善活动，仅有 20.4% 的居民认为中国企业领导人经常参加慈善活动。

上述调查结果与公众对近期典型焦点新闻事件的态度较为一致。2011 年，香港家族上市公司国美电器上演的创始人黄光裕家族和职业经理陈晓之间的控制权争夺备受社会关注，在公众舆论中黄光裕家族得到了近乎一边倒的支持，人们对艰苦创业带领国美成长壮大的创业者可能失落对公司的控制权普遍感到同情，但也有一部分评论反思了黄光裕专权和不顾中小投资者利益的问题。真功夫出现的控制家族内乱曝光了创始人蔡达标的非婚两性关系和对联合创始人利益的侵害，增加了公众对家族企业主和家族控制的负面印象。在社会责任方面，中国家族企业主并非不参与慈善，但多数企业主的慈善行为似乎带有较强的工具性质，更多地将其当成了与政府密切关系的工具，因此对自发的慈善活动消极。去年巴菲特和比尔盖茨在中国举办的慈善晚宴受到了不少知名家族企业主的冷落，宗庆后、刘永好、孙大午等企业主都婉拒了邀请。

4.1.3.2 公众视野中的家族第二代

中国家族企业代际传承的高峰期正在到来，也将不少企业家族的第二代推到了媒体的聚光灯下。由于在创业过程中家庭的生产功能被强化，教育功能则被弱化，企业家们给子女提供了优裕的条件，却更多将他们的培育交给了社会机构，然而社会机构终究完全替代家庭的教育，导致企业家族第二代中出现了一批只知享乐的纨绔子弟，"富二代"这个贬义的词语代表了公众形成了对这个群体负面的刻板印象。

客观而论，只知享乐和挥霍的"富二代"并不能代表企业家族的第二代的整体形象。近几年，随着不少第二代走上前台接班，除已为广泛报道的已接班二代企业家外，一个有事业心的二代准接班人群体开始走入公众的视线，代表性群体有"接力中国"青年精英协会，目前这个民间组织已有100多名会员。接力中国秘书长陈雪频向记者介绍了这个群体成员的相似背景：家境优渥，其父（母）辈的家族企业资产为几千万元至100亿元不等；大多为80后，拥有良好的教育背景，为人低调，许多人都有在国外求学的经历，目前回到中国，在父（母）辈的企业逐渐开始独当一面或选择自己在外创业；他们都愿意接班，普遍有强烈的责任心。

一项由广东省工商联2010年发布的调研结果显示了家族企业接班人的一般状况：广东省"民营企业家二代"接班整体尚未形成规模，受访企业主的子女已担任高层管理职位的有21%，已由子女接班负责管理的有12.6%，少数在政治上也随之"接班"。调查中，接班子女已担任各级人大代表、政协委员、工商联职务的有4%。国家或省百强民营企业、规模以上民营企业的接班人大都拥有大学学历，且有出国留学经历的达40%。这使他们有机会具备较深厚的知识基础和广阔的视野，接触先进的经营观念、管理方式，从而有可能在事业上超越父辈。调研同时发现，一部分私营企业主第二代接触大量新潮事物，不愿过早进入家族企业，不愿意回到家乡，而希望到更广阔的天地去闯荡。他们对父母从事的传统产业不感兴趣，或认为传统产业太辛苦，希望搞创意产业，在第二代中，由父母出资另外创业的达13.4%。目前对家族第二代接班人的普遍印象是，教育背景好、视野开阔和观念较新，然而缺少艰苦奋斗精神，缺乏经验，经不起挫折和考验等。

4.1.3.3　家族企业第二代在企业任职情况

二代任职比例不断提高，子女姻亲成左膀右臂。近两年，最明显的特征为，企业的格局步入成熟，第一代创始人年龄渐长，越来越多的二代进入企业，父子/母子关系比例的增长在所有亲属关系中最为活跃。另外一个特征是，家族企业中的亲属关系呈现多样化，单一亲属关系比例不断减少。具体来看，一方面随着产业扩张，更多的家庭成员开始分享股权、介入分管企业；另一方面则是二代的不断加入，越来越多的姻亲成员也开始参与到家族企业中。

4.2　中国家族企业治理模式

根据厦门大学刘绵勇（2008）的研究，家族企业可以分为传统家族企业、混合家族企业和现代家族企业三种类型；相应地，家族治理模式也可以划分为传统家族治理模式、混合家族治理模式和现代家族治理模式三种类型（见图 4-2）。

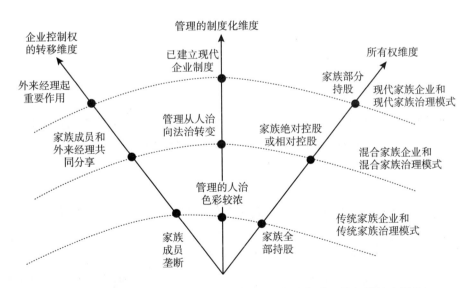

图 4-2　不同家族企业和家族治理模式式的划分标准、特征及演变趋势

资料来源：陈昕，沈乐平. 家族治理模式的特征及其发展趋势分析 [J]. 商业时代，2010（8）：75-77.

4.2.1 传统式家族化治理模式

传统家族企业是指家族完全以血缘关系对企业实行全面控制，该家族拥有企业的全部所有权和主要经营权，企业人治色彩较浓的家族企业。

传统家族企业必须符合以下三个标准：

第一，家族成员垄断全部企业控制权，即家族成员占据董事长、总经理（厂长）副总经理（副厂长）等全部高层管理职位；

第二，企业股权全部集中在家族成员手中；

第三，企业管理的制度化程度低，缺乏约束高层管理成员的系统的成文制度，企业基本上处于人治的阶段。

传统家族治理模式是指企业管理的制度化程度较低，而且职业经理人没有作为主要经营者参与企业经营管理的一种家族治理模式。

传统家族治理模式的典型特征是：股东会、董事会、监事会流于形式，企业决策由家族中的家长同时又是企业领袖的人做出，家族中其他成员做出的决策也必须得到家长的首肯。

传统家族治理模式所要解决的核心问题主要是家族和企业的关系，其次才是董事长、总经理或企业主与中下级经理人员的委托代理问题。

4.2.2 混合式互信共治模式

混合家族企业是指家族对企业起主要控制作用，同时吸收了家族以外的所有者，或者部分高层管理岗位上聘请了外来职业经理人，企业管理处于从人治向法治的过渡的家族企业。

混合家族企业必须符合以下三个标准：

第一，家族成员和外来经理共同分享企业控制权，家族成员占有不少于一半的高层管理职位，且掌握着董事长和总经理这两个重要岗位；

第二，家族对企业绝对控股，外人股东对家族股权有一定的牵制作用；

第三，企业管理处于由人治向法治的过渡，一方面按现代企业制度的要求建立了规范的制度，但另一方面制度的执行不规范。

混合家族治理模式是指企业管理介于人治和法治之间，职业经理人和家族成员共同分享企业控制权的一种家族治理模式。

混合家族治理模式的典型特征是,股东会的权力很大,事无巨细往往都拿到股东会上去讨论,而且具有最终的决定权,董事会和监事会的作用有限。

混合家族治理模式所要解决的问题是最复杂的,既要处理好股东会与董事会之间、董事会与总经理及高层经理之间的委托代理问题,又要处理好家族和企业的关系。

4.2.3 现代式职业治理模式

现代家族企业是指企业无论是在法律上还是在实际运作中完全符合现代公司规范,外来职业经理人在高层管理岗位上占据了重要地位,家族只拥有部分股权的家族企业。

现代家族企业必须符合以下三个标准:

第一,控股家族虽然在企业治理中的影响举足轻重,但是外来的职业经理掌握着很大一部分企业的控制权和日常经营管理权,外来的职业经理至少占有不少于一半的高层管理职位;

第二,股权多元化,但家族成员的股份仍然占绝对或相对优势;

第三,企业不仅建立了现代企业制度,而且管理规范,严格按照现代企业制度的要求运作。

现代家族治理模式是指企业基本建立了现代企业制度,而且外来职业经理在企业控制权中起重要作用的一种家族治理模式。中国一些上市的家族企业和西方发达国家那些著名的大型家族企业,如沃尔玛、福特、杜邦等,实行的就是现代家族治理模式。

现代家族治理模式的典型特征是,股东会、董事会、监事会的运作比较规范,其成员均已多元化。现代家族治理模式所要解决的主要问题是股东会与董事会之间,董事会与总经理及高层经理之间的委托代理问题,其次才是家族和企业的关系问题。

传统家族治理模式、混合家族治理模式和现代家族治理模式,作为家族治理模式的不同类型,三者之间是相互独立的,各有其适用范围,将长期并存,不存在某类家族治理模式整体上向其他类型的家族治理模式或非家族治理模式转化的问题。

4.2.4 典型案例：宁波方太厨具有限公司①

4.2.4.1 方太的成长历程

1. 第一代创业

宁波方太厨具有限公司成立于 1996 年，专注于高端厨房电器和集成厨房产品，致力于为追求高品质生活的人提供先进、人性化的厨房科技。

茅理翔先生是方太厨具有限公司董事长。1996 年，他仅用 2 年时间就把"方太"打造成为一个全国知名品牌。1995 年前的整整 10 年，是茅理翔先生第一次创业的时期，那是"能人治厂"的时代。董事长是他，总经理是他，销售科长是他，销售员也是他，单打独斗，凭匹夫之勇，天南地北地闯，什么苦都能吃，里里外外一把手，这就是推销时代。第一代的茅理翔先生创新意识、吃苦意识较强，在管理模式上以家长式领导为主。

2. 第二代创业与传承

茅忠群 1991 年毕业于上海交通大学，2002 年毕业于中欧国际工商管理学院，获工商管理硕士学位，正式接替父亲茅理翔主持全面事务。与其他继承人不同，他没有选择父亲的点火机事业（尽管当时茅理翔的飞翔集团的点火机产销量世界第一），反而另立旗号，以油烟机切入厨电市场。1996 年，父子二人放弃老品牌飞翔，创立了方太集团，由 55 岁的老茅出任董事长，26 岁的小茅出任总裁。他认为方太不贪大，只求专、精、强，坚持走专业化道路，坚持创新路线，做厨房行业里的金刚钻。他选择授权式管理风格，制造总监来自韩国三星，人力资源总监来自日本美能达，集成厨房总经理来自美国可口可乐，物流部长来自德国西门子，采购部长来自瑞典伊莱克斯。茅忠群觉得项目要搞成功，必须让父亲答应他三个要求：一是要求原来的飞翔集团搬到慈溪市的开发区，摒弃原来复杂的关系；二是自己招聘，不要朋友、亲戚；三是新项目的重大决策要由他说了算。我们可以发现，第二代的企业家更倾向于授权用人，对现代管理方式更加重视。

方太自创办以来，就不断在中国的厨房行业创造一个又一个"奇迹"。从

① 案例资料来源于茅理翔. 百年传承：探索中国特色现代家族企业传承之道 [M]. 浙江人民出版社，2013.

创办一年内在市场上刮起三股"方太旋风",到 2005 年荣获"中国驰名商标"和"中国名牌",再到 2006 年被评为"中国行业标志性品牌"和"中国 500 最具价值品牌",短短 10 余载,方太已经发展成为中国厨房行业的第一品牌。

4.2.4.2　方太的家族治理制度创新

1. 家族企业的绝对控股

茅理翔认为民营企业不可或缺以下几点要求:第一,民营企业创业初期,必然要依靠家族制,绝大多数的民营企业靠血缘、地缘、学缘而共同创业;第二,发展到一定阶段,必须淡化家族制,不淡化就无法建立现代企业制度,也无法引进高层次人才;第三,按中国目前民营企业的情况,要彻底否定家族制还不太可能。但是,民营企业要抛弃原有的经营模式,建立符合市场经济条件下的现代企业制度,要处理好经营权与所有权、分权与集权、内部培训人才与外部招聘人才、一言堂决策与民主化科学化决策等等方面的关系。只有这样,家族制企业才能焕发出新的活力,真正让"家"的感觉更好。

2. 家族企业传承的"三三制"

茅理翔的核心理念:交班、转型比创业更重要。他强调,彻底交是成功交班的要义,交出去的不是一个企业而是一个使命。交办的过程也是一个创业的过程,作为创业者一定要在头脑中树立起一个观念,在未来交接班是要为子女留下一个高效的团队,而不仅仅是财富。

家族企业交接班首先要遵循三三制建设,即三个三年的传承过程。

第一个三年是带三年,通过这个阶段,将企业产品的开发权下放给子女,让子女逐渐熟悉企业的运作过程,并通过产品开发获得自己组建小团队的全力,为下一步做好铺垫。第二个三年是经销权的下放,即帮三年。经销权的下方将帮助子女组合整个产业链,并熟悉原有的合作伙伴,从获得圈内和市场的认可。第三个三年是管理权的下放,即看三年。子女们在完成了前面两步后,顺理成章地完成第三步的衔接。

3. 专业化的企业发展路径

"方太只打价值战,不打价格战。"这是茅忠群一直坚守的信念,即使现金流日趋紧张,研发依然是他的专攻。方太推出 T 型机,带来油烟机的设计革命。在同行们疲于价格战之时,这款新产品却以高出市场 10% 的价格创造了新的销售奇迹,方太借此超越同行。这一次战略决策的胜利,也在公司内奠定了茅忠群的威望。方太致力于打造高端品牌,专注于品牌的创新,茅忠群认为方太不贪大，只求专、精、强，坚持走专业化道路，坚持创新路线，做厨房行业里的金刚钻。执着于在下个 10 年把方太打造成世界一流的厨具品牌。

4.3 中国家族企业治理模式变迁

改革开放以来，中国民营经济发展史就是一个个家庭、家族将自家的企业从小作坊、小商铺发展到法人经济体乃至上市公司、跨国集团的历程。新兴的中国现代家族企业，正处于前所未有的发展环境中，迸发着惊人的财富创造力。

4.3.1 家族企业的内外部治理环境

已经有学者开始关注中小企业治理问题的研究。雅库齐（Yacuzzi，2005）以阿根廷中小企业为研究对象，探讨了公司绩效、公司治理及其相互关系，发现良好的公司治理有助于家族企业公司绩效水平的提高，即当公司治理水平较差时，企业的成长就会变得艰难，而当公司治理水平较好时，企业的运行良好。

而国内关于中小企业治理状况的调查研究主要有三项，李月娥和李宾（2005）采取走访与发放问卷相结合的方式收集数据调查中小企业的治理状况，结果表明中小企业两权分离程度较低，大部分中小企业全部股东都在本公司任职，近一半（49%）的企业出资者代表和经营负责人由一人兼任，超过60%的企业没有设立董事会，超过70%的企业没有成立监事会。"湖南中小企业公司治理及其与欧盟企业的对接"项目调查数据揭示了中小企业公司治理的现状及其基本特征：外部治理的低效率；股权的高度集中；三权合一的治理结构；经营者激励的两难选择；利益相关者的虚拟化等（甘德健，2006）。作为全国首个全面反映中小企业治理状况的中国中小企业经济发展指数（SMEI）的分指数，即中小企业公司治理指数，其平均值仅为 60.36（南开大学公司治理研究中心 SMEI 课题组，2005）。上述有关研究表明，转轨经济下中小企业不仅存在治理问题，而且三项调查结果显示中小企业治理总体状况不理想。

普华永道发布的 2014 年家族企业调研显示，中国家族企业增长远高于全球平均水平，84% 中国受访家族企业表示在上一财年实现了增长，而全球仅为

65%。而员工招聘和市场环境是中外家族企业面临的主要挑战，但中国企业融资难更加突出，国外则价格竞争激烈。

传承方面，22%的中国家族企业制定了某种继任计划，但仅有6%拥有明确的书面继任计划，远低于全球16%的平均水平。此外，超过半数的中国家族企业计划出售或上市。

经营挑战方面，中国家族企业面临的主要问题与全球家族企业类似，其中员工招聘和市场环境被视为主要挑战。内部问题上，未来一年中，员工招募均被视为最大挑战，业务和产品开发其次，第三是资金来源，但中国家族企业融资难更为突出，占比达到25%，全球该数字仅为15%。"公司正经历业务转型，因此员工需要改变其思维方式。"受访的中国第一代家族企业如果说。而有中国第二代家族企业则表示："我们很多子公司都在招募下一代领导团队，以接替老一代。"

外部的主要问题则首先是市场环境包括欧元和美元的不稳定性，其次是政策监管，最后是竞争。其中，中国企业对政策更加敏感，占比达44%高于全球的33%；而国外企业对市场环境更加敏感，占比达63%高于国内的53%。

当时间拉长到未来5年时，中国受访者认为创新、专业化运营和吸引高技能与人才是排名前三的主要挑战，但对于价格竞争力的重视度略低，而该因素被全球家族企业视为需要应对的最严峻的挑战之一。

对于未来5年推动企业变革的全球趋势，中国乃至全球家族企业的看法差不多，首先是技术进步，其次是老龄化、全球经济实力转移、资源紧缺和气候变化、城镇化等。中国企业对城镇化进程更为关注，占比达75%，全球该数字仅为40%。

此外，在顺应数字化和新兴全球趋势方面，调研显示，绝大多数中国家族企业认同数字化的重要性及必要性，且高于全球平均。"在中国，即使是受互联网影响小的地产等企业，也跟受影响大的零售企业一样，非常关注数字化。"何国辉说。对于企业是否需要适应数字化时代，国内受访者认同的比例达到97%，而全球该数字仅为72%。

在内地上市的中国家族企业中，调查发现成功实现交接班的有以下几种方式：一是父子共同创业型，即父子两代人均在企业的成长过程中被公认为是开创者的角色；二是通过企业内部培养，让最优秀的继任者脱颖而出；此外，一种受青睐的接班途径是出国留学，回国后经过外部锻炼或基层培养再进入家族企业管理层，子女的国际化视野以及不同于父辈传统的管理思路，为企业的转型与海外扩张带来更多的机会。

与此同时，将股权交给子女，将管理权交给职业经理人也开始成为一代企业家们越来越常见的选择；如何保证家族对企业的控制权，又如何平衡家族董事会成员与职业经理人的关系，则会是将来长期需要面对的一个问题。还有一种传承是以家族财富为核心，对于有能力，但兴趣在别处的二代而言，以家族产业为依托，到家族生意之外打造属于自己的平台，为家族创造更多的财富，则是既有助于家族产业扩大，又能实现自身抱负的双赢局面。

4.3.2 中国家族企业治理维度的转变

企业形态维度、家族治理维度和公司治理维度这三个维度共同构成了家族企业演进的三维模式，中国家族企业将沿着上述三个维度动态演进。

4.3.2.1 企业形态维度

企业形态演进的几个阶段可以在企业形态维度上明确地表示出来。从个体企业，到家庭作坊式企业，到由企业主家族成员垄断经营控制权和企业所有权的狭义家族企业，到有朋友、乡亲等熟人担任部门经理的泛家族企业，再到引入成股权分散化的公众公司。这个维度的最大用处是能为家族企业的发展提供一种可预见的框架，并指明控制权、家族和企业各个阶段的对应与结合。

4.3.2.2 家族治理维度

家族治理是家族企业治理的一个独特维度，与正式的公司治理相协调。关系治理主要处理家族成员关系、家族成员与家族企业的关系等问题，这些因素也直接影响着家族企业的生存与发展。随着家族企业形态的演变，家族企业内部关系治理的重点也发生变化。在家族企业不同的发展阶段，处理好家族内部的关系，使之与企业正式治理协调一致，是家族企业成长的关键。

1. 家庭或家族关系治理阶段

家族企业在创业初期是以家庭为单位开始，以家庭积累资金为主要资本，由创业者和其他家庭成员共同经营。这时的家族企业中心是以"家庭"为核心的，有一种极强的凝聚力和向心力。在这个阶段，因管理人员少且是创业者及其家人，由于共同的信仰及价值观所形成的凝聚力，减少甚至消除了家族成员之间的不信任和可能的机会主义倾向。大多数家庭是家长权威制或者创业者、合伙人肩负着所有者和经营者的责任。当进入家族关系治理阶段，控制权的分散和转移导致家族成员全面进入企业，这时候的创业者或合伙人考虑给家族成员以锻炼的机会，家族成员进入分工协作阶段。通过分工协作，明确他们在企业中的职责。传递领导权虽然是企业的问题，但也是家族的问题。

2. 泛家族关系治理阶段

当企业发展到泛家族阶段，随着家族企业规模的扩大，家族企业中的组织成员结构依血缘、姻缘、地缘等方向，由亲及疏，由近及远地向外扩张，同时企业进一步制度化，家族中人服从企业规章由人治逐步走向法制，血缘关系的作用开始弱化，但企业的组织、经营、管理大权仍牢牢控制在某一或若干个家族手中。但随之家族企业的各种问题也接踵而至，不但面临着家族企业内部成员的权力、利益纷争，而且面临着严重的人才问题。此时，关系治理的重点也将逐步转移到泛家族关系中，建立完善的用人机制，树立利益共同体是其中的重点。

3. 正式契约治理阶段

在这一时期，家族企业内部的关系治理，这种非正式契约型治理将逐渐被正式契约治理所取代。企业的经营产业层次不断提高，业务不断拓展。随着家族企业公开化和社会化程度的不断提高，家族企业的组织结构和企业法人治理结构得到完善。其治理主体就是相关者，即与企业共存亡的个人或团体，包括：股东、债权人、经营者、一般雇员。共同治理结构的核心就是通过公司章程等正式制度安排来确保每个产权主体具有平等参与企业所有权分配的机会，同时又依靠相互监督的机制来制衡各产权主体的行为。随着企业从泛家族企业、混合型企业到公众公司，家族企业的关系治理也逐步被正式的契约治理所取代。中国家族企业正处在中国经济的转轨时期，而当前的社会也逐渐从工业时代进入到知识经济时代，这些复杂的因素共同推进家族企业的制度变迁。当然这一变迁过程不仅仅是一个被动的过程，家族企业应该适时主动的推进企业制度变革，来打破家族企业成长的束缚，从而实现与社会资本的不断融合，实现家族企业的持续发展（王岚、王凯，2009）。

4.3.2.3 公司治理维度[①]

家族企业治理结构演进的决定力量是企业控制权的转移。家族企业正式治理维度，即公司治理维度主要涉及家族企业的控制权分配和转移问题。

1. 目前中国家族企业公众公司治理存在问题

（1）股权结构失衡。

一般认为，股权结构对上市公司董事会席位的构成起着决定性的作用。中国绝大多数上市公司由国有独资企业改制而成，集团公司作为发起人握有绝对控股权，导致上市公司股权结构"一股独大"现象。2005 年开始实施的股权分置改革仅仅解决了非流通股获得流通权的问题，并没有根本解决"一股独大"现象。《新财富》在 2002 年对此问题就进行了深入研究，发现"一股独大"造就了"高度集权"的治理结构。一旦公司各参与主体的利益分配失衡，所有权与代理权分离，便有可能发生控制权之争。这一过程中，在为对方制造控制障碍的同时，也可能会侵犯股东权益；当控制权的获得不足以补偿收购成本时，有的操作者便损害中小股东的财产权（《争夺董事会》，2002）。并且在股权高度集中的情况下，上市公司董事会的独立性无法得到充分保障。

（2）独立董事作用有限。

独立董事是抗衡大股东、保障上市公司董事会独立性，进而保护中小股东利益的重要制度保证。2001 年，证监会发布《关于在上市公司建立董事制度的指导意见》，独立董事制度正式浮出水面。2005 年修订的《公司法》明确规定，上市公司应当有一定数量的独立董事，在法律层面确认了独董制度。

据统计，截至 2009 年 3 月，全国 1 600 家上市公司共聘用 5 322 名独立董事，平均每家公司 3 名以上。不过，独董制度所发挥的作用仍十分有限。目前，很多独立董事都是身兼数职或身兼多个公司的独立董事，没有足够的时间和精力真正履行职责。并且，很多上市公司聘用知名的经济学家、大学教授、法律和财务专家、证券从业人员或者离任的政府官员等做独立董事，仅仅是为了借助名人效应来提升公司声誉。这些名人尽管都是在某方面具有专长的专家，但大部分都不具有实际管理经验，在完善公司董事会治理方面发挥的作用乏善可陈。

（3）监事会虚设。

[①] 于欣. 公司治理结构向"主动治理"发展 [J/OL]. 新财富，2009 – 8 – 19.

　　《新财富》早在 2002 年对公司治理结构的研究中发现，监事会本是对公司、董事会、高管人员的监督机构，但事与愿违，任何一名监事，都与公司或控制权人关系密切，否则根本当不上监事，其独立性可想而知。监事会似纸老虎般，反成了董事会、管理层的玩偶。关于公司治理的专项研究——《2009年中国上市公司 100 强公司治理评价》中也显示，这一现象并未得到改善，反而监事会的责任及其在公司治理中的作用在过去 3 年中呈现不断弱化的趋势，表明 2005 年新修订的《公司法》正式实施以来，监事会在上市公司治理中的作用非但没有得到加强，反而更加形同虚设。

　　（4）法律意识缺失。

　　从中国上市公司董事会成员的专业构成上看，法律类人才在公司董事群中所占的比例很小，很多公司把握运作合规性的重担基本都落在了董秘及证券事务部门。这一状况极易造成董事会决策过程中对相关法律法规的忽视，出现一些法律问题，如财务信息造假、违规担保、信息披露不全面及时等。据统计，自 1994 年法人治理结构正式形成以来，共有 334 家上市公司（含已退市公司）因违规受到过交易所处罚，违规行为 662 起，年均发生 41 起。这一问题也通过"新财富金牌董秘"评选反映了出来。董事会法律人才和法律意识的缺失，加大了董秘的执业风险，是造成董秘责权利不对等，处境尴尬的重要原因之一。

　　（5）考评体系模糊。

　　目前，上市公司董事会普遍缺乏独立、客观的董事业绩考核与评价体系。绝大多数上市公司在年报中仅仅简单披露了对高管的业绩考评制度，但缺乏独立、客观的对董事会和董事的业绩评估内容。由于中国的相关法律法规尚不健全，所以董事会必须根据自身状况对董事的绩效进行定期、独立、客观地评估，建立科学的考核与评价体系。

　　（6）激励机制待完善。

　　上市公司的董事利益如果与公司利益缺乏直接有效的联系，董事激励机制不健全，就难以保证董事在决策过程中能够充分考虑公司的长远利益。《新财富》的研究发现，在发达市场经济国家，公司经营者的薪酬通常主要由四个部分组成：基本年薪、年度奖金、福利计划（退休计划）以及股票期权。并且，股票期权在薪酬中所占的比例有不断提高趋势，一般达到 50% 以上，有些超大规模企业的领导人甚至达到 90% 以上。而在国内，上市公司高管的薪酬主要还是由工资、奖金和福利三部分构成。据统计，截至 2009 年 7 月，仅 93 家上市公司实施或拟实施股权激励，占全部上市公司的6%左右。以高管中的董秘职群为例，他们认为自身承担的大部分工作难以合理量化，薪酬设计上有很大的完善和提升空间。

2. 转变方向

家族企业演变的决定力量是企业控制权，所以控制权发展模式在家族企业的演进中非常重要。家族企业的社会化过程正是沿着：管理的社会化→实际控制权的社会化→所有权意义上的社会化→企业整体意义上的社会化过程展开。其中，管理的社会化是家族企业社会化的第一步，而控制权的社会化是其中的关键。控制权的转移过程可以通过企业关键岗位的开放程度和授权的充分程度反映出来。这种演进过程主要表现在两个方面：从管理人员的来源变化看，变迁的过程表现为：家庭→家族→亲情关系→专业经理阶层；从实行委托—代理的管理岗位看，变迁过程表现为：车间主任→生产厂长→分公司经理→总经理（叶国灿，2004）。

（1）主动性合规仍需时日。

根据目前中国上市公司治理发展现状、特色以及全球范围内对公司治理的反思与改革，未来公司治理结构呈现的主要趋势：全流通时代控股股东越来越顾及中小股东权益，机构投资者积极参与公司治理；董事会治理法律意识的增强，"违规"事件的逐渐减少；上市公司高管激励从以单纯的薪酬为主向与股票期权等长期激励相结合的模式发展；监事会的弱化作用没有根本改变，独立董事作用待强化。总体而言，公司治理已经处于"合规"阶段，但企业的主动性合规仍需时日。

（2）机构投资者积极参与公司治理，实现股东价值。

机构投资者已成为当今资本市场的重要主体，其应对市场的手段已不再是简单的"华尔街规则"——依靠买卖股票从中获取差价，赢取短期利益，而是开始通过采用"积极股东主义"的做法，摒弃以前"用脚投票"的方式，采用"用手投票"，例如以促进上市公司治理结构的改善、提升公司业绩和增强上市公司核心竞争力来获取长期收益。

从海外经验看，美国公司治理结构从20世纪80年代末到90年代初也发生了显著变化，从经理人事实上掌权、不受监督制约转向由投资人控制并监督经理人。这一转变的标志是资本市场结构的变化，据统计，1987~2007年，机构投资者在美国1 000大企业中的持股比例持续大幅攀升，持股数占总股数的平均比例从46.6%增至76.4%。这阶段的机构投资者已经不能简单地"用脚投票"之后便一走了之，而是在一定程度上参与公司治理。在美国上市公司业绩大幅下滑、盈利水平陡降的 1992 年，迫于机构投资者的压力，13 家位列美国上市公司前 500 强的公司先后解雇了 CEO 的案例，就是这一转变的生动写照，其中不乏 IBM、通用汽车、美国运通、西屋公司、康柏电脑、克莱斯勒、戴尔等大家耳熟能详的知名公司。

在国内，机构投资者队伍也在不断发展壮大。据中国证券登记结算公司统计显示，截至 2008 年年底，包括证券投资基金、社保基金、QFII、保险公司、企业年金、证券公司、一般机构在内的各类机构投资者持有的上市 A 股流通市值占比达 54.62%，也是有统计以来机构投资者占比首次超过一半。机构投资者也逐渐开始使用投反对票、施加非正式影响等间接方式参与上市公司治理。如 2008 年年初，东方航空引进新加坡航空、淡马锡战略投资方案最终以 77.61% 的 H 股股东反对、94.04% 的 A 股股东反对而被否决。值得关注的是，股东大会 A 股有投票权中的小股东的出席率极低，只有 4.69%，主要持股的两家到场的基金公司——当时持有东航 1 200 万股的融通基金和持有 667 万股的博时基金（以截至 2007 年 9 月 30 日的持股统计数计算）都投了反对票，两家基金是否决此次东航引进战略投资者方案的主导力量，占 A 股全部反对票的比例超过九成。

未来，机构投资者参与公司治理，对推动上市公司治理结构的完善，缓解内部人控制现象，打破国有企业股权结构单一的局面，强化独立董事的作用，保护中小股东利益，提高资本市场效率等方面无疑将起到积极的作用。此外，外部监管还要进一步完善公司治理相关的法律法规，从加强信息披露、会计监督和中介机构监管等方面保护投资者利益，实现股东价值。

（3）内部强化董事会独立性，外部强化监事会职能。

公司治理结构的核心思想是董事会的独立性。目前，独立董事制度作为公司治理的一项重要内容已在全球范围内推广且外部董事，特别是独立的外部董事所占的比例越来越大。要进一步完善独立董事提名、选聘和激励约束机制，发挥独立董事在公司治理中的积极作用。

在中国公司法律框架之内，监事会应该更加充分发挥外部监督功能。如引入债权人代表和中小股东代表，限制公司内部大股东和党组干部比例，以有效地监督董事会决策的独立性。

（4）激励约束机制重构。

重点针对公司的经营管理者，建立健全约束机制和激励机制，建立科学的考核体系，强化董事会和监事会对经营者的监督。激励机制包括：确立以年薪制为主体的激励性薪酬体制，以公司全年经营效益作为经营治理者获取薪酬的依据；建立以股票期权为主的长期激励机制等。

4.3.3 典型案例：国美电器治理纷争①

4.3.3.1 公司简介

国美电器控股有限集团成立于 1987 年 1 月 1 日，2004 年在中国香港上市（HK10493）。表 4-1 给出了 2005~2010 年国美电器的主要财务指标（除每股收益的单位为/元外，其余数据的单位为百万元）。6 年来，公司的总资产、股东权益、营业收入和净利润等指标均表现出增长趋势，只有每股收益因股本扩张出现一定程度的下降。公司自 2004 年上市以来，一直由安永会计师事务所审计，6 年都获得了无保留审计意见。从行业和家族的稳定性来看，国美电器整个经营期间的资产特殊性本身没有发生变化。

表 4-1 国美电器 2005~2010 年的主要财务指标

项目	2005 年	2006 年	2007 年	2008 年	2009 年	2010 年
总资产	9 367.89	21 176.23	29 837.49	27 495.10	35 763.18	36 209.91
股东权益	1 871.29	5 240.39	10 392.67	8 700.04	11 802.47	14 735.19
营业收入	18 644.72	25 920.04	44 792.02	48 905.23	45 476.15	53 861.71
净利润	498.60	819.17	1 127.31	1 048.16	1 409.29	1 961.65
每股收益	0.30	0.38	0.35	0.08	0.10	0.13
审计意见	无保留	无保留	无保留	无保留	无保留	无保留

资料来源：肖成民. 制度环境与民营企业治理结构变迁——基于国美电器的案例分析 [J]. 财经论丛，2012 (3)：105-110.

4.3.3.2 治理模式转变

国美电器从家族经营—家族所有权转变为家族经营—所有权分散，主要是通过公开上市和股份减持两个途径完成的。引起这一治理模式转变的主要原因

---

① 案例资料来源于张源. 国美电器控制权之争案例分析 [D]. 石河子大学经济与管理学院，2013.

是资本市场制度局限性的削弱，即资本市场制度环境由弱变强。

1. 公开上市

国美电器创设之初，中国的经济体制改革尚处于起步阶段。在产品市场方面，国有企业居于主导地位，民营企业的生存空间狭小，这使民营企业的资产具有较强的特殊性。当时资本市场还是一个有争议的事物，企业的选择只能是保持家族的唯一所有权。因此，产品市场和资本市场的制度局限性使国美电器最初选择家族经营—家族所有权的治理模式。

随着改革的深入，资本市场的制度局限性逐渐削弱。但国内证券市场的定位及 IPO 额度控制等政策，使民营企业通过国内证券市场实现股权融资进而开始所有权分散的进程尤为艰辛。为规避国内证券市场的高门槛，同时也为了释放关于公司质量的信号，国美电器等民营企业选择了海外上市。2004 年 6 月，国美电器完成了对港股上市公司京华自动化的买壳，实现了在香港联交所上市。

2004 年的财务报告显示，黄光裕家族持有上市公司股份比例为 65%。公开上市使国美电器不再是家族唯一所有权，家族经营—所有权分散取代了家族经营—家族所有权，这一治理模式转变显然是资本市场制度局限性削弱的结果。

2. 股份减持

黄光裕家族在国美电器上市后的股份减持是公司从家族经营—家族所有权到家族经营—所有权分散治理模式转变的继续。表 4-2 给出了 2004~2010 年国美电器财务报告披露的黄光裕家族年末持股数量和持股比例。7 年来，黄光裕家族的持股数量表现出明显的增长趋势。持股数量可能随公司股本扩张大幅增加，因此根据持股比例考察所有权结构更有说服力。黄光裕家族的持股比例在 2004~2010 年持续下降，2010 年末的持股比例仅为 2004 年末持股比例的一半。

表 4-2 　　　　黄光裕家族在国美电器的持股情况及主要减持经历

年度	持股数量	持股比例（％）	股份减持主要经历
2004	1 076 615 085	65.00	配售 4.6 亿股国美旧股，套现近 25.75 亿港元
2005	1 084 600 085	66.04	国美电器向黄光裕收购旗下国美家电余下 35% 的股权
2006	1 564 947 034	51.40	减持国美电器套现 12 亿元
2007	1 396 147 034	42.06	

年度	持股数量	持股比例（%）	股份减持主要经历
2008	4 535 118 212	35.55	减持国美电器套现21亿港元
2009	5 116 439 490	33.98	
2010	5 417 539 490	32.46	

资料来源：肖成民. 制度环境与民营企业治理结构变迁——基于国美电器的案例分析 [J]. 财经论丛，2012（3）：105－110.

表4-2进一步给出黄光裕家族减持上市公司股份的证据。公司实现上市后，黄光裕家族数次减持国美电器股份，这是2004～2010年家族持股比例大幅下降的主要原因，同时也深化了国美电器从家族经营—家族所有权到家族经营—所有权分散的治理模式转变。根据纳德孙—范氏模型，黄光裕家族的减持行为是由资本市场制度环境决定的。公司在香港地区上市后，资本市场的制度局限性已大大削弱，进一步要求公司的治理模式从家族经营—家族所有权彻底转变为家族经营—所有权分散。

3. 从家族经营—所有权分散到职业经营—所有权分散

国美电器从家族经营—所有权分散转变为职业经营—所有权分散，可以通过聘用职业经理人和控制权之争来解读。引起这一转变的主要原因是产品市场制度局限性变化导致企业资产特殊性变化。苏宁电器等公司的出现是产品市场制度局限性削弱的表现。

（1）聘用职业经理人。

表4-3给出了国美电器上市后各时期的董事长和总经理设置情况。2004～2006年黄光裕一直担任董事会主席，上市公司并无名义上的总经理，总经理职责由董事会主席黄光裕行使。从实质重于形式的角度来看，此时的国美电器仍然是家族经营。2006年11月，陈晓出任国美电器总经理，意味着国美电器的治理模式已从家族经营—所有权分散转变为职业经营—所有权分散。2009年1月，陈晓接任董事长；2010年6月，王俊洲接任总经理；2011年3月，张大中接任董事长。如果以总经理为经营者，国美电器在2006年11月就开始了职业经营—所有权分散的治理模式。如果同时考虑董事长和总经理来界定经营者，国美电器的职业经营—所有权分散治理模式始于2009年1月。

表 4 – 3　　　　　　国美电器上市后各时期的董事长和总经理设置

时期	董事长	总经理
2004. 6 ~ 2006. 11	黄光裕	黄光裕行使总经理职责
2006. 11 ~ 2009. 1	黄光裕	陈晓
2009. 1 ~ 2010. 6	陈晓	陈晓
2010. 6 ~ 2011. 3	陈晓	王俊洲
2011. 3 至今	张大中	王俊洲

　　资料来源：肖成民. 制度环境与民营企业治理结构变迁——基于国美电器的案例分析 [J]. 财经论丛，2012（3）：105 – 110.

　　（2）控制权之争。

　　2008 年年末，黄光裕及其妻子因涉嫌经济犯罪辞去了国美电器董事会职务。为使公司度过危机，陈晓领导下的经理层团队通过发行可转换债券引入了机构投资者。机构投资者的引入在推动所有权分散的同时，也极大地威胁了黄光裕家族的控股地位。2010 年 9 月 28 日，大股东黄光裕家族提起特别股东大会，对八项涉及公司经营权的重大议案进行表决。

　　从表决结果来看，陈晓一方的三项议案均获得通过，黄光裕家族提出的五项议案仅一项获得通过，而未获得通过的四项议案恰恰是黄光裕家族试图重新取得经营权的表现。特别股东大会召开之时，黄光裕家族和陈晓一方均不具有绝对多数股份，因此这些表决结果显示了其他股东特别是中小投资者对业经营—所有权分散治理模式的认可。当然，黄光裕家族与经营团队的控制权争夺并未结束。2010 年 12 月 17 日，公司特别股东大会任命邹晓春和黄燕虹两位黄光裕家族成员为非执行董事。2011 年 3 月 9 日，国美电器发布公告，陈晓辞去董事会主席职务。这些事件虽然使黄光裕家族重新进入公司管理层，但仍未改变国美电器职业经营—所有权分散的治理模式。

第5章

家族企业治理创新模式

纵观境外历史悠久的家族企业，大多都拥有自己的家族办公室。家族办公室起源于欧洲十字军东征时期的私人银行。贵族带兵出征，就把自己的财产托管给其他贵族，衍生出专门为贵族家族服务的私人银行业务。第二次世界大战期间，受纳粹迫害的犹太富人开始将钱存放在瑞士银行，全球富人效仿，私人银行部门纷纷出现。家族办公室的早期阶段，一般是为某一超富家族服务的特殊机构，服务内容主要在财富保值增值领域。由于富裕阶层各个家族情况各异，需求也多种多样，随着时代的发展，家族办公室的形式和功能也越来越多样化，家族办公室对家族企业治理的作用也原来越重要。

随着家族办公室对家族事务涉入的日益加深，家族办公室对家族企业的影响也越来越大，很多大家族的家族办公室逐渐从家族幕后服务机构演变成整个家族乃至家族企业的核心，家族办公室以其独特的身份和模式积极参与到家族企业治理中来。

5.1 家族办公室与家族企业治理

5.1.1 家族办公室概述

仰以察古、俯以观今，家族办公室是东西方家族智慧的结晶。家族办公室以早已被证明的家族全能"管家"身份，对家族成员、家族、家族企业进行多层规划，对家族及家族企业施以平行治理，与家族（企业）共同演绎家族荣耀，共同创造政治和经济的全新版图。①

在财富管理行业中，家族办公室（Family Office，FO）堪称"皇冠上的明珠"②，2012 年以来，家族办公室渐成中国财富家族讨论的热点，在清华全球家族企业课程的课堂上，多位家族一代及二代企业家就 FO 话题进行了热烈而长时间的讨论，并在纽约和费城与洛克菲勒（Rockefeller）、古根海姆（Guggenheim）、皮特卡恩（Pitcairn）等全球领先的 FO 创始人进行了深度交流。2013 年 8 月，五道口金融学院带领中国家族企业领袖再次赴欧洲，在瑞士洛桑国际管理学院学习，并与爱马仕家族（Hermes）、爱彼家族（Audemars Piguet）继承人探讨家族传承之道。

瑞士银行（UBS）也顺乎财富东渐的潮流，于 2012 年首次将其全球家族办公室年会移师新加坡，来自中国的顶级富豪及上百位来自全球各地的嘉宾参与，2013 年继续在新加坡举办，可见其热度。

5.1.1.1　家族办公室概念界定

家族办公室是家族财富管理的最高形态，国际学术界和金融业界对 FO 有多种定义。一般认为，家族办公室是对超高净值家族一张完整资产负债表进行全面管理和治理的机构。"超高净值家族"的标准见仁见智，美国证券交易委员会（SEC）认为，设立 FO 的家族可投资金融资产至少要在 1 亿美元以上；"一张完整资产负债表"是指资产不是分散管理，而是集中管理；"资产负债表"不但包含其狭义资产（即金融资本），也包含其广义资产（即家族资本、人力资本和社会资本），尤其不能忽略广义三大资本，因为它们才是金融资本昌盛的源泉；"全面"表示既包括四大资本的创造和管理，也包括四大资本的传承与使用；"治理"是决定由谁来进行决策，而"管理"则是制定和执行这些决策的过程，例如，治理决定了由谁来掌握 FO 在不同投资额度上的决策权，而管理则决定了配置于具体资产类别（例如债券）的实际资金数和是否要投资于某个 PE 项目等。

通常设立一个性价比较高的单一家族办公室（Single FO），其可投资资产规模至少为 5 亿美元。FO 的主要作用是密切关注家族的资产负债表，通过成

---

① 谢玲丽，张钧，廖丹. 中国家族办公室：家族企业保护、管理与传承 ［M］. 广东人民出版社，2013.

② 高皓. 家族办公室大时代来临 ［J/OL］. 融资中国，2013 - 10 - 17.

立独立的机构、聘用投资经理、自行管理家族资产组合（而不是委托金融机构来管理），帮助家族在没有利益冲突的安全环境中更好地完成财富管理目标、实现家族治理和传承、守护家族的理念和梦想。

5.1.1.2 家族办公室的功能

表5-1列明了家族办公室的主要功能，负责治理及管理四大资本——金融资本、家族资本、人力资本和社会资本。

表5-1   **家族办公室的功能与家族四大资本**

金融资本	家族资本	人力资本	社会资本
财务会计/报告	家族治理（"家族宪法"、家族大会等）	家族教育	家族慈善/公益活动
资产配置	家族旅行/家族仪式（婚丧嫁娶等）	传承规划	社交活动（俱乐部/校友会）
投资经理甄选/监督	法律事务（婚前协议）	下一代培养（教育/实习/工作）	公共关系（媒体/家族声誉监控管理）
投资绩效考核	档案管理（文件、照片、实物等）		
保险规划/风险管理	礼宾服务		
税务筹划/申报	管家服务		
信贷管理	安保服务		
外汇管理	艺术品拍卖/收藏		
家族信托与遗嘱管理	私人飞机/游艇管理		

资料来源：谢玲丽，张钧，廖丹．中国家族办公室：家族企业保护、管理与传承 [M]．广东人民出版社，2013.

（1）金融资本。FO从整体上进行家族财富的集中化管理，将分布于多家银行、证券公司、保险公司、信托公司的家族金融资产汇集到一张家族财务报表中，通过遴选及监督投资经理，实行有效的投资绩效考核，实现家族资产的优化配置；家族财务的风险管理、税务筹划、信贷管理、外汇管理等日常需求也是家族办公室处理的内容。

（2）家族资本。FO承担了守护家族资本的职能，不但包括"家族宪法"、家族大会等重要的家族治理工作和家族旅行与仪式（婚丧嫁娶等）的组织筹办，还包括档案管理、礼宾服务、管家服务、安保服务等家族日常事务；当然，对于在全球拥有多处住宅、艺术品收藏、私人飞机和游艇的家族而言，对衣食住行有赖于家族办公室进行有效管理；选拔及管理训练有素、值得信赖的贴身工作人员（例如，管家、司机、厨师、勤务人员、保镖）是财富家族面临的一个挑战，尤其在服务精神和传统并不强健的中华文化中。

（3）人力资本。FO 要强化家族的人力资本，通过对不同年龄段家族成员的持续教育，提升能力与素质；下一代培养和传承规划是 FO 工作的重点，下一代家族成员的正式大学教育、实习和工作需要进行系统规划，并结合战略目标、家族结构、产业特征、地域布局等因素进行具有前瞻性的传承设计。

（4）社会资本。FO 还要负责包括家族慈善资金的规划和慈善活动的管理、家族社交活动及家族声誉等社会资本的保值增值，重要的关系网络需要家族在 FO 的帮助下进行持续的浇灌和系统的管理。

5.1.1.3　家族办公室的定位

家族办公室处于距离家族成员最近的核心幕僚环，家族成员的财务、安全、交往等基本需求都有赖于 FO 的高效管理，FO 高管也在家族决策中扮演其核心幕僚的作用。家族办公室是家族内外事务治理的中枢，完全站在家族的立场上，有效的管理家族的多种需求：从金融资本的保值增值，到家族资本的悉心守护，从人力资本的传承规划，到社会资本的构建维系。

FO 在金融市场中的定位。家族办公室是金融市场中的买方，居于金融产业链的顶端。FO 将资金配置于股票、债券、PE、VC、对冲基金、大宗商品、房地产、艺术品等多个资产类别中。FO 类似于共同基金、社保基金、大学基金、保险公司等机构投资者，但与大多数机构需要与为数众多的投资者打交道不同，FO 仅须对极少数家族客户负责。

5.1.1.4　家族办公室的分类

家族办公室可以分为两大类：单一家族办公室（Single FO，SFO）和联合家族办公室（Multi FO，MFO）。单一家族办公室，就是为一个家族提供服务的FO。美国证券交易委员会（SEC）将单一家族办公室定义为"由富有家族设立的法人实体，用以进行财富管理、财富规划，以及为本家族成员提供其他服务"。

美国是家族办公室的发源地：托马斯·梅隆（Thomas Mellon）拥有梅隆银行的巨额财富，他在 1868 年创立了世界上第一个家族办公室；约翰·D·洛克菲勒（John D Rockefeller）紧随其后，在 19 世纪 80 年代末建立了自己的家族办公室。SEC 估计美国活跃着 2 500 ~ 3 000 家单一家族办公室，管理约

1.2 万亿美元的资产；在欧洲则有约 1 500 个 SFO。

家族的财富规模、资产类别、优先排序、文化风格和治理复杂性的差异使得每一个 SFO 都是独一无二的。尽管 SFO 的职能和活动千差万别，我们还是可以根据其资产规模和外（内）包程度，将其分为三种类型：精简型、混合型和全能型。

精简型：精简型家族办公室主要承担家族记账、税务以及行政管理等事务，直接雇员很少，甚至仅由企业内深受家族信任的高管及员工兼职承担（例如，财务工作由公司 CFO 及财务部、行政管理工作由董事长办公室主任统筹等）；实质的投资及咨询职能主要通过外包的形式，由外部私人银行、基金公司（VC/PE/对冲基金）、家族咨询公司等承担。某些中国企业内部设立了投资发展部/战略投资部，往往是做主营业务之外的投资，其在事实上承担了精简型家族办公室的职能，我们可以将其看做 FO 的早期形态。

混合型：混合型家族办公室自行承担设立家族战略性职能，而将非战略性职能外包，外包职能与家族偏好及特征密切相关。混合型家族办公室聘用全职员工，承担核心的法律、税务、整体资产配置以及某些特定的资产类别投资（例如，如果家族实体公司为房地产，FO 房地产相关投资将会自己完成）。在某些关键性职能的人员配置上，可能会使用具有相关专业经验且忠诚的家族成员。混合型 FO 管理的资产规模约为 1 亿～5 亿美元。某些中国家族在实体公司以外设立的控股公司、投资公司、投资基金或者其他法人主体，我们可以将其看做混合型家族办公室发展的早期形态。

全能型：全能型家族办公室覆盖围绕家族需求展开的大部分职能，以确保家族实现最大限度的控制、安全和隐私。全部职能都由全职雇员承担，包括投资、风险管理、法律、税务、家族治理、家族教育、传承规划、慈善管理、艺术品收藏、安保管理、娱乐旅行、全球物业管理、管家服务等。出于家族目标、成本预算及人才聘用的考虑，在确保投资顶层设计的前提下，可能将部分资产类别的投资外包给其他专业机构，如风险投资、PE 投资、对冲基金、另类资产等。全能型家族办公室管理的资产规模超过 10 亿美元，此时，家族可投资金融资产的主要部分将通过家族办公室进行管理。

联合家族办公室，则是为多个家族服务的 FO，主要有三类来源：第一类是由 SFO 接纳其他家族客户转变而来。第二类则是私人银行为了更好地服务大客户而设立。第三类是由专业人士创办。

2012 年全球规模最大的联合家族办公室为总部设立在瑞士的 HSBC Private

Wealth Solutions，管理着 297 个家族约 1 236 亿美元的资产（平均每个家族 4.2
亿美元）。管理客户平均资产规模最大的 MFO 是总部设立在日内瓦的 1 875 Fi-
nance，管理着 3 个家族约 54 亿美元的资产（平均每个家族 17 亿美元）；总部
位于西雅图的 McCutchen Group 则管理着 4 个家族约 52 亿美元的资产，以平均
每个家族 13 亿美元位列第二。

值得注意的是，MFO 并不意味着规模一定会比 SFO 要大，事实上，许多
SFO 都是行业中的巨型公司。例如，戴尔电脑创始人迈克尔·戴尔的单一家族
办公室 MSD Capital，管理资产的规模大约为 120 亿美元，雇用大约 80 名全职
员工，比很多联合家族办公室的规模还要大，最近正在进行的戴尔电脑上市公
司私有化交易，就是由 MSD Capital 领衔的。又如，索罗斯于 2012 年将其他投
资者的基金全部退回，把享有盛名的对冲基金 SFM（Soros Fund Management）
变更为单一家族办公室，管理约 250 亿美元的家族资产。

富有家族自己不单独设立 SFO，而选择加入 MFO，可以享受到两大好处：

第一，降低参与门槛。FO 是一个昂贵的工具，成立一个收益能够覆盖成
本的 FO，其管理的资产规模不应低于 5 亿美元（约 30 亿元人民币）。这种量
级的流动性资产，对于大部分资产沉淀于企业中的第一代创业家而言，仍然是
一种较高的门槛。即使有足量的资本，某些家族可能还是希望能够从小做起。
抛开资产规模不谈，创办 SFO 本身就是一项巨大而复杂的工程，需要耗费家
族大量的时间和精力，而选择加入已有的 MFO 往往是家族尝试 FO 的起点。

第二，规模经济。家族选择加入已有的 MFO，无疑可以通过共享服务平
台、投资团队等降低运营成本；拥有多个家族客户的 MFO 有利于吸引更好的
投资经理、家族顾问、法律专家等专业人士加盟；由于不同家族拥有在多个行
业深耕的经验及更为广阔的商业网络，MFO 有可能获得更多的投资机会；同
时，各种内隐知识也更容易通过 MFO 的平台在不同的家族之间进行分享。

当然，有一利就有一弊，在获得诸多便利的同时，选择加入 MFO 也意味
着家族将丧失部分隐私，亦不能享受完全定制化和绝对控制权。

5.1.1.5　经验借鉴和启示

家族办公室对于中国家族来说是一个全新的领域，需要在充分吸收欧美及
海外华人 FO 的经验基础上，结合中国的实际情况进行本土化改造。欧美的 FO
经过上百年的演化历史，在不断试错的过程中形成了宝贵的治理结构、人才管
理、投资决策等独门秘籍。挑战在于，FO 是金融行业中最为隐秘的物种之一，

很难能够获得海外 FO 的第一手资料，而即使有机会走近 FO，也往往是雾里看花，因为每家 FO 的看门绝学不会轻易示人。但是，构建家族办公室不能摸着石头过河，因为鉴于家族办公室的特性，要么不犯错误，要犯错误就是大错误。

另外，也不能对国外成熟的 FO 管理模式照搬照抄，在充分借鉴吸收既有工具的基础上，应当结合中国特色的政治、经济、文化、法律环境以及本家族的特质进行改造，否则也只能落得水土不服、惨淡收场的结局。目前，国内相关机构如清华大学五道口金融学院正在进行前沿研究，探索适合中国国情的本土化家族办公室的解决方案，希望能够切实帮助中国家族走出一条真正适合自己的道路。

中国绝大部分家族财富都掌握在家族企业第一代创始人手中，没有人比创业家更擅长于创造财富，他们绝对是个中高手。但是，管理财富所需的知识技能/心智模式与创造财富相比大不相同，尤其在国际金融体系越演变越复杂的今天。过于自信可能使投资决策失误，使家族财富遭受重大损失；也有可能被具备更强金融能力而别有用心的机构或个人利用。家族一代应当保持谦虚和开放的心态，重塑自己的心智模式，通过学习与教育，真正理解并驾驭家族办公室这个复杂而精密的工具。

家族二代在参与 FO 方面将大有作为，很多二代都在海外大学接受金融或者经济方面的教育，在学习 FO 的过程中既是一代的有力助手，也将成为 FO 实际工作的重要承担者和发起人。与一代的磨合沟通和自身价值观的塑造将成为二代参与家族办公室的重点和难点。

家族办公室是家族财富管理的顶层设计，不能边设计边施工。家族应当充分掌握国际 FO 的发展规律，结合自身目标及实际情况进行系统的规划。治理设计包括结构、流程和文化的设计。鉴于 FO 作出的决策对家族具有重要而深远的影响，如何使 FO 高管的利益与家族利益完全一致是家族必须仔细思考并彻底解决的问题。例如，如何避免投资经理做关联交易和利益输送，需要从结构、流程和文化等方面精心设计、多管齐下，最大限度地解决家族与经理人之间的潜在利益冲突。

FO 高管的遴选与保留将成为中国家族面临的长期挑战。家族选择 FO 高管人员应像甄选医生一样严格谨慎，否则将给家族财富带来巨大的风险。FO 从业人员不仅必须具有过人的才干和专业技能，拥有极强的单兵作战能力，而且应该忠诚可靠、值得托付、持有与家族共同的理念和价值观，这样的人才在整个金融行业都是非常稀缺的。在中国的人才市场上几乎没有现成的人选，与此同时，家族办公室还将面临与私人银行、证券公司等金融机构抢夺人才的有力竞争。

5.1.2　家族办公室式治理模式①

家族办公室根据家族成员、家族、家族企业的不同需求提供全方位、菜单式的服务。家族治理、家族企业治理、家族信托、家族传承规划是家业长青的四大基石，家族办公室所提供的服务将围绕这四大基石进行更深的拓展。一般来说，根据客户财富资产规模以及需求的不同，服务内容也有所不同。

不论是面向家族成员的服务，还是面向家族的服务，抑或是面向家族企业的服务，家族办公室的服务主要涵盖了四大板块：法律筹划、税务筹划、财富管理以及其他。这四大类下的服务项目具有很强的专业性，主要由单一的团队完成，如由法律团队提供专业的法律顾问服务；部分则需要由统筹下的多个团队共同展开具体工作。

无论洛克菲勒、古根海姆，还是戴尔、李健熙家族旗下的 FO，在战略定位、管理模式和投资策略上均迥然有别。在形态各异的 FO 丛林中（见表 5-2），如何不陷入迷途，或成为中国富裕家族定位自家 FO 战略的利器，也是确保家族企业基业长青的基石。

表 5-2　　　　　　　　　家族办公室的不同类型

FO 阶段	FO 类型	含义	与家族和企业的相对位置	举例
家族企业（Family Business，FB）主导阶段	内置型	FO 为企业的内设部门或企业员工及其组合	与企业举例为零	三星秘书室
	外设型	FO 与家族企业平行，为独立的法人实体	介入家族和企业之间	戴尔家族办公室 美的何氏家族/盈峰资本 南丰陈氏家族/南丰投资
	分离型	FO 与家族企业相分离	与家族距离为零	皮特卡恩家族信托 龙湖地产蔡氏家族信托

① 案例资料来源于高皓，刘中兴，叶嘉伟. FO 光谱模型：定位你的家族办公室［J/OL］. 新财富，2014（6）：110-117.

FO 阶段	FO 类型	含义	与家族和企业的相对位置	举例
FO 主导阶段	一体型	FO 成为新的家族企业	与企业距离为零	洛克菲勒/斯科特家族/恒隆陈氏家族/恩荣金融
	控股型	FO 控股多家家族企业	介于家族和企业之间	欧尚穆里耶兹家族协会菲亚特阿涅利家族/EXOR

资料来源：高皓，刘中兴，叶嘉伟. 皮特卡恩家族办公室：退出家族企业后的财富传承 [J/OL]. 新财富，2014 - 1 - 21.

5.1.2.1　内置型家族办公室

内置型 FO 往往出现在家族企业发展的成熟期和家族办公室发展的早期，其表现形式通常是，在集团、控股公司或旗舰企业中设置战略投资、战略发展部等，或者在集团之下设立投资公司，在进行家族金融资本、社会资本、人力资本及家族事务的管理的基础上，承担家族企业内部的职能。有些内置型 FO 甚至并不是一个成形的机构，而是由深受企业家信赖的 CFO 或财务团队、家族二代等分担部分职能。

由于内置型 FO 的运营成本可分摊在企业之中。在通向家族办公室的道路上，其未尝不是一个好的开始，当今中国为数不少的 FO 即以这种形式存在。

三星创始人李秉喆创办的三星集团秘书室就是内置式 FO 的典型案例，其不仅兼顾三星集团的企业治理、人事管理，还负责李氏家族的资本管理、继承规划。由于以企业内置部门的形式存在，内置型 FO 有别于其他 FO，参与家族企业管理与介入家族事务同样重要。

金融资产投资在三星的案例中并不明显，主要因为创始家族的个人财富与家族企业资产高度重合。除了控股家族外，企业还有其他小股东。如何避免秘书室为了家族利益而损害集团以及小股东的利益？事实上，三星秘书室掌管的"秘密"，资金就是会长的个人钱库，是家族企业资产与个人财富的旋转门。但是，不可避免，公司利益有时会与家族利益发生冲突。

欧美家族倾向于将家族企业所有权和经营权、家族财富与家族企业资产分离，而亚洲家族则倾向于同时保有家族企业的所有权及经营权。内置型 FO 最大的挑战是公私不分、加剧家族与家族企业的利益冲突，成为大股东剥削小股东的利器。这在公司治理透明度要求越来越高的今天，可能给家族带来伤害。

5.1.2.2　外设型家族办公室

外设型 FO 通常以与家族企业平行的独立法人实体的形式存在，如有限责任公司、有限合伙企业、家族信托或家族基金会等。主要管理家族在家族企业以外的投资，看起来更像一家基金公司或对冲基金，帮助家族分散投资，熨平经济波动对家族财富的影响。

外设型 FO 可以与家族企业有着一定的业务或金融链接，但很少介入企业经营。例如，美的集团创始人何享健的儿子何剑锋所掌管的盈峰资本，就可以看作与美的集团并行的外设型 FO。内置型 FO 和外设型 FO 经常出现在家族企业的第一个创业阶段，家族企业通常仍由家族第一代掌控。

迈克尔·戴尔的家族办公室 MSD Capital 亦属于外设型 FO，MSD Capital 成立的原因是迈克尔·戴尔希望对家族资产进行集中管理和优化配置，以减轻对 IT 行业的风险敞口，构建多产业的投资组合。MSD Capital 介于家族和企业之间，其不参与戴尔公司的日常运营，除了将一部分利润贡献为家族基金会外，亦不干涉戴尔家族事务，它的投资理念是保证家族财富的长期升值。

外设型 FO 结构也出现在香港南丰集团。南丰由"棉纱大王"、"地产大王"、"窝轮大王"陈廷骅于 1954 年创办，业务横跨地产开发、投资、建筑及航运等领域，据估算南丰在香港地区及海外拥有的总资产超过 1 000 亿港元。南丰在香港地区的大型家族企业中属于低调的另类，其最近出现在公众视野中，原因之一是中国香港前财政司长梁锦松任南丰集团 CEO，其二是陈廷骅 2012 年去世后引发的家族争产案。

为了避免财富过度集中于房地产，陈氏家族 2011 年成立了独立于南丰集团的南丰投资顾问有限公司，聘用 20 多位全职的资深金融人士，管理家族在实业之外的金融投资组合，目前其管理资产超过 100 亿港元，投资领域包括股票、债券、PE 基金、VC 基金、对冲基金、股权直接投资、战略投资（例如远洋地产）等，形成全资产类别的投资组合。

5.1.2.3　分离型家族办公室

家族及家族企业在世代延续中，规模会逐步增加，各分支之间的矛盾也会凸显，事先委托的银行或家族信托也未必能够妥当处置。这时，家族离心力可能会导致家族企业被出售，这种情况下的 FO 就属于与家族企业分离的 FO。

出售家族企业所有权后的家族成员拥有大量可投资金融资产，分离型 FO

可以为其提供全方位的资产管理，并担负家族无形资产的传承工作，负责家族治理、慈善活动、遗产规划等全方位服务。

分离型 FO 中有众多名门望族的身影。1985 年皮特卡恩家族出售了手中世界 500 强 PPG 集团的股份，与创始企业完全脱钩。皮特卡恩成立了 FO 来管理变现后获得的一大笔家族财富，以及家族的人力资本和社会资本。这种无形资产的传承成就了皮特卡恩 FO 的特色招聘：家族传承战略信托和家族传承基金。

除了家族出售企业，其他事件也可能引发分离型 FO 的成立。2012 年年末，龙湖地产董事长吴亚军与蔡奎离婚，因其分割的家产庞大，广为世人瞩目。上市前，吴亚军与蔡奎设立了两个彼此独立的家族信托，分别持有各自的公司股权，从而将离婚给企业带来的冲击降到最低。蔡奎在香港地区设立的家族办公室，管理包括其龙湖股票在内的逾 200 亿港元投资组合，由于蔡奎在离婚后彻底淡出家族企业，其成为分离型 FO。

5.1.2.4 一体型家族办公室

一体型 FO 通常是分离型 FO 的升级版。经过相当长时间的磨砺，一方面，家族后代对 FO 越来越驾轻就熟，投资业绩也获得了其他家族的青睐；另一方面，单一家族办公室（SFO）昂贵的运营费用也使创始家族希望引入其他家族分摊成本，从而转变成联合家族办公室（Multi – Family Office，MFO）。

一体型家族办公室意味着 FO 成为新的家族事业，家族正式完成了从实业家族向金融家族的转变。

作为世界上最早出现的 FO 之一，洛克菲勒家族办公室就是一体型 FO 的代表。约翰·洛克菲勒（John Rockfeller）早在 1882 年就成立了 FO，打理家族在全世界的投资，其位于纽约洛克菲勒中心的"5600 房间"也开始为世人所知。洛克菲勒于 1870 年创建的标准石油公司在全盛期垄断了美国 90% 的石油市场，在反托拉斯浪潮中家族退出了石油公司的经营。这家起初仅为管理家族财富而设立的 FO 在一个世纪后开始为其他家族提供服务。截至 2013 年，Rockefeller & Co. 为来自全球的 260 个家族管理 231 亿美元的资产，成为世界上首屈一指的独立 MFO。

一体型 FO 还包括立足于英国的斯科特家族办公室沙艾尔（SandAire，这个名字源于省际集团的总部大楼）。1903 年，斯科特家族在英国创立了省际集团（Provincial Group），其主要业务为保险和商业银行，集团保费收入超过

5 000 万美元，员工 2 200 名。创始人的曾孙亚历山大·斯科特 1994 年将家族企业出售给法国 UAP 公司之后，于 1996 年创办了 SFO，初期聘用 6 名专家，同时为家族和 2 000 名共同持有公司 5% 股权的员工股东管理资产。

沙艾尔 2002 年开始对其他家族打开大门，转型为 MFO，目前其为 15 个家族管理着 27 亿美元资产。亚历山大这样表述家族在思考由 SFO 向 MFO 转变的心路历程："如果能创建企业，而不是成本中心的话，就可以吸引、保留和集中一批高素质的专业团队。这样不仅能满足家族成员的投资需求，还能创建新的家族企业。如果我们成功了，我们这代人就能保住资产，在继承遗产的基础上再开创一番事业。"

在亚洲，亦有部分家族由分离型 FO 发展为一体型 FO，如恒隆地产创始人之一陈曾焘之子陈仰宗，于 1993 年创办了恩荣金融（Grace Financial），管理其继承的财富，是一家典型的 SFO。1999 年其开始拥有专业化的投资团队，并以制度化的方式管理财富。恩荣金融由此发展为 MFO，包括由 10 名金融专才组成的投资团队，14 名专才负责家族咨询及礼宾服务，另有 2 名员工组成独立的风险及监察小组，专司风险管控。

5.1.2.5　控股型家族办公室

控股型 FO 则通过控股多个实业公司，对家族企业、金融资本及家族事务实行统一治理。当家族面临老一代成员去世，成员兑现退出等继承、控制权问题时，控股型 FO 可以集中家族成员股权、巩固家族对企业的控制权。

控股型 FO 还会进一步利用家族金融资本进行并购，或者鼓励家族成员开创新的事业，从而成为家族财富的再生平台。不同于外设型 FO，控股型 FO 志在成为实业企业的控股股东。其既可以提高家族金融资产的利用效率，也能够激发家族成员的创业激情。

世界 500 强法国欧尚（Auchan）和迪卡侬（Decathlon）的背后是庞大的穆里耶兹家族（Mulliez），其成员超过 600 人，财富规模为法国第二。穆里耶兹的控股型 FO 为家族的繁荣昌盛提供了莫大的支持。第一代创始人逝世后，如何处理 11 名兄弟姐妹的遗产成为第二代的难题，不同的家族成员掌握了不同分支的股权，而不在家族企业工作的成员也拥有相等的股份。为此，路易（Louis）和杰拉德（Gerard）两兄弟利用其继承的股份成立了穆里耶兹家族协会（Association Famililale Mulliez），其箴言"所有人参与所有事"亦可以被理解成家族成员"有福同享、有难同当"，在新投资项目出现时，家族成员也应当共同投资，共担风险、共享收益。

穆里耶兹家族协会目前拥有 16 家公司，包括家族成员的创业公司和收购的外部公司。其主要以长远目光投资高潜力、年营业额约为 1.5 亿欧元左右的企业，大部分投资分布在医疗、环境及能源等行业。通过穆里耶兹家族协会，穆里耶兹家族控制集团 87% 的股权，2012 年年末资产总值 180 亿欧元。

意大利著名汽车制造商菲亚特（Fiat）的创始家族阿涅利（Agnelli）也通过其控股型 FO 统治庞大的帝国。阿涅利家族的控股公司 EXOR 集团控制着汽车、金融、房地产、零部件和生产系统、娱乐和媒体等行业的数 10 家企业，拥有菲亚特、法拉利、玛莎拉蒂、克莱斯勒、尤文图斯俱乐部等多个著名品牌，年销售额超过 1 400 亿美元，堪称意大利的无冕之王。

1899 年，乔瓦尼·阿涅利（Giovanni Agnelli）创立菲亚特公司，经历过一战后的发展，菲亚特崛起为意大利著名的工业集团。为了巩固控制权，乔瓦尼在 1927 年成立控股公司 IFI（Industrial Financial Institute），完全掌握菲亚特的控制权，在菲亚特在欧洲的市场扎根发芽的同时，乔瓦尼·阿涅利又将不同行业的企业纳入 IFI 麾下，IFI 由此成为家族所有投资的基石。此后，另一家控股公司 IFIL 成立。为了简化家族财富的整体架构，IFIL 和 IFI 在 2009 年合并为 EXOR 集团，并在意大利证券交易所上市。

当第 5 代人陆续成年时，家族的直系后代已超过 50 人。为了简化家族成员间的股权交换，阿涅利家族第 3 代族长詹尼（Gianni）在 1987 年成立 GAeC 控股公司，其中包含家族成员所拥有的 IFI 普通股份。由于拥有 EXOR 的 59% 股份，阿涅利家族通过控股型 FO 直接与间接地控制了家族内的所有投资。

5.1.3 典型案例

5.1.3.1 皮特卡恩家族办公室①

在 2013 年的《家族办公室评论》年度颁奖仪式（Family Office Review Award）上，资产管理行业翘楚、皮特卡恩家族办公室（Pitcairn）首席投资官（CIO）里克·皮特卡恩（Rick Pitcairn），当选年度最佳 CIO。与此同时，皮特

---

① 高皓，刘中兴，叶嘉伟. 皮特卡恩家族办公室：退出家族企业后的财富传承 [J/OL]. 新财富，2014 - 1 - 21.

卡恩家族办公室也获得了年度最佳联合家族办公室（Multi Family Office，MFO）及年度最佳联合家族办公室 CEO 等奖项。

在颁奖典礼上，里克·皮特卡恩这样总结："变革从来不是皮特卡恩家族做出的选择，而是一种事实。我们的工作就是帮助家族在（外部）变革的驱动力与（家族）持续性的需求中寻找平衡。"家族办公室的成功，离不开与家族共享的独特价值观及经营理念。皮特卡恩家族办公室在迅速变化的投资世界中坚持其传承理念及核心价值观，为国内家族提供了一条可参照的资产管理路径（见表 5-3）。

表 5-3　　　　　　　　　皮特卡恩家族办公室发展历程

时间	发展历程	办公室衍变
1883 年	约翰·皮特卡恩与约翰·福特（John Ford）联合成立了匹兹堡平板玻璃公司（PPG）	
1923 年	约翰的 3 个儿子成立了 素控股公司掌管家族持有的 PPG 股份	皮特卡恩家族办公室的雏形
1985~1987 年	皮特卡恩家族已发展到第 3、第 4 代，1985 年家族决定，将持有的 PPG 股份以 5.3 亿美元全部出售，完成家族与创始企业的完全脱钩	1987 年成立了皮特卡恩信托（Pitcairn Trust），单一家族办公室，专门管理家族的流动资产
1989 年	皮特卡恩信托推出了皮特卡恩家族传承战略信托，一只专门投资于家族企业股票的信托基金，并在同年将家族办公室的服务对外开放	正式成为联合家族办公室（MFO），为其他富有家族提供财富管理服务
2000 年	皮特卡恩信托将皮特卡恩家族传承战略信托、皮特卡恩分散价值型基金、皮特卡恩国际股票基金、皮特卡恩应税债券基金注册为共同基金，名为"皮特卡恩家族基金"，并重组于皮特卡恩信托的新分支——皮特卡恩基金（Pitcairn Fund）名下	重组皮特卡恩家族基金
2004 年	皮特卡恩基金扩大其客户群并加入了星座投资管理公司的星座基金系列。为了迎合家族办公室的多元化服务，皮特卡恩基金在 2004 年改名为皮特卡恩金融集团（Pitcairn Financial Group）	围绕家族需求，承担所有职能，进一步到达家族办公室的顶端，成为全能型的专业 MFO
2011 年	皮特卡恩与分布于全球的 6 间家族办公室联手，在 2011 年成立了威格摩尔协会（Wigmore Association）。它由 7 间家族办公室的 CIO 组成，每年举行两次会议	联手 SFO 全能型顶级 MFO

资料来源：皮特卡恩家族办公室官网（www.pitcairn.com）。

皮特卡恩家族办公室在成立初期就非常重视家族成员的需求，寻找家族整体利益和家族成员个人追求的平衡点。这也是它一直保持的特性。如今，皮特卡恩家族办公室已拥有 90 年的历史，也有 26 年联合家族办公室的经验，旗下管理着 360 亿美元的资产，其 110 个家族客户中 42 个都是几代以上的家族。

在从实业家族转型金融家族的道路上，皮特卡恩家族成功找到新的财富创造点，把家族的控股公司发展成为一家专业的 MFO。这家全能家族办公室除了基本的财富管理外，还涉足不动产、税收筹划、慈善活动、家族日常事务及传承计划等领域。其业务可分为四大部分：

传承计划：为客户设定接班计划，协助家族成员进行沟通，为家族下一代拟定教育培训计划，建立弹性的家族治理结构。

信托计划：以对家族的深刻理解和管理信托的长期经验，提供创新的信托策略，实现受益人的长期价值最大化。其投资理念仍是对长期回报的追求，他们认为，更多的超高净值财富家族会偏好投资于 PE 与基础建设。

家族日常事务：帮助家族从个人理财、支出预算到税收筹划等方面管理财富，包括个人理财与预算、账单支付及物业费用等；行政管理与会计涉及更广泛的家族实体，如基金会或家族有限合伙公司；税收筹划则从个人、公司、信托和基金的整体角度将利润最大化；财务申报帮家族提供一张整体的投资分布图，分析其财富结构。

联手 SFO：与其他 SFO 联手，为已有 SFO 的家族提供专业技术和资源的支持，提出相应的传承计划，同时保持客户的独立和隐私。皮特卡恩与分布于全球的 6 间家族办公室联手，在 2011 年成立了威格摩尔协会（Wigmore Association）。它由 7 间家族办公室的 CIO 组成，每年举行两次会议。CIO 们可以通过会议进行交流，分享各自的投资理念和对家族需求的观点，分析当前经济状况和市场走势。该协会目前的主席是里克·皮特卡恩。

欧美经验显示，大多数创始人及家族最终会选择出售企业的控股股权，将获得的财富传给子孙。未来 10 年，家族企业出售浪潮更将蔚为壮观。家族出售企业之后面临的问题将是：如何管理数量巨大的可投资金融资产？与初创企业脱钩之后，家族的下一个事业平台在哪里？

对于第一个问题，皮特卡恩家族提供了一个绝佳的案例。家族办公室与皮特卡恩家族命运密切相关，家族的所有关键性决定都有皮特卡恩家族办公室的身影。随着 PPG 创始人约翰及其特殊资产的离去，渐渐对家族企业失去兴趣的后代四分五裂，这时的家族办公室作为家族财富管理的顶层设计者，将家族成员紧紧地连在一起。皮特卡恩家族把分散的金融资本汇集在一张资产债务表中，进行统一的财富管理；通过成立家族董事会及家族委员会管理家族资本；规划家族成员的教育及培训成长计划，管理人力资本；通过参与慈善活动和与其他 SFO 合作扩大家族的社会资本，充分利用所有资源充实家族办公室的功能，成就了家族办公室业内的经典案例。

对于第二个问题，皮特卡恩家族的实践同样提供了一个可供参考的样本。家族办公室在功能上替代了家族企业 PPG，在管理家族事务的同时，逐渐变成新的皮特卡恩家族企业，同时扮演着双重角色。皮特卡恩家族企业的模式转变并不是个案，出售创始企业股权之后将家族办公室作为新的事业平台是不少家族的选择。

5.1.3.2　洛克菲勒家族办公室①

约翰·戴维森·洛克菲勒（John Davison Rockefeller，简称"老洛克菲勒"），标准石油（Standard Oil）的创始人，他是美国第一个财富达到 10 亿美元的富豪。他所积累的财富至今仍然在为家族服务，在信托委员会和别名"5600 房间"的家族办公室的打理下，现在这一家族已经走到了第 6 代。小洛克菲勒传承财富的主要方式是信托，而信托资产的主要组成是老洛克菲勒留下来的石油股票，也正是他设立的这些信托让洛克菲勒家族的财富能够传承至今。

在财富内部传承之外，洛克菲勒家族更是运用他们的财富为社会做出贡献，并使家族的影响力渗透到世界各地。

关于信托的具体信息属于家族机密，并不为外人所知，不过还是有一些其他信息来源让我们可以大致了解这一有点神秘的财富传承工具。这些信托的受益人是小洛克菲勒的后代，一份信托协议对应一个受益人，每份信托的本金自动传给其受益人的子女。受益人在 30 岁之前只能获得分红收益，不能动用本金，30 岁之后可以动用本金，但要信托委员会同意，例外的是，小洛克菲勒的妻子和女儿在任何条件下都不能动用信托的本金，只能获取收益。

这些信托的委托人是小洛克菲勒，形式是不可撤销信托，即信托协议不可以被更改或终止，除非受益人同意。这意味着，委托人把资产注入信托之后，即在法律上完全失去该资产的所有权以及控制权，这样可以在有效避税的情况下，把家族财富至少传至第 4 代。

虽说受托人在信托协议中被授以处置信托资产的权力，但小洛克菲勒另外

---

① 王翔，杨飒. 洛克菲勒家族"六代帝国"的财富秘密（上）[J/OL]. 新财富，2012 - 9 - 28.

指定了一个由 5 人组成的信托委员会，并给予其处置信托资产的绝对权力，包括有权指示受托人按其指令行动以及在信托委员会投票一致通过的情况下更换受托人，这个委员会也成为日后洛克菲勒家族财富传承的核心。

除信托之外，还有一个机构在洛克菲勒家族的财富传承中起到了决定性的作用，这就是洛克菲勒家族办公室，它为人所知的名字叫 "Rockefeller Family & Associates"，又被称为 "5600 房间"。这个机构可以被看作整个家族运行的中枢，100 多年以来，它为洛克菲勒家族提供了包括投资、法律、会计、家族事务以及慈善等几乎所有服务。

该机构的前身由老洛克菲勒在 1882 年组成，当时老洛克菲勒需要一些专业人士来帮助他打理庞大的资产以及一些慈善活动，但由于他在很长一段时间内都拒绝将其投资团队专业化，所以家族办公室一直非正式地运行着，直至 1908 年，他最得力的助手盖茨竭尽所能终于说服老洛克菲勒组成了一个 4 人委员会来管理其资产。这个委员会包括盖茨以及小洛克菲勒，由盖茨全权负责。盖茨之后，麦肯齐·金、雷蒙德·福斯迪克、艾维·李（Ivy Lee）、查尔斯·海特（负责房地产）以及卡特勒等各界人才先后加入了家族办公室的核心顾问团队。

根据 1974 年迪尔沃斯提供的文件来看，家族办公室负责除 1934 年及 1952 年信托资产以外的家族资产，并根据不同家族成员的需求提供不同的投资顾问服务。在迪尔沃斯的领导下，家族办公室旗下有三个投资部门，分别负责传统投资、房地产和风险投资。传统投资部门负责股票和债券；房地产部门负责家族成员的房地产管理以及投资；风投部门通过家族公司 Venrock 进行投资。

1980 年，洛克菲勒家族办公室成为在美国证券交易委员会注册的投资顾问公司，这家由洛克菲勒家族控股的机构叫洛克菲勒金融服务有限公司（Rockefeller Financial Services Inc），原先只为家族成员服务的家族办公室现在也为外部客户提供资产管理服务。

5.2 家族基金与家族企业治理

5.2.1 家族基金概述

基金有广义和狭义之分。从广义上说，基金是机构投资者的统称，包括信托投资基金、单位信托基金、公积金、保险基金、退休基金，各种基金会的基金等。从会计角度分析，基金是一个狭义的概念，意指具有特定目的和用途的资金。例如，虽然政府和事业单位的出资者不要求投资回报和投资收回，但要求按法律规定或出资者的意愿把资金用在指定的用途上，因此也形成了基金。

基金一词在中国有多种含义，当前最常用的含义指由基金管理公司或其他发起人发起，通过向投资者发行受益凭证，将大众手中的零散资金集中起来，委托具有专业知识和投资经验的专家进行管理和运作，由信誉良好的金融机构充当所募集资金的信托人或托管人。这种基金是与股票相对应的一种大众化的信托投资工具，在市场上通常说的"基民"，指的就是投资这种基金的购买者。

简单地说，基金是一种集合理财的投资工具，严格意义上并不是法人实体，也不是任何的机构和组织，但是在日常的使用中人们还是习惯把基金当作一种机构来看待。一般而言，基金正是通过公募或私募以及政府注资等多种形式，将投资者所投资的资产集合成为一个资产池，通常初始的资产池主要是由现金资产构成，然后被委托的基金管理人可以将这些资产投资于其他货币、股票、债券、期货期权、大宗商品以及诸如房地产、金属等基金章程所规定的具体领域，通过对这些资产的操作实现投资者的目的。

按照投资领域的不同来分，共同基金、对冲基金和家族产业基金是基金中三种最主要的形式。根据组织形式的不同，可划分为，可划分为契约型基金、公司型基金；根据设立方式的不同，可划分为封闭式基金、开放式基金或半开放式基金；根据投资对象划分，可划分为股票基金、货币市场基金、期权基金、房地产基金等。按照筹资方式来分，基金可以分为公募基金和私募基金。

在下文中，我们所要讲的家族基金中的一大类——家族产业基金，主要是集合在一起为家族产业服务的基金，其筹资来源主要是家族成员或者是家族企业，其投资方向可以是一级市场，也可以是二级市场，投资品种趋向于多元化，如房地产、艺术品、企业股权、债权以及其他的动产和不动产，但在本书中，我们所重点关注的是家族产业基金用于投资一级市场中所起的作用。

家族基金指资金主要来源于同一家族的多个成员的基金，家族基金主要用于实现家族产业的多元化，分散家族企业的经营风险，实现家族企业的转型升级，加强家族向心力，加强家族联系交流，实现家族基业长青和有效传承。广义的家族基金按照其目的分类可分为家族保障基金、家族产业基金和家族公益基金。狭义的家族基金指的是家族产业基金。如上文所述，家族投资基金主要投资于一级市场，包含家族母基金、天使投资、股权投资、专项产业投资、并购投资、特色产业基金等工具，还囊括二级市场基金，帮助家族企业实现产业链纵向和横向的扩张，实现家族企业发展的多元化和转型升级，加强家族财富抵御风险的能力。家族保障基金一般以家族信托作为主要工具，用以保障家族和子孙后代的基本生活，以及教育医疗等事宜。家族公益基金既能帮助家族规避高额的遗产税，又能提升家族企业的品牌，使家族企业实现回馈社会的目的。

一个典型的例子是，台塑创始人王永庆早在 1976 年就谋划通过家族基金实现家族企业的永续传承，当年他创立了长庚医院，并将其作为台塑集团的主要股东。① 王永庆对台塑旗下的核心企业进行了精心的设计，核心子公司之间交叉持股，同时以金字塔的形式控股其他下属企业，使得王氏家族成员通过长庚医院将整个台塑集团牢牢掌握在家族手中。

与此同时，一旦王永庆过世，王氏家族还能避免缴纳过高的遗产税。长庚医院还专门成立理事会，其核心成员由王氏家族成员、各方面专家和社会知名度较高的人士组成，如要进入台塑集团董事会，必须得到理事会 2/3 理事同意。

通过这样的设计，王永庆达到了多重目的：首先，王氏家族通过控制长庚医院理事会，永久拥有台塑集团的控制和管理权，王氏家族永续传承的愿景得以实现；其次，由于慈善机构内部的股份无法被子女出售，王氏家族企业就不会被瓜分、分割；最后，通过此种家族基金的形式，使得企业和家族其他财产实现分离，即便家族内部出现矛盾，企业的运营、管理以及价值不会受到影响。由此，王永庆既能使得家族企业实现有效传承，又能回馈社会，建立家族品牌。

5.2.2 家族基金式治理模式

对于家族而言，家族企业不仅是财富的生产者与载体，也是家族企业主毕生的努力结晶和情感的依托。中国市场经济虽然只有短短的 30 年，但随着第一代企业家的渐渐老去，家族传承的需求日益强烈，利用家族基金进行企业传承的"顶层设计"，实现家族企业有效传承成为一种有效的方式。本节试图从

① 贾明军，王小成. 三大家族基金会的运作模式 [J/OL]. 财富管理，2015 - 6 - 19.

家族基金顶层设计的角度展开探讨，以期寻求适合中国家族企业传承的模式和方法。

家族基金是家族实现财富保值增值以及传承的重要工具，在利用这种工具为家族服务的过程中，可以按照目的将家族基金分为三种类型：

（1）家族保障基金。家族保障基金是指将资产委托给专业信托机构，指定特定受益人的模式。其优势在于财产隔离，避税增值保值，信息严格保密。通过设立家族信托，将资金委托给专业的信托机构，指定家族特定的受益人，当家族企业出现经营风险时，债务追索就不会影响到家人后代，实现风险隔离，同时，信托还能起到避税，并具有较强的保密性。家族保障基金的一般做法是与家族信托相结合，但是国内的家族信托还缺乏完善的法律基础和信任基础。因此，在现有条件下，海外的家族信托更能实现保障家族基本生活的职能，一般家族信托可以和大额保单相结合，通过资本杠杆实现家族利益的最大化和成本最小化。

（2）家族产业基金。在家族与企业之间嵌入一层结构，在家族成员个人与企业所有权相隔离的同时，实现对企业控制权的集中行使。同时家族产业基金还可以通过母基金、天使投资、股权投资、私募股权等形态，实现家族产业链横向和纵向的扩张，帮助家族企业实现多元化的资产配置以抵御风险。实现家族企业的转型升级。家族产业基金一般有三种组织形式，分别为信托制、合伙制和公司制，具体内容在下个小节详细介绍

（3）家族公益基金。根据中国的基金会管理准则，所谓基金会指的是用自己的资金从事社会公益和非营利性，并关注教育、社会、慈善和宗教等领域的机构。基金会的作用更偏向于树立家族品牌并是家族企业回馈社会的一种方式，通过建立家族基金会还可以实现家族企业避税的功能。

中国家族企业的传承仍然以传统的"遗嘱"模式来实现家族企业控制权的转移，但家族资产并不等同于个人资产，需要科学的规划和完善的组织架构安排，才能实现顺利传承，根据国内外的相关案例来看，家族企业的传承需要利用家族基金做科学的架构安排。

家族理事会由最能代表家族利益的核心成员组成，直系亲属或家族内其他人员作为家族内部沟通的主要平台；通过分离家族决策与董事会决策，实现家族利益与企业利益的平衡。家族办公室由长期服务于家族事务的专业人员或专业咨询管理公司担当；根据家族委员会要求制定规则；负责家族企业成员的培养；监管各基金运行情况等事务性工作。

家族保障基金提供信托财产的一方作为委托人；由专业信托公司担当受托人；由委托人指定受益人；信托合同负责家族成员后代的生活保障家族产业投资基金参与家族经营的主要成员作为执行合伙人；家族其他成员作为一般合伙人；合伙协议负责管理家族企业主营业务，对相关事项进行重大决策以及主营业务以外的项目投资，如实业、证券投资。

家族基金会族成员或外聘专业人员作为理事会成员；负责公益性工作，如捐赠资金、建立学校等。这种以家族基金为核心的结构安排能够为家族资产的增值和家族财富的传承打下扎实的基础：

（1）如此安排能够帮助家族企业实现数代传承打下坚实思想基础，家族委员会的建立能够帮助家族建立坚实的家族治理结构，也有利于家族价值观的形成，从而引导家族成员确立家族的价值观。

（2）通过建立家族委员会和家族产业基金，能够从机制上缓和家族成员的内部矛盾，实现家族的长期发展，家族委员会和产业基金可以对家族成员之间的冲突，形成两次调解机制，首先可以用内部利益作为调和，其后可以用法律决议机制来进行调和。

（3）运用家族基金统一管理企业股权，保障家族控股企业的股权集中度。运用家族基金解决接班人的问题，实现财产所有权与管理权的有效分离。家族产业基金以合伙形式存在，可以用法律手段保障核心企业的整体股权不被分割转让，保障了家族作为整体对家族企业的控制权，如爱马仕集团的家族成员就曾联合起来反对路易威登集团的收购。

（4）有利于家族成员的基本生活的保障和家族持续的发展。三种基金的分别设立，使得家族成员的生活和家族企业经营风险隔离开来，家族成员既可以在基本生活与教育上有基本保障（家族保障基金），同时企业又能够通过主业上的发展保证家族的持续繁荣（家族产业基金），在未来，无论家族企业经营好坏，家族的基本生活都能够得到保证。

（5）有利于家族意愿与企业意愿的统一。通过家族委员会的内部沟通，以及家族基金合伙人的决策，在企业层面，家族的意志通过股东会作出的决策而体现，从而转化为企业意志。

（6）为家族企业未来进行社会化变革预留空间。因家族产业基金集中了家族成员股权，成为企业的大股东具有控制权，未来可根据情况引进合作方、投资方参股家族企业，扩大家族企业影响的领域与范围；同时，还可在世界范围内寻找合适的职业经理人参与企业管理而不必担心管理失控。

5.2.3　典型案例

依赖与时俱进的实业扩张、广阔的政治人脉，以及金字塔形隔绝债务的公司架构、不断紧跟全球趋势变化调整的资产结构、通过基金会等方式传承财富的技巧，瑞典的瓦伦堡家族度过了一次次经济危机，将财富积累与保全的故事延续了 160 多年。

2008 年，全球众多富豪资产缩水超过 50%，钢铁大王米塔尔、金沙赌王谢尔登·阿德尔森等新富身家缩水超过 200 亿美元，与此同时，一些财富世家却躲过一劫，损失有限。瑞典的瓦伦堡家族（Wallenberg）即是一例，其旗舰公司银瑞达（Investor AB）的股价在 2008 年前三季度仅下跌 10%。

瓦伦堡家族信守一句箴言：存在，但不可见。因此，这一家族和银瑞达在中国鲜为人知，但其旗下众多跨国公司包括 ABB、阿斯利康（Astra Zeneca）、阿特拉斯·科普柯（Atlas Copco）、伊莱克斯（Electrolux）、爱立信（Ericsson）、胡斯华纳（Husqvarna）、萨博（SAAB）、瑞典北欧斯安银行（SEB）等却多大名鼎鼎（见图 5 - 1）。作为这些公司的第一及第二大股东，银瑞达 2008 年第三季度的净资产达 1 153 亿瑞典克朗，约合 1 157 亿元人民币。瓦伦堡家族则持有银瑞达约 23% 的股权。

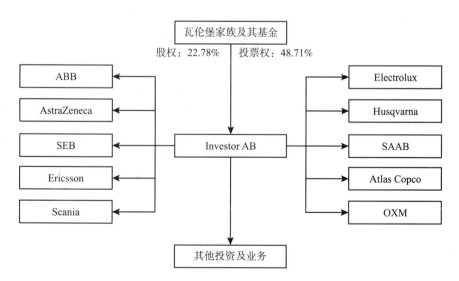

图 5 - 1　瓦伦堡家族及其基金

资料来源：银瑞达集团官网（http://www.investorab.com/）.

从 1846 年家族始祖安德烈·瓦伦堡投身航运业算起，瓦伦堡家族的财富故事已延续 160 多年，目前担任银瑞达董事长的是第 5 代传人雅各布·瓦伦堡（Jacob Wallenberg）。纵观其百年发展史，瓦伦堡家族的财富积累与保全有赖与时俱进的实业扩张、广阔的政治人脉，但其金字塔形隔绝债务的公司架构、不断紧跟全球趋势变化调整的资产结构、通过基金会等方式传承财富的技巧，同样起到了重要作用。

5.2.3.1　借大萧条实现扩张

瓦伦堡家族由航运业发迹后，于 1856 年创办瑞典首都斯德哥尔摩第一家私人银行 SEB，并以银行为枢纽、借助两次经济危机的机会逐渐向其他产业扩张，应验了安德烈·瓦伦堡的观点："好生意总是在坏运道中做成的。"

其第一次扩张在 1877 年瑞典经济衰退时期展开。当时 SEB 的许多客户陷入流动性困境，为了挽救这批公司，SEB 对部分企业进行"债转股"，由此成了阿特拉斯·科普柯、斯堪尼亚等一大批公司的股东。19 世纪 90 年代末期，瓦伦堡家族已控制瑞典股票交易所上市公司 40% 的股份，堪称富可敌国，"在瑞典商界，没有哪件事情没有瓦伦堡家族企业的参与"。1903 年瓦伦堡家族旗下的 ASEA 公司在瑞典市场受到德国公司的竞争威胁时，该家族甚至成功游说瑞典议会将电力设备进口税从 10% 提高到 15%，从而挤掉了德国公司。1916 年，由于瑞典法律禁止银行拥有公司股权，SEB 银行因此被拆分成 SEB 银行和银瑞达（Investor AB），从此，瓦伦堡家族主要通过银瑞达持有其他公司股权，进行资产配置。

第二次扩张发生在 1929 年前后的大萧条时期。当时瑞典约 1/3 的公司倒闭，银瑞达以极其低廉的成本收购了一些暂时亏损但具发展潜力的公司，包括以 1 瑞典克朗、承担 100 万克朗债务的方式收购阿斯特拉公司（Astra），1998 年阿斯特拉与英国制药公司捷利康（Zeneca）合并为阿斯利康，成为世界第三大制药集团。

当前的金融危机中，银瑞达又再次面临投资机遇。由于银瑞达的资产主要是对其他公司的股权，盈利主要取决于股利分配和股权的公允价值变动，因此公司的负债率很低，仅为 15%。再加上其资产多是市场流动性较好的公司股权，数据显示，2008 年底，银瑞达总资产约为 1 407 亿瑞典克朗，其中包括 966 亿瑞朗股权投资以及大量现金及等价物，几乎不存在流动性风险，因此在 2008 年的金融风暴中，其受到的冲击相对有限。由于有充裕的现金储备，银瑞达 2008 年不断增持旗下各家公司股票，由此不仅摊薄了持股成本，也稳定了旗下公司股价，保持了自身的资产稳定。

5.2.3.2　分散投资，隔离负债

和东亚家族企业类似，瓦伦堡家族的财富通过银瑞达与底层公司资产相连，也通过银瑞达与底层公司的负债隔绝，其不同之处在于银瑞达是上市公司，并且资产相对更加分散，其持股的工业类公司约占 32%，其余还包括金融、药业、IT、媒体、消费品等公司。

在 2008 年金融危机中受到冲击最大的多为高负债公司，如谢尔登·阿德尔森控制的金沙集团资产负债率高达 80%，再加上谢尔登的财富集中表现为持有的金沙集团股权，因此，公司股价下跌直接导致其个人财富缩水超过 90%。而银瑞达旗下公司尽管负债相对较高，如 ABB、伊莱克斯、阿斯利康、爱立信资产负债率分别约为 60%、80%、70%、45%，但其资产并不与旗下公司负债直接挂钩，再加上投资相对分散，因此瓦伦堡家族受到的冲击远远小于谢尔登。

5.2.3.3　追随趋势

在 100 多年的经营中，银瑞达不仅推动旗下公司融入潮流，在投资手段上也与时俱进。始于 20 世纪 80 年代的全球化大潮中，银瑞达旗下公司纷纷在全球范围进行资源整合，发展成为业内领先的跨国公司。以 ABB 为例，其前身为 1883 年成立的 ASEA，直至 20 世纪 70 年代，ASEA 还主要在瑞典国内发展，1987 年瓦伦堡家族将 ASEA 与瑞士 BBC 公司合并为 ABB，开始国际化的扩张。此后两年，ABB 在西欧和北美市场收购 55 家公司，并与美国电气巨头西屋成立合资公司，从而在美国站稳脚跟。1996 年 ABB 与德国奔驰的铁路运输系统业务合并，成为全球最大的铁路系统提供商；在东欧通过并购与合资，ABB 在东德、波兰、捷克斯洛伐克等建立 60 多家公司，雇员超过 2 万人；在中国，ABB 自 2002 年以来对能源、电气、自动化等领域迅速渗透，数据显示，2006 年 ABB 来自中国市场的订单、销售额分别达到 31 亿美元、28.28 亿美元，同比分别上升 26% 和 19%，按销售额计算，中国成为 ABB 集团的第一大市场。

通过国际化扩张培育一批跨国公司后，为了发现更多的 ABB、爱立信和伊莱克斯，1994 年银瑞达联合一些投资者共同创建了股拓集团（EQT PARTNERS），涉足新兴的 PE 领域，投资具有成长潜力的中型企业，单项投资规模

为 5 000 万~1 亿美元。现在殷拓集团一共募集并且管理着 8 只不同种类的基金,成功投资并且实现退出的企业超过了 20 家。针对大中华区的发展机会,2000 年银瑞达联合殷拓集团成立了 Investor Capital Partners (ICP), ICP 管理的基金规模为 3.22 亿美元,其中来自银瑞达的资金约为 2 亿美元。

目前,根据公司规模、公司类型、投资时间长短和不同的控制权情况,将投资划分四个方向,包括核心投资、运营投资、PE 和财务投资(见表 5 -4),其中核心投资包括 ABB、爱立信等跨国上市公司,资产合计占银瑞达总资产的80%;运营投资对象为跨国大中型非上市公司,包括与和记黄埔合资的 3G 业务公司 3 Scandinavia; PE 主要投资保健、IT 和技术领域的中小成长型非上市公司,曾成功投资阿里巴巴等。

表 5 -4　　　　　　　　　　**银瑞达的核心投资**　　　　　　单位:百万瑞典克朗

公司	行业	持股比例(%)	投票权(%)	市值	
				2008 - 12 - 31	2007 - 12 - 31
ABB	电气自动化	7.3	7.3	19 170	30 771
阿斯康利(AstraZeneca)	制药	3.6	3.6	15 837	14 290
阿斯特拉·科普柯(Atlas Copco)	机械设备	16.6	22.3	13 557	18 227
瑞典北欧斯安银行(SEB)	金融	20.7	21.1	8 608	22 662
爱立信(Ericsson)	电信	5.1	19.4	9 611	12 417
伊莱克斯(Electrolux)	白电	12.7	28.8	2 614	3 969
胡斯华纳(Husqvarna)	机械设备	15.4	28.7	2 330	4 134
萨博(SAAB)	汽车制造	19.8	38.0	1 545	2 799
斯堪尼亚(Scania)	卡车制造	—	—	—	14 612
北欧证券交易所(OXM)	金融	—	—	—	3 412

资料来源:银瑞达集团官网(http://www.investorab.com/).

5.2.3.4　双层股票结构与基金会传承财富

瓦伦堡家族的财富故事中有两大颇具特色的设计:一是对银瑞达的双层股票结构。二是通过瓦伦堡家族基金会实现财富传承。

由于银瑞达是公众持股的上市公司,瓦伦堡家族通过双层股票结构保证控制力不被稀释,即把公司股票划分为 A 类和 B 类股票,其中 A 类股票的股东 1股享有 1 票投票权,B 类股票的股东 1 股享有 1/10 票投票权。数据显示,银瑞达总股本为 7.67 亿股，分别为 3.12 亿股 A 类股票和 4.55 亿股 B 类股票，A、B 类股票的资本比例约为 4∶6，但由于同股不同权，投票权比例接近 9∶1。银瑞达前五大股东的股权比例仅为 32.95%，但投票权高达 60.35%，其中，瓦伦堡家族通过瓦伦堡家族基金会和 SEB 基金会（SEB Foundation），以不到 25% 的股权获得了超过 50% 的投票权，牢牢保持对银瑞达的控制权。除投票权不同外，A、B 类股票均享有同等的资产分配，分红等股东应有权利，双重股权结构的好处在于，在稀释股权进行融资的同时，能够使大股东保持着对公司的控制权。

就像将旗下公司股票的分红权与投票权相分离一样，旗下包括多只基金的瓦伦堡家族基金会运作的核心是将股权继承权与财产继承权相分离，每位家族继承人都可以通过股权分红、家族成员之间的股权转让等获得财产继承，但只有那些有经营能力的继承人才能保留股权份额，并负责家族企业的经营，其他人无权插手。这样既可以为家族成员源源不断地提供生活保障，同时割断了家族成员与家族企业之间的紧密联系，防止遗产继承纠纷导致家族财富贬值或股权控制力分崩离析。

第6章

家族企业传承

6.1 家族企业传承需求

6.1.1 中国家族企业面临的挑战

6.1.1.1 传承高峰期到来

经过了 30 多年的发展，中国 80% 的家族企业未来 5～10 年将进入交接班阶段，其中有 95% 的家族企业选择代际传承，家族企业传承的高峰期正在到来，且恰好与全面深化改革期以及经济社会转型期相互叠加，从而使这一轮企业传承具有更为深远的历史意义。① 以江苏省为例，据 2013 年调查数据显示，第一代民营企业创始人，平均年龄是 50.4 岁，50 岁以上的占到 44.9% 。目前有 23.4% 的一代企业家将实现新老交替，在今后的三个 5 年里约有 13.3% 、25% 、32.1% 的民营企业计划完成传承。由此可见，第一代民营企业在今后的几年里将进入换代的高峰期，也意味着民营企业的代际传承进入到了关键时期。

国际上很多研究机构对家族企业进行了长期的跟踪和调研。结果表明：

（1）在国际上，大概有 80% 的家族企业的生命在第二代的手中完结；

---

① 周锡冰 . 中国家族企业为什么交不了班［M］. 东方出版社，2014.

（2）大约只有 13% 的家族企业能够传到第三代；

（3）中国家族企业的平均寿命只有 2.7 年；

（4）美国家族企业的平均寿命长达 24 年。

"24" 的启示——"传承关"

有关专家和机构研究发现：24 年恰恰是第一代企业家的平均退休年龄。企业家三四十岁创业，五六十岁退休，此时相当大一部分企业可能会垮掉。

中国改革开放至今已 30 多年，改革开放以后的第一代企业家已经到达或者即将到达退休的年龄，这些企业家都面临着传承的问题。企业到了这个阶段，如果按照国际上的标准和惯例，可能有 80% 的企业无法继续传承下去，在中国这个比例可能会更高。所以我们既有乐观的一面，也有悲观的一面。

6.1.1.2 传承问题屡见不鲜

自古以来，对于有着根深蒂固家族观念的中国人，分家是一件重要而令人痛苦的事。纯粹的亲情在财富的诱惑下屡屡变质，凸显出人性的阴暗和不安。尤其是那些富豪家族，数以亿计的家产该如何分割？权力交接如何顺利完成？香港中文大学经济及金融研究所范宏博博士考察了新加坡、中国香港和中国台湾共 250 家上市公司董事长下台前后 5 年的股票表现，数据表明，创始人的下台会导致平均 56% 的价值损失，这种高昂的"换代折损率"和喧嚣的家产纠纷，让每个第一代创业者身心俱疲。而富豪们的分产结果可谓"几家欢乐几家愁"①（见表 6-1）。

表 6-1　　　　　　家族企业传承和财产分配问题典型案例一览

时间	企业家族	代际传承与财产分配问题
2005～2007 年	香港华懋集团	创始人王德辉—继承人龚如心—再继承人的纠葛
2006 年	大连新型集团	家族企业遭遇遗嘱门，错综复杂的家族继承关系

---

① 薛盘栋. 富豪家族遗产纷争代价高，邵逸夫分产做法值得称道 [J/OL]. 时代金融，2012-8-2.

时间	企业家族	代际传承与财产分配问题
2006～2009 年	温州远东皮革	管理混乱，家族纷争
2009 年	台湾王永庆家族	掌门人去世，7 人决策小组，儿子、养子、私生子乱作一团
2010 年	澳门何鸿燊家族	几房太太和 17 个子女如乱麻般的纷争
2011 年	日照钢铁/真功夫等	钢铁大亨杜双华离婚案导致财产重新分配 真功夫蔡达标离婚案导致财产重新分配
2012 年	新鸿基郭氏家族	三兄弟郭炳湘、郭炳江、郭炳联不和，股权调整，内部混乱
2014 年	山西海鑫集团	李海仓去世，李兆会接班亏空百亿家产

资料来源：由作者通过公开资料整理所得.

华人在第二次世界大战后涌现出的一批超级富豪，近年来均步入暮年，事业和财富的传承问题也开始陆续浮出水面。由于这个问题解决不好而造成的豪门纷争越来越多，亲人反目、诉诸法庭的现象屡见不鲜。

2010 年底，90 岁的澳门赌王何鸿燊因身体原因屡报病危，家产争夺战正式拉开序幕：此后两个月，何鸿燊的三房妻子（大房已去世）以及 17 个子女都纷纷卷入战争，出示证据，与何鸿燊交涉，最终在 2011 年 3 月达成和解，但财产分配方案始终成谜。何家人曾对外宣称，家产四房平分。虽然这场现实版的"宫心计"最终以和解收场，但是可以想象何氏在自己身患重病时，提前"被分家"，是何等寒心；新鸿基地产创始人郭得胜，在 1990 年因心脏病发去世，留下 3 000 亿港元市值的香港最大地产公司。为使公司基业长青，其生前曾设立家族信托基金，受益人是夫人邝肖卿及 3 个儿子。2010 年 10 月以来，郭氏家族因股权权益未定，频起风波，郭氏三兄弟在僵局中只好闹上法庭，扰攘多时，新鸿基股价大幅下挫，直至郭老太邝肖卿出面压场，才告一段落。

值得关注的是，在李嘉诚宣布分家方案 5 天后的 2012 年 5 月 30 日，被称为"新一代赌王"的嘉华国际主席吕志和已故船王包玉刚的女婿、九龙仓主席吴光正，均公开提及家产分配问题。

但并非所有富豪都愿意把家事公开化，一些大亨们更愿意选择"遗嘱"的方式隐秘地完成这一过程，直到死后才"公之于众"。可是这种"一锤定音"的方式，往往为家族日后的纠纷埋下隐患。

专注研究华人家族企业的香港中文大学教授郑宏泰认为，一个大的家族通过把公司上市来解决财产继承的矛盾，是个明智之举，"分家中的矛盾往往来自财富的不透明和价值的难于计算，上市后这些问题就会很容易解决，每个人分配股份，而且引入公众的监督力量，也有了方便的退出机制——售卖股权。"

6.1.1.3　企业传承存在的突出问题

1. 企业传承缺乏早期计划和长远规划

为数不少的家族企业，在发展壮大过程中，更多地注意企业自身的发展，对代际传承的严峻性估计不足，没有及早地计划和实施对接班人的培养。往往企业通过多年的发展后，到了必须传承的时期，没有合适可接班的人选。《中国家族企业传承报告》显示，一半左右的第一代民营企业家认为子女接班面临的主要问题是历练不够，缺乏全面驾驭企业发展的能力。

2. 传者与承者在理念上存在差异

一些企业二代由于受教育程度较高，思想比较活跃，与父辈的理念存在差异，不愿意接班。也有一些二代受到父辈的特别关爱，生活无忧，缺乏责任意识和吃苦精神，不想承担继续引领企业持续发展的压力，存在逃避接班的心理。

3. 职业经理人制度不够健全规范

目前的问题主要是社会整体信用体系的不完善，普遍缺乏适用于中国职业经理阶层的评估系统，职业经理人缺乏约束机制，雇主无法追究其不良行为所造成的损失；缺乏高素质的职业经理人队伍；被戏称为"空降兵"的职业经理人难以融入企业团队、难以为企业文化所接受等。

4. 舆论环境过于消极

由于媒体对"富二代"的负面报道，现在人们已经习惯了把民企二代与不思进取、生活奢靡联系在一起。从某种意义上说，夸大了社会问题的阴暗面，助长了仇富心理，不仅不利于二代人生价值理念的培养和引导，而且不利于社会的和谐稳定。

6.1.2　中国家族企业代际传承的"瓶颈"

6.1.2.1　能力和愿力

家族传承的能力和愿力如图 6-1 所示。

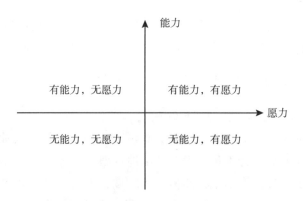

图 6-1　家族企业传承的四个象限

资料来源：周坤. 家族企业治理 ［M］. 北京大学出版社，2006.

第一象限：孩子有能力也有愿力。是指子女有能力做接班人，也愿意做接班人。

第二象限：子女有能力但是没有愿力。即子女有能力做接班人但是不愿意接班。

第三象限：子女既无能力也没有愿力。即子女既没有能力做接班人，也不愿意做。

第四象限：子女没有能力，但是有愿力。是指子女根本没有能力做接班人，但非常愿意做。

为了让子女既有能力也有愿力，重要的是培养能力、传承愿力。愿力是可以传承的，能力是需要培养的。

6.1.2.2　价值观的变化

很多传承失败的案例，问题往往来自于家族价值观、成员关系。有一个案例：父辈已经60多岁，有5个厂，近10万工人，想直接把担子交给26岁的儿子，但后者却因为压力非常大，并不愿意接手。因为各方眼光都放在他身上，做得像父辈成功会被认为理所当然，否则就得背上"败家子"名声。

再者从第一代传承至第二代，代沟难以逾越。体现在内地第一代企业家打拼30多年后，难以完全放手企业的控制权，而二代却未必能认同父辈的价值观。

香港大家乐主席陈裕光接触众多"企二代"后发现，他们最关心的话题是，接班后能否真正掌握家族企业的主导权，实现自己的存在价值。除了接班外，企二代还喜欢通过创业、慈善等方式寻找自己的存在价值。

例如，陈裕光的儿子并不愿意从事家族快餐业务，所以到上海成立面包连锁店，女儿则是餐厅设计师。"我也很乐见这一切，既传承家族的企业精神，又可开拓新的领域。"他说。

对于内地家族传承，他给出的建议是，首先内地企业家不应只花大量精力打拼事业，而忽略家庭关系以及对二代的言传身教，目前这个问题更为重要；其次，要尽早培养下一代对家族企业的归属感，不应等到子女近 30 岁时才仓促交班。

6.1.3　中国家族企业接班人培养

根据上海交通大学安泰经济与管理学院余明阳教授带领的团队对国内 182 家在各行业排名前 3 位的杰出家族企业的调查显示，这些大多在改革开放初期创业的企业家平均年龄 52 岁，未来 10 年，都将进入或者已经完成"接班人"产生与权力交接过程。调查结果只有 18% 的"第二代"愿意主动接班。至于那些不愿主动接班的"富二代"，有的是对严厉、小气、自以为是的父辈不满，有的是对传统产业毫无兴趣，有的养尊处优惯了不想被约束，有的是国外生活多年不适应国内风格。他们往往更加钟情于"虚拟经济"，对于网络、电子商务、风投（VC）、私募（PE）等投资方式兴趣浓厚，对创办实业、成本控制、精细化管理等兴趣不足。[①]

从家族企业接班人培养模式来看，无非分为两类：接班人的内部培养模式和外部选择模式。基于中国而言，第一，由于职业经理人市场的不完善和社会信任体系的不健全，企业接班人往往倾向于用内部培养模式来确定自己的接班人；第二，传统文化的影响。中国家族企业的家族特征比西方更为强烈，家族对企业的影响也更为深刻。

6.1.3.1　影响家族企业接班人培养的主要因素

影响家族企业接班人培养的主要因素，包括家族企业要素、在任者要素、接班人自身要素以及外部环境四个维度。

根据相关学者 2006 年对浙江家族企业接班问题的调查，显示促使企业主

---

① 任慧兰 . "接班"是个大问题［J/OL］. 新民周刊，2012 - 5 - 28.

开始考虑接班问题的因素如表 6 - 2 所示。

表 6 - 2   促使企业主开始考虑接班问题的因素

促使企业主开始考虑接班问题的因素		综合得分率（%）
企业发展需要	企业扩大后管理上人手不够	5.9
创业者自身开始不适应	自己年龄增高	28.9
	自己能力和知识结构局限	28.3
	自己健康状况不如从前	9.1
	自己活动重点或兴趣开始转向了其他方面	0.0
子女方面因素	子女已成人并表现出参与企业经营的意愿	0.0
外部因素	外部投资者的要求	5.9
	上级主管部门的建议	0.0
	其他亲属或友人的建议	0.0
	受其他企业经验或教训的启发	0.0
其他原因	其他因素	0.0

资料来源：韩朝华：《传亲属还是传外人——浙江家族企业接班问题调查》。

从表 6 -2 可以看出，企业主开始考虑接班人的主要因素是自己年龄逐渐增高，能力和知识结构的局限，其他因素所占比例不高。

6.1.3.2 接班人培养的几个维度

1. 接班人的能力培养

个人能力可以从四个方面来体现：学历是体现接班人学识层次的主要指标，很多人才的遴选过程中都会采用这个指标，尽管它还存在着许多缺陷。资历指标主要是指接班人在参加遴选环节之前的工作经历与学习经历，它体现了接班人过去的一个经验指数。技术能力和管理能力则是接班人介入企业经营管理的重要前提能力。个人魅力主要用来描述接班人在人际交往中表现出的协调能力，作为一个现代化企业的经营者，协调好各方面的关系是完全必要的，也是极为重要的。

每位继承人在进入企业后都必须要有一个具体的职位。虽然将来是企业的接班人，但是一进入企业就接触没有明确职责和权力的高层岗位，没有经历过基层锻炼，是很难适应接下来的重任的。一般来说，接班人在进入企业后需要经历共同经营的阶段，这个阶段也是接班人职业生涯规划中一个重要的阶段，一般分为确立期、稳定期和发展期。在这个阶段中，接班人应该本着对企业负责和从基层做起的原则，而不是在所谓的高层锻炼，或者企业提供的特设岗位。在共同经营阶段，接班人要能够稳定地适应工作，锻炼工作技能，积累管理经验，不断提高个人综合能力，为将来的职业发展期奠定基础。当然，在这个阶段，接班人应该在依靠企业员工力量、自主技术学习能力和外部力量的综合作用下，能够找到企业发展存在的问题和日后改进的方案，并为企业在管理上、技术上等的发展打开新的领域。

另外，接班人可以到家族企业以外工作，积累一定的外部工作经验，这对于将来接管家族企业的帮助很大，能够帮助接班人从更广阔的视角来审视自己的企业在经营管理方面的优势与不足，从而能更好地利用自己企业的竞争优势，在市场竞争中立于不败之地。[①]

家族企业的接班是一个复杂的过程。而这个过程通常有两个步骤，即家族企业经营管理权的接班和财产所有权的交接。只有在经营管理层和所有权全部接替完毕之后才算完成继任。这就需要对于企业的接班能够有一个较为合理而可行的计划，而不能等到接班时束手无策，这也是家族企业主的高瞻远瞩、战略性眼光的思考。

2. 规范继任管理，用制度来选拔培养接班人

家族企业的代际传承是企业的"生死之劫"，有预见性地制订出合乎企业实情的继任计划是控制一切风险的前提。然而，在这方面，一些国内家族企业的行动比较迟缓。国外很多家族企业当家人一上台就会开始自己培养下一代的继承计划。究竟该选谁作为接班人，这不能由企业创立者一个人说了算，而应该靠制度来规范。为此，家族企业在制订接班人计划时，需要进行继任管理创新，拟定相应的制度，创建一种透明的程序，建立一套完善的机制，用制度来选拔、培养接班人。

3. 通过内举外聘，组建家族企业管理团队

虽然"子承父业"是家族企业的首选继任模式（见表 6 - 3），但其存在继任者有可能能力不济的缺陷。况且，随着家族企业经营规模的扩大，需要更多的高层次管理人才，而家族范围内不可能提供足够多的人才供给。为此，家族企业要实施继任管理创新，选择开放式、内举外聘的用人模式。目前，在温州

---

① 吴磊，白炳贵. 家族企业接班人培养的影响因素分析——以温州为例 [J]. 经济研究导刊，2012（14）：28 - 30.

等地，一些有远见的企业创立者已经陆续引进职业经理人担任企业高层管理工作。这些职业经理人与企业创立者子女共同组成家族企业管理团队，这已经成为家族企业继任管理创新之举。

表6-3　　　　　中国部分家族企业权力交接和接班人培养情况

公司简称	企业主和子女接班人	二者关系
方太厨具	茅理翔—茅忠群	父子
万向集团	鲁冠球—鲁伟鼎	父子
红豆集团	周耀庭—周海江	父子
横店集团	徐文荣—徐永安	父子
格兰仕集团	梁庆德—梁贤昭	父子
碧桂园集团	杨国强—杨惠妍	父女
娃哈哈集团	宗庆后—宗馥莉	父女
新希望集团	刘永好—刘畅	父女

资料来源：由作者通过公开资料整理。

4. 构建企业文化，使之成为代际平稳传承的纽带

企业文化是企业的基本价值观和行为规范，是企业倡导、信奉同时必须付诸实践的价值理念，也是家族企业管理创新、充满活力、永续经营的内在源泉。一个拥有健康向上企业文化的家族企业，就拥有了企业代际传承的大平台，在继任者的选择上，无论选子女还是职业经理人，其平稳过渡和发展的成功几率大增。家族企业普遍面临着企业文化构建的问题。构建家族企业文化的实质，就是要抛弃传统家族伦理中非理性的血缘、亲缘观念，建立适应现代企业制度的业缘、事缘理念，设计出与现代企业相符的管理制度与激励措施，充分发挥员工潜能和积极性。

6.1.3.3　企业通过多元化来平衡传承问题

从社会嵌入的角度来看，家族企业通常希望后代能够继承遗产，同时又希望能够尽量避免家族内部冲突。这样一来，为了能够顺利地将企业传给家族下一代成员，家族企业有动力通过设立新公司来增加企业多元化水平。从认知嵌入的角度来看，家族企业二代接班人并不像企业创业者一样对企业具有高度的认同感，从而可能缺乏将企业继续传给下一代的意愿。从这个角度考虑，如果一个企业已经过渡到了家族二代，那么这个企业很可能会降低企业多元化水平。

6.2 家族企业传承之路

6.2.1 家族企业的产业传承

6.2.1.1 产业的专业化发展——成为行业隐形冠军或百年老店

1. 隐形冠军或百年老店

"隐形冠军"是赫尔曼·西蒙首创的术语,他也被称为"隐形冠军"之父。"隐形冠军"指的是在较小的利基市场占据全球市场领袖地位却不为公众所熟知的"闷声发大财"的中小企业。[①] 赫尔曼·西蒙在发表《隐形冠军》15年之后,对"隐形冠军"企业在进入全球化时代呈现出的一些新特点进行了梳理,如国际化程度更高、创新能力更强、低端低价市场的角逐、中德"隐形冠军"的竞争等。"隐形冠军"一般都会专注某一个比较特殊的细分市场,即使是非常普及的大众产品,也需要细分市场。又如笔的制造是一个很小的范围,大概也就 3 亿~5 亿元的市场规模,没有大的跨国公司进入这一市场。但手机是非常宽的范围,可能会达到两三千亿元的规模,光一个 iPad 就有很大的市场。做手机就会面对三星、诺基亚的竞争,但做手机里用到的零配件就属于特殊产品。也就是说在一个普通产品、大众化产品上有一些非常特殊的元件,这些生产厂家的经营模式和大公司或者生产普通产品的公司的经营模式有一些不同。"隐形冠军"研究是针对这样的模式的。

不能笼统地讲跨国公司比"隐形冠军"企业更强大、具有竞争力,他们的市场不一样。在大众消费的大市场里,跨国公司更具优势;在细分专业市场,在一定的创新市场领域,很多创新的中小企业更有优势。

"隐形冠军"如此低的知名度同他们所拥有的市场地位以及与同行业竞争者相比的巨大优势完全不匹配。很多"隐形冠军"享有 50% 以上的市场份额,有的甚至达到 70% 或 90%,比他们的最强竞争者高出两倍还要多。这样的市场地位只有少数大型跨国企业才能达到。而且很多 21 世纪的"隐形冠军"并

---

① 梁利峥. 赫尔曼·西蒙:隐形冠军的成功范式! [J]. 经理人,2012(1):86-90.

没有在全球化进程中落伍，反而还是这一潮流的推动力量。他们积极扩张自身规模，大幅提高竞争力。另外，"隐形冠军"的稳定性和持续发展能力也令人印象深刻。

2. 典型案例——辉门公司①

始创于 1899 年的美国辉门公司（Federal - Mogul Corporation），作为全球十大汽车零部件供应商之一，迄今已历经百年多的发展，非但没有垂垂老矣，反而集世界名牌于一身，为世界著名的汽车、轻型商用车、重卡、农用车、船舶、机车、非高速用车及工业用车的主机制造商提供产品，充满了竞争的活力。

在进入 21 世纪第二个 10 年的时候，"打造百年老店"成为中国实力车企的目标愿景。业内人士都知道，辉门公司以生产轴瓦起家，围绕着动力总成，公司业务分成了动力能源、发动机密封件和轴瓦车辆安全和保护、全球售后市场几大部分。辉门生产的汽车发动机轴瓦、刹车片、车灯、活塞、活塞环、缸套、气缸垫、火花塞、气门座圈、气门导管等产品，被全球 500 家车厂指定使用。

辉门作为一家"百年老店"，旗下许多品牌都具有上百年历史，如 Champion（冠军）、Ferodo（菲罗多）、Goetze（格茨）、Payen（培英）、AE 等，这些品牌在全球各地有一大批忠实的拥趸。辉门公司旗下的菲罗多（Ferodo）摩擦产品一直是世界方程式赛车的指定用品，产销量世界第一，被称作为"刹车片之父"；其旗下的冠军（Champion）火花塞，半个世纪前就进入中国，迄今百年历史。

越来越多的中国汽车企业认识到，汽车技术的核心竞争力实质体现在零部件上。但为什么辉门的品牌能持续百年？在于辉门能够坚守品质的同时不断创新，跟随着汽车工业节能减排的大趋势而开发产品，让辉门的品牌与时俱进，保持了持续的竞争力。

3. 典型案例——日本金刚组②

寺庙建筑公司"金刚组"是世界上现存最古老的的企业，创办于公元 578 年，衣钵相传至今已近 40 代。纵观日本企业长寿的秘密时会发现，不管时代风云如何变幻，外界诱惑如何之大，清楚自身的定位和方向、专注地坚守本业

---

① 资料来源：百年老店的经营之道——访美国辉门集团公司［J/OL］. 汽车周报，2011 - 2 - 11.

② 蔡成平. 坚守本业是日本企业的长寿秘诀［J/OL］. 新浪财经，2015 - 8 - 8.

是企业长寿的必要条件。专注，也许会失去某些潜在机会，但同样可能规避某些不确定风险，专注的反面是浮躁，而唯宁静方能致远。

在 1400 年的历史中，金刚组亦曾面临诸多波折。例如，日本在明治维新后曾出现反佛教运动，许多寺庙被毁；第二次世界大战时，金刚组曾靠承接制造军用木箱艰难地熬了过来。而在 1934 年传至第 37 代时，也曾出现后继无人的局面，金刚家族的世袭子孙们都无意经营，家族最终不得不任命第 37 代嫡孙之妻挑起大梁，成为第 38 代传人。

毫无疑问，继承人选择上的灵活性是金刚组永久传承的重要经验之一。金刚组不但允许让女性传承，而且"选贤与能"，并不局限于采用单传长子。若遇到后代中没有儿子的情况，就会招进门女婿，让其改姓以传承衣钵。

不过，除了技术精湛、传承灵活外，金刚组成为"超长寿企业"的最重要原因恐怕当归结为是坚守本业。金刚组第 40 代堂主（相当于总裁）金刚正和曾言："我们公司能生存这么久其实没有什么秘密。正如我常说的，坚持最最基本的业务对公司来说非常重要。"在金刚正和眼中，无论经济繁荣还是衰退，专注于自己的核心业务永远是生存之道。

6.2.1.2　多元化发展——从家族企业到企业家族

1. 家族企业的多元化发展

在家族企业中，控股家族往往将其大部分财富和心血都投入企业中，其投资风险较难分散，家族财富与企业财富密切相关。尤其是当企业所从事的行业是季节性特征较强、受环境影响较大的行业时，企业更有可能通过多元化投资来分散系统性风险。

对家族企业来说，融资约束是企业在发展和快速成长中较常遇到的阻碍家族企业，可通过适当的多元化投资来缓解融资约束。当家族企业的主营业务发展到一定程度的时候，在对欲进行投资的行业进行充分调研评估、获取足够的相关信息的前提下，可以适当投资于一些新的行业，以构建企业内部资本市场，缓解融资约束。

家族企业在多元化道路上，应该在坚持主业的同时首先考虑相关性的多元化，实现稳步多元化。企业的主营业务是公司赖以生存发展的基础，保持主营业务收入和利润率不仅为公司的长远发展提供了良好的基准点，也为公司抵御变化莫测的市场环境和风险提供了一个稳固的支撑点。对家族企业来说，无论是从提升主业势力、充分利用资源禀赋、优化资产组合动机出发，还是从获取协同效应、减少交易费用角度考虑，在进行产业选择时都应该首先考虑相关性的产业。在进行多元化时，不仅要把握市场机会，更要做好充分准备，做到有的放矢，稳步前进。创始家族企业应谨慎进行不相关多元化投资。

2. 典型案例——丰田一代一业与代际协同

日本的丰田公司，是世界上最成功的汽车公司，也是一个典型的日本家族企业。据清华大学公司治理研究中心的研究，在研究丰田家族传承历史的过程中，发现了一个很值得中国家族企业学习的现象，就是：丰田家族特别强调"一代一业"。这是丰田家族进行事业传承的一个基本原则。我们也注意到：丰田家族的"一代一业"原则，在各代之间并不是彼此互不相关、各干各的，而是努力在代际之间形成一种有助于家族事业不断光大的"代际协同"。特别是家族三代的长子，虽然各自涉入汽车、房地产和信息技术领域，但这些"初试身手"的进入行业并不是仅仅用于"练手"和培养"企业家才能"，而是最终融合到丰田家族事业的大格局中，形成了代际之间的"协同效应"。

（1）丰田的家族事业。

丰田佐吉于 1918 年创立丰田棉纱纺织公司，正式启动了丰田家族的事业。通过近百年的发展，丰田家族的事业已经形成了庞大的企业集团。其中包括 5 家世界 500 强公司，分别是丰田汽车、丰田自动织机、丰田通商、爱信精机、日本电装，以及十几家世界知名的企业。丰田集团的产品范围涉及汽车、钢铁、机床、农药、电子、纺织机械、纤维织品、家庭日用品、化工、化学、建筑机械及建筑业等。近年来，还在住宅、信息通信、智能交通系统（ITS）、电子商务（GAZOO）、海洋、生物绿化工程、金融等领域不断探索拓展事业。在这个庞大的企业集团中，丰田汽车公司和汽车制造业务无疑处于龙头和核心地位。丰田集团的产业一方面围绕汽车制造，从上游原料到下游物流的所有环节进行布局；另一方面，立足于汽车产业的未来，如环保和节能等领域进行投资，建立起行业先行者的地位。2011 财年数据显示，丰田汽车集团员工总计 31.77 万人，下属子公司 511 家（日本国内 270 家、国外 241 家），控股相关公司 56 家（日本国内 36 家、国外 20 家）。营业收入 18.99 兆亿日元，纯利润 4 081 亿日元。

丰田集团，实际上是在家族成员和非家族成员之间传承发展的，呈现出了日本公司的典型特征。当家族有能人的时候，事业的掌控者是家族成员。但当家族成员的能力不足以接班的时候，家族事业就交由职业经理人来打理。在丰田企业已先后有 11 任社长（相当于总裁）中，其中，6 人是丰田家族成员，5

人为外部人。但无论是家族成员还是外部人掌管公司，丰田的事业都在其基本价值观的指导下不断被传承和光大。2009 年 6 月 23 日，丰田汽车公司在位于日本丰田市的公司本部举行董事会会议，正式批准丰田章男成为第 11 任社长。时年 52 岁的丰田章男是已故创始人丰田佐吉的嫡系曾孙，丰田第 6 任社长丰田章一郎的长子，也是继丰田第 7 任社长丰田达郎卸任后，14 年来丰田家族成员重新执掌丰田汽车公司的帅印。从某种寓意上说，日本舆论用"大政奉还"来描述丰田章男的接班，一方面表达了章男接班的正统性；另一方面，也隐含了公众对丰田家族事业的章男时代充满了无限期望。丰田章男是一个"富四代"。他出生于 1956 年，毕业于日本庆应大学，后在美国百森学院获得MBA 学位，之后，他进入一家美国的投资银行工作，27 岁返回日本，进入丰田公司。

（2）丰田家族的"一代一业"。

据说，丰田章男当年是像普通求职者一样，通过递交简历以及面试程序进入丰田公司的。当他决定加入家族事业之后，他父亲丰田章一郎曾认真地对他说：丰田公司里面大约没有什么人愿意你做部下，如果你决定进入丰田工作，你不会得到什么特殊待遇，因此，你要有足够的心理准备。果然，丰田章男在作为"储君"的 25 年时间里，从最基础的工作做起，做过生产管理，推销过汽车，由此练就了生产组织和市场销售能力。在国内业务熟悉得差不多了的情况下，他被派去美国、进入丰田与通用的合资公司工作数年，开拓海外业务。在 44 岁那年，丰田章男进入了公司的董事会，成为最年轻的董事。后来，丰田章男成为负责中国业务的专务董事，推进了与一汽集团合资设立"一汽丰田"，和广汽集团成立合资公司的工作，帮助完成了丰田汽车在中国市场的战略布局。由此，丰田章男积累了充分地运作一家全球公司的经验。丰田章男的继位之路走了 25 年，27 岁进入丰田公司，到 52 岁才正式获得接班。为什么会这样？原来在丰田家族内部，对家族成员接班，有个"一代一业"的训诫，也就是说：每一代家族成员在全面继承家族事业之前，都必须要在一个全新的领域里进行打拼，闯出一片天来，之后，才有资格接掌公司大权。丰田家族直系的嫡长子，没有一个不是经过了这样的历练。

丰田佐吉开创了织机事业。丰田家族事业的第一代创始人是丰田佐吉，他出身于木匠家庭，小学毕业后跟父亲学习木工，但他个人的兴趣是织布技术的改良与发明。经过若干年的努力，他研制成功了自动换梭织机，成为日本织机制造技术赶上当时世界先进水平的标志。佐吉于 1918 年创立了丰田棉纱纺织公司，资本 500 万日元，亲任总裁，女婿利三郎任经营主任，儿子喜一郎是公司的一名技术人员。1929 年，佐吉将丰田 G 型自动织机以 10 万英镑专利费转让给英国的普拉特公司。后来，丰田佐吉将小女儿嫁给利三郎，促成丰田与三井的联姻，也从此也拉开了丰田家族事业的序幕。利三郎后来改姓丰田，成为佐吉的继任者。

丰田喜一郎创立了汽车事业。丰田佐吉对汽车非常感兴趣，但他自己仍专注于织机与纺织事业。而他的长子喜一郎在织机公司一方面负责织机产品的开发；同时，他也以一个发明家的精神稳扎稳打地逐步引领着家族事业向汽车制造领域挺进。他于 1937 年成立丰田汽车工业株式会社，成为丰田汽车的创始人。喜一郎在汽车事业的创建过程中，注重汽车生产过程的科学管理。丰田生产系统（TPS）长久以来已经成为丰田公司的代名词，其根源就在于喜一郎对于浪费的极度厌恶。20 世纪 30 年代中期，喜一郎在丰田公司的第一个工厂里贴了一条标语，要求"恰好及时"（Just in Time），这就是丰田 JIT 生产方式的原型。由于第二次世界大战，喜一郎的生产管理系统无法运行，战后被日本著名的生产制造天才大野泰一重新利用，并发扬光大。

丰田章一郎进军住宅业务。丰田章一郎是家族直系的第 3 代。他于 1952 年加入了当时的丰田汽车工业公司，并于 1982～1992 年担任丰田汽车公司的社长职务。这 10 年也是丰田汽车蒸蒸日上的 10 年。不过，喜一郎在接手丰田公司之前，却已于 1975 年开始了他的"一代一业"，即住宅建设事业。1977 年，个人住宅 Toyota Home 投放市场，就是出自喜一郎的手笔。丰田住宅在"彻底改变日本的居住条件"这一口号的引领之下，先后开发了钢架单组、钢架轴组以及钢结构等施工方法，并形成了以公寓为代表的丰富的住宅商品阵容。丰田住宅根据生活方式、地形特点、气候的不同，精心设计符合顾客需求的住宅方案，开展丰富多彩的住宅事业。无论是否执掌公司大权，章一郎一生都没有放下住宅业务。丰田章男开创了丰田的 IT 事业。到了第 4 代丰田章男，他选择的业务是信息技术，而创业的方式则是企业内部的"一代一业"。其实，早在章男做课长的时候，他就力图借用 IT 技术来改善代理销售业务的效率。他曾致力于把丰田汽车精简的制造流程应用于销售渠道的管理中，由此搭建起经销商和顾客的桥梁，实现丰田经销商工作的流程化。这大大提高了整个价值链的运营效率，使得成品汽车配送到经销商的时间从 1 周缩短为 3 天。

章男在 1998 年开始创立 Gazoo.com 网站。尽管丰田章男是直系的长男，但丰田公司并没有给他的"创业"提供额外的资源。一个例子是，他的团队竟然既没有资金，也没有专门的办公室，在公司里还遭受了不少白眼。于是，他不得不借用一位董事的办公室作为放置服务器的"数据中心"。不过，丰田章男的努力没有白费，Gazoo. com 网站后来成为 e-Toyota 系统的基础。一方面，Gazoo. com 提供消费者新、旧车信息，作为协助经销商提供修车报价的虚拟车厂，以及通过经销商和全日本便利商超媒体信息站支持，提供包括书籍、光盘、旅游订位和金融服务等。另一方面，丰田章男也努力通过它的网络使丰田汽车变成了一个更有力的数字交换平台。目前，由丰田章男创建的丰田信息部门，已是位于丰田总部 24 层和 21 层的特殊部门，担负着丰田利用信息技术，构筑新型客户关系、推进销售网络革命性发展的重任，它也成为全世界汽车企业里面最大的 IT 部门。

丰田家族"一代一业"的家训，来自于家族创始人在实践中的总结，并被家族后代不断验证和认同。那么，为什么一定要"一代一业"呢？我们认为，直接的原因大约有两个：首先，正如一位丰田企业高层经营者所言：丰田家族不可能在 100 年后还在做汽车，所以，家族事业的接班人必须要有开拓新业务的使命感和责任感。这有点像苹果的创始人之一马库拉所说的："长盛不衰的企业都知道如何重塑自我。惠普就是如此：它以生产小仪器起家，后来成为生产计算器的企业，再后来成为生产计算机的公司。"所以，一个好的家族掌门人必须要有不断重塑企业的本事，而这个本事，非"一代一业"不能得之。其次，从丰田汽车公司的创始人喜一郎那里，有一个理念一直是家族的信条，就是：丰田汽车不是丰田家族的私人财产，所以，应该提拔最优秀的公司成员成为最高层的领袖。事实上，在丰田章男接班之前，公司已经在三代非家族经理人手里运作了 14 年。而最高权力返回到家族成员的手中，一个让公司所有成员服气的方式就是这个成员能够经营好"一业"。

而从家族传承和继任者培养的角度看，我们认为丰田家族"一代一业"的做法至少在以下三个方面有助于帮助家族接班人获得作为企业领袖所必备的三种素质：

第一，是在独立从事"一业"的过程中，可以逐渐形成独特而有效的商业价值观。商业价值观不同于管理手段，看得见，摸得着，学得来。它往往是无形的，甚至有点虚无缥缈，很难通过教习的方式获得，需要通过实践来自我习得。中国有句古话，"纸上得来终觉浅，绝知此事要躬行"，这也是对通过实战的方式来建立和完善商业价值观的最好诠释。另外，商业价值观作为影响企业的核心观念，只有通过经营行为才能被观察、被反映。正如梅格·惠特曼在其自传《价值观的力量》中所说的，"CEO 无法营造出与其本人价值观截然不同的公司文化。随着时间的积累，做出决策时采用的思维模式及遵循的道德规范就形成了公司的品格。"

第二，通过"一代一业"，可以有效地训练出家族接班人的产业眼光、分析力和决断力。这是创业的基础，更是"守业"的关键。在很多人心目中，似乎好的接班就是守住前辈所打下的江山，也就是守业。不过，我们认为"守业"的概念事实上是不存在的。在今天这样一个开放的竞争环境下，"业"是守不住的。只有在原有的基础上不断"创业"，争取一个又一个更大的成功，才有可能"基业长青"。而这个创业的本事，很大程度上靠产业眼光，靠分析力，靠决断力，只有在独立的环境下，才真正熏陶得出来。

第三，透过"一代一业"，可以培养训练出家族成员带队伍的能力，也就是一种真正的领导力、组织力和管理力。在原有业务内培养继任者，最大的缺点就是环境不独立，管理架构已经形成。由于"储君"、"太子"的地位，他们更容易获得支持，更容易获得服从、更容易获得资源，也更容易获得"成功"。而这些"成功"往往是有水分的，这些"成功"对继任者的领导力培养甚至弊大于利。所以，鼓励"一代一业"，即使是在企业内部进行，也更接近真实的市场环境打拼，练就的也将是更货真价实的领袖功夫。

(3) 丰田家族的代际协同。

丰田家族虽然是"一代一业"，但各代之间的业务并不是毫无关联，而是互补的。这一点，很值得中国的家族企业借鉴。最近，我们有不少企业的继承人离开了家族的传统业务，进入到了一种全新的事业中。他们被称为"创二代"。这种创二代现象，与丰田的"一代一业"并无本质区别，是一件好事情。但是，不少创二代，其事业规划仅凭兴趣或是赶时髦，与其家族原本已经很成功的业务关联度不大。在未来恐怕也不会有较大程度的协同，这很令人担心。"协同"这个概念，说白了就是不同的业务共用一些在单一业务领域没有被完全使用的资源，达到"1+1 大于 2"的效果。美国战略学家伊戈尔·安索夫说："协同就是企业通过识别自身能力与机遇的匹配关系来成功拓展新的事业，协同战略可以像纽带一样把公司多元化的业务联结起来，即企业通过寻求合理的销售、运营、投资与管理战略安排，可以有效配置生产要素、业务单元与环境条件，实现一种类似报酬递增的协同效应，从而使公司得以更充分地利用现有优势，并开拓新的发展空间"。从对丰田家族的研究中，发现安索夫所讲的这种协同效应，在家族代际间是显著的。具体来说，在喜一郎的"汽车业"、章一郎的"住宅业"和章男的"信息技术产业"之间，现在已经呈现出了协同的效果。祖孙三代人各自的事业已经开始被整合成一个系统化的事业。2011 年 11 月，丰田推出了智慧住宅（Since Asuie）产品。这个产品，是由丰田住宅、丰田智能信息系统和丰田混合动力汽车三部分共同组成的一个有机系统。它不仅仅是几件产品，而是日本人的一种新的生活方式。在丰田住宅中，配备有光伏发电装置、家庭能源管理系统（HEMS）和蓄电等装置，在提供生活用电的同时，可以为丰田混合动力汽车充电，并通过丰田智能中心的信息系统，实现住宅与汽车的连接与控制。在智慧城市的构想中，丰田汽车将变身为"装上轮胎的计算机"，以新一代汽车收集的信息为基础，通过高速公路交通系统（ITS）控制交通，希望既可以避免交通堵塞、又能够防止交通事故。总之，在全球能源危机和低碳时代的大背景下，丰田家族经过四代成员的共同努力，已经走在了能源利用、自然共生和技术革新的前列。丰田公司不仅是全球范围内最有效率的汽车厂商，正在努力变成以汽车为中心的城市建设策划者。而作为一家百年老店，取得这些成绩的重要原因之一是丰田家族后继有人，教子有方。而在所有的传承经验中，我们认为最值得借鉴的就是"一代一业"与"代际协同"。

6.2.1.3　家族企业的分家与业务多元化拓展

表 6 - 4 是我国几个成功的家族企业分家情况汇总。

表 6 - 4　　　　　　　　　家族企业分家成功典型案例

企业	创立者	行业	分家时间	分家原因	分家后发展
新希望集团	1982 年由刘氏四兄弟创立	饲料	1992 年首次均分股权，1995 年第 2 次分家	经营理念不一致；企业家精神势均力敌	新希望集团成功上市；提前完成扩张的目标
奥康鞋业	1988 年王振滔、钱金波等在温州创办	制鞋	1994 年，王振滔保留了厂房、设备及"奥康"品牌；钱金波带走一批资金再创业	企业内家族关系复杂	双双成为鞋业巨头
宅急送	1994 年陈平、陈东升兄弟创立	快递	2009 年初，陈平离开宅急送	业务转型中亏损严重；发展理念不一致	宅急送战略回归，新公司星晨急便获得外部投资和发展

续表

企业	创立者	行业	分家时间	分家原因	分家后发展
方太厨具	1996 年由茅理翔、茅忠群父子创立	厨具		预防纷争,分设口袋	相互扶持,均发展良好
苏宁电器	1990 年由张近东、张桂平兄弟创立	电器	1999 年分家	经营理念和投资偏好不一	两者均上市,苏宁电器成为中国最大电器连锁企业之一

资料来源:宋丽红,李新春,张书军. 从家族企业到企业家族:基于分家的多案例研究 [J]. 管理学报,2012 (6):800-808.

1. 新希望集团——划地而治

四川新希望集团曾是大陆最大的家族企业,由刘氏四兄弟(刘永言、刘永行、陈育新、刘永好)创办于 1982 年,以养鹌鹑起家,后转营饲料工业,同时兼营食品、金融、房产、电子科技等多种产业。1997 年 11 月 4 日,新希望集团在《经济日报》等各大经济类报纸上刊登集团变更法人代表公告,正式将刘氏四兄弟各自拥有的企业资产及划分情况进行公布,其分家过程经历了 2 个阶段。

第 1 阶段是 1992~1995 年"平分资产",将刘永言、陈育新的资产基本分清,但刘永行、刘永好的资产仍合在一起。刘永言拥有新津厂在西昌所设分厂的少量股份,主要拥有饲料行业以外的一些资产;陈育新拥有绵阳分公司 1/3 的股份,并负责基地饲料厂;刘永行和刘永好留在饲料行业,并向全国发展。四兄弟平分了当时的新津希望饲料厂和科研所等家族共同资产的股权,资金也相应分流。

第 2 阶段是 1995~1996 年的完全"分家",将仍合在一起的刘永行和刘永好的资产分清。鉴于在经营理念上存在分歧,刘永行和刘永好平分了全国 27 家分公司及约 2 亿元的资产,分别拥有东北片和西南片,并禁止跨区域争夺市场。同时,在 1992 年的基础上,刘永言投资成立希望大陆公司,陈育新成立华西公司,刘永行在东北成立东方希望公司,刘永好成立南方公司,剩下的"两厂一所"的资产由四兄弟均等持有。

2. 奥康鞋业与宅急送——一方出走

奥康鞋业与宅急送的分家有些类似,均是共同创业中的一方选择离开,并新建业务相似的公司。王振滔、钱金波等于 1988 年在温州创办了永嘉奥林鞋厂，是奥康鞋业的前身，后与外商合资组建了"奥康鞋业有限公司"，企业逐步从家庭作坊式生产转向规模化制造的模式。但随着进入企业的家族成员的增多，亲戚之间的矛盾越来越大，帮派滋生，家族冲突演化为企业冲突，影响企业的运营。1994 年，2 人都意识到捆绑在一起经营的为难之处，决定和平分家，王振滔保留了厂房、设备和"奥康"品牌，钱金波获得一批资金。分开后，钱金波利用其经验和资金成立了"红蜻蜓"，仍以制鞋为主，还涉足运动品、服装、皮具、教育、金融等领域。

从事快递业的宅急送由陈平及兄长陈东升创立于 1994 年，模仿日本"宅急便"的商业模式，由陈平担任总裁，二哥陈东升任董事长，大哥陈显宝担任副总裁。陈东升同时还是泰康人寿和嘉德拍卖的董事长，对宅急送的管理参与较少。2008 年，陈平看到电子商务的蓬勃发展，看好小件快递迅猛的增长需求，故对宅急送进行业务转型，在原来包裹运输为主的业务结构上，新设小件快递业务部。但宅急送在业务转型中出现亏损，也与其他管理层人员产生理念冲突，最终陈平选择了分家，离开宅急送。陈显宝接任陈平管理宅急送，陈平获得一批资金，开始二次创业，利用其经验和人脉创办了专营小件快递的星晨急便快递公司。

3. 方太厨具——分设口袋

1985 年茅理翔第一次创业，创办慈溪无线电九厂，后改为飞翔集团，开发了中国第一支电子点火枪，一度成为"世界点火枪大王"。随着大规模的模仿和竞争的加剧，茅理翔、茅忠群父子联手二次创业，于 1996 年创办了方太厨具有限公司，业务范围涉及厨房电器、热水器、集成厨房以及海外事业四大领域。茅理翔曾提出"口袋理论"：钱最好放在一个口袋里，否则会给企业埋下"定时炸弹"，最终将导致家族和企业的分裂。茅理翔认为自己和夫人、儿子属于同一个口袋，不会有利益上的冲突，女儿和女婿属于另一只口袋。为防止女儿留在方太引发家族冲突，茅理翔扶持女儿茅雪飞（以及各位创业元老）自己创业，作为方太的外协厂家，实现儿子和女儿的分家。茅理翔及儿子共保持对方太的绝对控制，女儿一家仅持有少量股份，不参与公司经营。这是一种预见性的分家方式，极大地避免了冲突的发生，又为子女提供了发挥才能的平台，创造相互切磋和扶持的氛围。

4. 苏宁电器——分立经营

苏宁电器是兄弟创业，合而分之的例子。苏宁电器最初由张桂平、张近东兄弟联手创立，从事空调销售。张近东专注于家电经营，而张桂平对房地产颇感兴趣。1992 年，张桂平已开始进军房地产行业。两兄弟经营目标的差异使得他们在 1999 年分家，张近东继续经营苏宁电器，聚焦于家电连锁；张桂平转向地产、建材、贸易、采矿、航空等领域，执掌苏宁环球。2 人共享苏宁品牌，在各自的平台上展现创业才能和管理能力，如今 2 家企业均已成功上市，财富高涨（宋丽红、李新春、张书军，2012）。

6.2.2 家族企业的文化传承

6.2.2.1 家风家训——家族文化精神的传承

如果盘点中外几百年来能够很好传承的家族企业，会发现凡是能够连续几代很好传承的家族或家族企业，无一例外的都是有家族文化精神的传承作为支撑。家族文化精神包括了家族事业发展的价值观、家族行为规范等。洛克菲勒家族强调的"人生只有靠自己"的自立精神、罗斯柴尔德家族强调的团结精神。还有李锦记家族的"换位思考"等，都是典型代表。

家族文化精神的传承需要两方面的内容：一方面是家族文化精神的提炼；一方面是家族文化精神的宣贯。家族文化精神的提炼，需要结合家族企业所在的行业、地域，深入挖掘家族企业成长过程中，尤其是创一代的奋斗过程中所倚重的核心理念。将这些零散的理念提炼总结为凝练的"价值观、使命、愿景"，最后可以外化为一本《家族文化手册》。家族文化精神的宣贯不能只是简单的口耳相传，需要有一套系统的机制保障，针对成员较多的家族企业，可以采用"家族私塾"的形式。①

6.2.2.2 家族企业文化的传承

1. 企业 MI——价值观的构建和传承

在家族企业的跨代成长过程中，转型创业是由于代际的更替而产生一种特殊的创业行为，家族代际间异质性的价值观、知识资源和新的思维方式等为企业的创业和发展带来了转变的契机。家族企业往往更注重长期导向和可持续发展，因此，在跨代创业的情境下，代际更替对企业的影响就更为重要。从家族嵌入理论来看，家族成员角色的改变影响着企业商业机会的识别、创业的决策

---

① 李明宇. 家产、家业、家训——家族企业传承的系统规划 [J/OL]. 佳和财富，2014 - 7 - 18.

和资源调动过程。一方面，家族因代际的更替带来了不同的价值观、资源和能力，成为转型创业的动力；另一方面，家族企业因有效实施的家族控制和所有者管理者合一（Owner－Managed）等特征，确保了二代创业者寻找新的产业机会、开拓新的产品或地域市场的创业行为成为可能。从企业的内生成长理论来看，企业的发展是基于利益相关者特定的禀赋和能力，而创业的决策正是在企业家基于自身已有的工具（如价值观念、知识、经验等）的整合和创新（郭超，2013）。

2. 企业 BI——制度文化的持续和变革

中国家族企业建立之初就存在人治现象，发展壮大之后，这种传统惯性思维延续到家族企业治理中，与现代化的公司治理模式背道而驰。现代企业的治理摸查得知，中国大部分家族企业都没有实现这四个制度化，要改变中国家族企业制度文化的不足，必须向现代企业学习科学的制度文化。

3. 企业 VI——行为文化的彰显和品牌文化的传播

品牌战略是企业可持续发展的根本，也是企业经营的蓝图。企业如果不考虑品牌经营，将会影响企业产品的附加值，最终导致企业经营的附加利润被抹掉。因此，家族企业实施品牌战略，对于中国家族企业做大做强显得尤为重要。要真正做好企业品牌战略，必须实行品牌战略"三步走"。第一步，找准企业品牌市场定位；第二步，明确企业品牌识别标志；第三步也是最后一步，即贯彻执行品牌战略。

6.2.3　家族企业的财产传承

6.2.3.1　家族企业财富传承的紧迫性

伴随着中国财富阶层人群不断扩大并开始进入向下一代传承的阶段，如何让一个家族的财富、名声及信念得以传承永续，成为困扰"第一代"财富人士的难题。据胡润"2013 年百富榜"显示，中国排名前 1 000 位的富人资产总计已达 6.4 万亿元，许多人都面临着家族企业财富的传承问题。

在这样的形势下，中国家族企业的传承问题也开始集中爆发，最早的"富一代"已面临退休，"富二代"开始登台。在家族企业传承过程中，子女争产、创业兄弟阋墙、患难夫妻反目等各式豪门恩怨开始频繁上演。造成诸多继承财富问题的原因归纳起来有四点：其一，传与承的承接问题。由两代人因经历差异、观念差异以及知识差异等带来的传承困扰。很多家族企业的后代不愿意接手父辈"土气"且回报率低的家业，他们更倾向于从事金融投资工作，有的即便同意接手家族企业，却要求父辈们绝对放权。私人银行部相关人士谈到家族传承问题时称，关于家族财富的传承对象，更是涉及财富永续安全、亲情绵延和睦的基础问题；其二，保全分配问题。家族企业往往是以"血缘"和"亲缘"为纽带而结成的财富积累主体，普遍都存在产权不清的问题，而且企业与家族成员之间积累、消费、分配的混乱更使家族企业财富的多少与归属混乱不清，这必然从根本上影响财富的顺利传承；其三，风险控制问题。财产权的简单传承风险无法规避，将家族积累的财富分配转移到承继人的名下，这是财产的直接划分和归属，有的甚至将所有财富分文不剩地传给后代。但事实证明，这只能实现财富在物质上的暂时延续。因为，财富一旦转让传承，就失去控制。承继人能否安全掌控、合理使用、物尽其用都不得而知，这部分财富是否面临风险、如何规避风险、能否规避风险也无法判断和掌控，"富不过三代"魔咒于是屡屡应验；其四，财富传承难题。如何有效的培养"富二代"使得后代更好的承接企业的权力，成为优秀的企业决策者和管理者，如何使得手中的财富稳健的走向下一站，如何最终达到企业长青，绘制更美好的家族财富蓝图，成为中国"富一代"们迫切想得到的答案。

6.2.3.2 家族企业财富传承考虑要素

财富传承需要考虑的因素有很多，归纳起来可分为以下几个方面：

（1）范围：中国的家族企业经常"公私不分"，常常不能够明确的区分家族财产和公司财产，这种情况将非常不利于家族企业在财富传承上的规划设计，也不利于家族企业治理结构的优化，在进行家族财富传承设计时，需要在范围和属性上确定哪些属于可用于传承的家族财富，并明确这些财富的属性，如股票、债券、不动产等。

（2）主体：要明确传承主体和被传承主体，如配偶、婚生子女、非婚生子女等，尤其是非法定被传承主体，需要在遗嘱设计和家族信托设计中特别注意。

（3）定量：要依据不同属性的财产对不同的被传承主体作出定量的分配，这其中需要考量各个被传承主体的特征。例如，李嘉诚将长和系分给李泽钜打理，将现金给到李泽楷支持他创业，就是一个明智公平的分配。

（4）避税：虽然中国的遗产税还未正式推出，但这一定是大势所趋，面对未来高额的遗产税，如何进行合理合法的规避，需要精心安排。

（5）防挥霍：将门未必出虎子，为了防止被传承主体可能的挥霍行为，需要在财富传承设计时注意防挥霍措施的安排。

随着人类商业文明的不断演进，家族企业在进行财富传承时可以利用的工具越来越丰富，如遗嘱、家族信托、保险、联名账户、离岸公司等，这些工具使得上述需要考虑的问题得以有效解决的可能性大大增强。

邵逸夫在分产方面的做法最值得称道。这位被称为"六叔"的香港娱乐大亨，因为其创办的 TVB 电视台影响了香港几个时代的流行文化。但是，邵逸夫的儿子对接手他的娱乐生意并没有多大兴趣。邵逸夫本人非常洒脱，有别于传统富豪，他并不强求自己的企业一代传一代，反而早在 1975 年就成立邵氏基金，至今捐出过百亿港元于教育和医疗；更在 2002 年创立邵逸夫奖，每年奖励在天文、医学和数学上有卓越成就的学者，被誉为"东方的诺贝尔奖"。香港社会称赞，或许数百年后，今日陷入争产的富豪都已湮没无闻，但邵逸夫的慈善事业仍为人所熟悉。

6.2.3.3 家族企业财富传承路径

1. 培养正确的财富观念①

财富传承的关键，在于从小培养孩子财商；而未来财商培养将不再只着重省钱及存钱的简单概念，跳出单纯教导理财知识的思维模式，而是要从理财性格养成的黄金期，就为孩子种下"致富基因"，让孩子从小就习惯金钱的使用及管理，树立正确的人生观。与单纯的让子女继承财富相比，获得知识、技能、商业才智以及能力更为重要。犹太人有句谚语："财富可能归零，智慧却长伴左右"。纵使留给子女再多的财富，但没有培养好子女的理财和工作能力，财富终究会被挥霍一空。要想成为"一辈子有钱人"，让自己的儿女就不能成为"富二代"，而是得成为"创二代"。

历史上最富有的美国人洛克菲勒（John D. Rockefeller），在写给儿子的信中，明白点出让其富过三代的传家名言："每一分钱都要让它物有所值。"在教育子女财富如何传承时，洛克菲勒更有一套严密的步骤：

（1）定期发放零用钱：一开始时，父母可以每周发放零用钱，待孩子习惯后，慢慢拖长到每月发放。

---

① 蓝狮子. 真正的财富传承是把"富二代"变成"创二代"［J/OL］. 财富赢家，2012 - 9 - 7.

（2）培养储蓄观念：财富是靠累积得来，储蓄可说是理财基本，父母们不妨从买给孩子储钱罐开始，鼓励他们存钱。

（3）开设银行账户：父母带子女去银行开立单独账户，让孩子存钱入银行收息，鼓励孩子多储蓄。

（4）培养孩子记账习惯：当儿童有一定的数学基础后，家长便应该慢慢培养起子女记账的习惯，有助他们控制开支，父母也可借此监察孩子的消费倾向，若发现有偏差时，可及时纠正。

（5）建立理财目标：父母希望孩子的理财目标，无非是希望子女能理性消费，尽早学会储蓄，以钱赚钱。

2. 系统化学习家族财富管理知识①

（1）家族财富管理课程。

过去 10 多年来，巨额财富在全球被创造出来。但是，很多新贵基本不知道如何让自己的家人做好接手这些财富的准备。在美国，填补这一知识空缺早已形成了一个很大的市场：金融"夏令营"已被认为是财富管理过程的一部分。这是一个朝阳产业——除了大型银行之外，市场中还存在着很多的独立理财顾问，提供私人课程、讲座及咨询。

菲奥娜·芬恩·史密斯（Fiona Fenn Smith）曾帮助顾资银行（Coutts，服务英国皇室的私人银行）建立了该行第一个资产与责任课程。但是，伦敦在国际财富创造方面的矫健步伐帮助人们克服了这一保守态度。在英国的夏令营，英国银行家的孩子穿梭于中东能源大亨、美国地产商及欧洲企业家的子女之中。一些学员已经拥有丰富的金融知识，并有了自己的投资组合，甚至开办了慈善机构。

大部分课程都有着一些共同主题：投资的实用性；如何选择资产级别；理解风险；选择正确的投资组合经理及解读财务报告。它们还涉及年轻的家庭成员如何使用自己的财富来进行慈善事业。而且，它们还会解析围绕着财富的一些心理与感情问题。

"生于财富之中是一件很难处理的事情"，芬恩·史密斯表示，"孩子们需要理解财富的价值与力量，及他们可以用之达到什么目标。如果没有相关的教育，从白手起家到散尽家财是完全有可能的"。

生于财富之中的孩子还容易受到他人的嫉妒。顾资的课程包括教授如何把

---

① 袁铭良. 全球化时代的家族财富传承 [J/OL]. e 财富管理网，2014 - 4 - 3.

自己看成一种资产（保护自己的声誉、与媒体打交道及个人品牌）及慈善事业——对于那些超级富豪而言，这是一个相当时髦的概念。参加慈善事业可以帮助孩子们在冒险的同时找到生活的意义。尽管课程包括这些相当情感化的部分，但所有金融教育课程的主要目的还是让年轻人尝试一下如何对巨额财富做出决策。

这些孩子比大多数其他人更有可能成为下一代的慈善家、企业家及金融业巨子。对于学员而言，参加团体课程的一大好处就是可以有机会去结交关系，在这个课程上结识的人往往最终会成为商业伙伴，甚至是生活中的伴侣。

私人银行表示，一些家庭在孩子们刚上初中时，就对他们进行金钱方面的教育。巴克莱财富管理（Barclays Wealth）已经与 8 岁大的孩子们举办了讨论会，开始在一个家庭中确认潜在的未来领导者。更加普遍的是，私人银行和独立财富经理们已经为 18～30 岁的人提供上课的地点。参加者都是银行顶级客户的后代——瑞士信贷（Credit Suisse）的相关客户，一般至少需要 1 亿美元的财富。

这些下一代的课程在美国不断发展：美林（Merrill Lynch）和摩根大通私人银行已经为他们的高端客户提供这些课程有许多年了。最近，英国银行已经开始满足这些客户的需求，同时更多的美国和欧洲银行在伦敦举办了课程。

课程会持续许多天。内容包括关于如何建立投资组合、做出明智的资产选择以及理解家族动态的实践部分。他们也解决遗产继承的心理和情绪方面的问题——例如，继承人该如何把自己的兴趣与家族的遗产相结合，以及如何处理与一笔重大财富相随而来的责任。

我国有代表性的传承培训机构如表 6-5 所示。

表 6-5　　　　　　国内代表性家族企业财富传承培训机构机构

机构	培训对象	培训时长	培训内容
浙江大学家业长青接班人学院	企业家及二代	2 年	家族接班人的培养
清华五道口金融学院	企业家及二代	1 周	"家族信托与家族财富传承"高级培训课程推出了"全球家族企业"课程等，就如何构筑并完善家族信托、家族办公室及家族基金会，使之成为解决"富不过三代"问题的重要工具

续表

机构	培训对象	培训时长	培训内容
中欧国际工商学院凯风家族传承中心	企业家及二代	1周	专注于家族在企业发展和永续传承中的力量，关注家族在商业、传承和全球化中的软实力，共同打造家族企业精神与财富的创造、传扬和承载的平台
长江商学院	企业家及二代		率先在国内推出"新生代商业领袖营"课程。除了引进各行业领先企业家"导师制"的经验学习，还参与国内外卓越家族企业的考察与经营分享，家族财富管理与家族理财室示范

资料来源：由作者通过公开资料整理所得。

（2）选择合适的财富传承工具和机构。

在众多财富传承的工具中，家族信托和大额保单是最为常用的。

家族信托（Family trust），又称为私人（个人）信托（Private Trust）。其中委托人多为富一代，受益人多为委托人的家族成员，受托人多为专业信托管理机构。

信托在保密性、资产保障（破产隔离）和税务筹划上有着巨大的优势。委托人在设立家族信托时，要设计和签署一系列的信托文件，在这些信托文件中，最重要的文件是"信托合同（信托契约）"，通过在信托合同中对相关各方权利和义务的界定，可以最大限度地保障信托财产的有效传承。

大额保单在家族财富传承的工具中，大额保单常常与家族信托一起被协同运用。家族信托可以确保委托人在身故后仍然能够贯彻其最初的财富分配和管理的意愿，而大额保单则可以在委托人身故后，为受益人提供很好的流动性。在购买大额保单时，需要特别注意的是身故赔偿金的大小和保单持有机制的设定。

6.2.4　家族企业的权利传承[①]

家族企业控制权代际传承成功的关键在于选择正确的模式。虽然我们假定

---

① 黄花. 我国家族企业代际传承的实质——控制权传递 [J]. 昆明理工大学学报（社会科学版），2009（4）：50－54.

了不同模式的选择只受继承人来源的影响，但能够影响家族继承人能力强弱和对职业经理人信任与否的因素却很多。从长远来看，家族的继承人能力不可能是代代都强，当继承人的能力在代与代之间有强弱不同时，如何能保证家族代际传承的在多代之间顺利进行将是一个难题。家族企业组织形式中我们曾经论证现代企业制度能保证企业的永续经营，如果家族企业的代际传承要想能保证家族企业的特征，不受继承人能力的影响就必须向现代家族企业制度转型。中国家族企业产生的时间短，仅有二十几年的历史，企业规模和融资模式等影响到资本的社会化程度和知识的专业化程度，进而影响到家族企业的控制权配置和传承。西方的关于家族企业代际传承的研究基本上都是假定存在一个完备的经理人市场和西方契约型的文化传统，对于中国来说，经理人市场的完善程度和文化传统与西方存在很大的差别。

家族企业代际传承的历史演进中将可能出现多种模式的组合。一定规模的家族企业，为追求控制权交易成本的最小化，有一个最佳嵌入程度。通常来说家族企业从第一代向第二代传承时会保持较高的嵌入程度，掌握较多的控制权，选择控制权世袭模式较为有利。当家族企业进一步成长，家族继任者的能力强弱不能保证时，可以采取控制权分享模式或是保留剩余控制权的模式。当然如果家族后继无人，为获取创业收益最大化，随时采用退出模式也是明智之举。家族企业控制权代际传承模式的多样性将大大增加企业永续经营的可能性。

第一代成功的家族企业家正在悄然地功成身退，一些在国内享有盛名的家族企业开始陆续将经营重任传到第二代手中，表 6-6 列举了国内一些知名家族企业的接班情况。在各种继任模式中，子（女）承父业是国内家族企业继任中的主流模式。

表 6-6　　　　　　　　国内部分家族企业的权利承接关系

继承人	父辈	所属公司	继承人现任职务
鲁伟鼎	鲁冠球	万向集团	总裁
李兆会	李海仓	海鑫集团	董事长
徐冠巨	徐传化	传化集团	董事长
楼明	楼忠福	广夏集团	总裁
周海江	周耀庭	红豆集团	董事长
吴捷	吴良定	中宝集团	董事长、总裁

续表

继承人	父辈	所属公司	继承人现任职务
潘建清	潘广通	天通股份	总经理
洪忠信	洪肇明	劲霸时装	总经理
韩国贺	韩召善	盼盼集团	副总经理
刘畅	刘永好	新希望集团	董事长
尹喜地	尹明善	力帆俱乐部	董事长
郑莱莉、郑莱毅	郑秀康	康奈集团	副总裁

资料来源：由作者通过公开资料整理所得。

解决权力传承问题的几类模式：

1. 第一种模式——"慢火煲汤"模式

经验表明，培养一个合格的企业继承人需要数年甚至数十年的时间。特别是在那些以稳健著称的大公司，他们更倾向于"马拉松式"的考验，如 IBM 著名的"长板凳计划"和 GE 的"新人"计划。

GE 在 100 多年的历史里共经历了 7 任主要领导，其中最著名的杰克．韦尔奇后来在描述他选择继任者的工作时，认为这不仅是他职业生涯中最为重要的一件事，而且是他面临过的最困难也是最痛苦的选择。"整个过程几乎使我发疯，给我带来了无数个难以成眠的夜晚。"从 1994 年春天挑选继任者的工作开始，他总共列出了 23 名候选人；4 年后，原来的 23 名缩减为 8 名；而在经过进一步的挑选后，确定了最后的 3 名；这 3 名候选人通过竞争，最终杰夫·伊梅尔特胜出，成为 GE 新的领导人。

综观整个过程，历时 7 年，可谓风云变幻，跌宕起伏。这种"慢火煲汤"式的传承模式，虽然时间跨度较长，但选出来的接班人经过精心挑选、长期栽培，最终经过层层考验达到公司的要求，降低了犯错的概率和企业未来的风险。

2. 第二种模式——"分槽喂马"模式

与 GE 不同的是，东方的文化与哲学创造出了"分槽喂马"这种模式。成功运用这种模式的代表人物就是联想的柳传志和长江实业的李嘉诚。柳传志通过分拆联想与神州数码两家公司而受到广泛赞扬。在分拆公司时，柳传志表示，虽然手心手背都是肉，但取舍有道，坚决不让神州数码沾"联想"品牌的光。但是，不管哪边做大，都是联想的蛋糕做大。以后假如一方受困，另一方可以立即出手相助。

　　李嘉诚有两个优秀的儿子李泽钜和李泽楷。他把性格沉稳、作风踏实的长子李泽钜立为长江实业集团新掌门人，另外资助崇尚自由创新、喜欢作秀的次子李泽楷另创 TOM. COM、盈科拓展等事业。李嘉诚欣慰地看到了两个儿子的迅速成长和出色业绩。

　　这种"分槽喂马"的模式，可以让企业家根据继承人的综合素质来分配公司资源，既让接班人的能力得到有效发挥而且两个企业之间还可以相互帮助，可谓是一举两得。

3. 第三种模式——"家族基金"模式

　　李嘉诚与柳传志这些人无疑是幸福的，因为他们有多个优秀的接班人可供选择。谁都希望"生子当如孙仲谋"，谁都不愿意把辛苦经营的企业交给"扶不起的阿斗"，但是当企业的领导人缺乏优秀继承人选的时候，如何选择一名堪此重任的接班人呢？这种情况下，浙江正泰集团的南存辉提出了设立"败家子"基金这种模式。

　　在 2004 浙江民营企业 CEO 圆桌会议上，正泰集团董事长南存辉，透露了他关于继承人问题的想法。他说："正泰有 100 多个股东，其中有 9 个高级管理人员。我们鼓励这些高级管理人员的子女念完书以后不要进正泰，要到外面去打拼，并在打拼过程中对他们进行观察和考验。若是成器的，可以由董事会聘请到正泰集团工作；若不成器，是败家子，我们原始股东会成立一个基金，请专家管理，由基金来养那些败家子。"

　　在国外，不少企业都有基金会，以家族的名义进行经营，但基金的继承者本人不可以随意操纵这些财产，需要有职业经理人和监督机构进行经营，非常著名的福特基金就是如此。这样，决策者和公司的经营者都有明确的目的，不会因为继承者的能力不够而对企业的经营发展带来危害。

　　企业掌门人对企业的发展起着至关重要的作用，企业处于不同的经营阶段对掌门人的需求也是不一样的。企业家在选择掌门人的时，既要有企业和掌门人发展的前瞻性眼光，更要有有一套适合掌门人成长的培养模式，争取实现企业和掌门人共同成长的良好局面。

6.3　家族企业代际传承要素

　　家族企业的成功延续取决于那些给他们带来竞争优势的独特要素在代际之

间的传递或转移。西尔蒙（Sirmon）和希特（Hitt）提出了家族企业与非家族企业在人力资本（Human Capital）、社会资本（Social Capital）、长期金融资本（Patient Capital）、生存性资本等资源（Survivability Capital），以及公司治理结构特征（Governance Structure Attribute）等方面的独特优势。如何管理好这些资源非常重要，他们提出了管理资源的过程模型，即资源盘查（Resource Inventory，资源评价、资源增加、资源舍弃），从外部市场获取资源，以及形成资源束和发挥资源杠杆作用。[①]

在家族企业是否可以传承的实战派中，慧聪国际董事长郭凡生反对代际传承，他认为自己从理性上反对企业内部亲情传承，从社会效率角度看，企业家不可能持续地传承自身，企业家不可能被教育出来，他反对部分企业家开办的"接班人"培训班，但认为血脉是可以传承的，而血脉传承的核心是文化、道德、修养和"贵族"意识（崇尚科学和文化）。茅理翔则认为在目前环境下，家族企业是可以传承的，他积极倡导并践行"带三年，帮三年，看三年"的培养计划，并创立接班人培养学校，认为，家族企业是"传财富、权力、使命、责任、艰苦奋斗的精神：传承的是一份事业，是一种使命感，而不是一份财产或遗产，只有这样才能保证家业常青！"（陈寒松，2009）。

从总体上看，在家族企业的代际传承过程中，企业家个体层面需要传承的要素主要包括企业家默会知识、企业家关系网络和企业家精神三大类。

6.3.1 企业家精神

企业家精神是企业家在一定的社会文化背景下，成长、学习和经营管理实践过程中形成的一种精神品质，包括：创新精神、进取精神、包容精神、冒险精神、敬业精神、合作精神、挑战精神等。为此，企业家要不断注重创新和变革、勇于承担风险、善于发现机会、具备良好的沟通、组织、领导和经营管理能力、具有强烈的使命感、事业心和社会责任感等。

6.3.1.1 企业家精神与家族企业传承的关联

家族企业经过多年的发展，积累了丰厚的物质财富和丰富的人脉资源，按

---

① 陈寒松，幸爱芳. 基于资源观的民营企业创业研究［J］. 山东财政学院学报，2008（6）：60 - 64.

照常理，家族企业第二代、第三代的发展应该比创业时更有优势，然而传承下来的企业却很少能达到第一代企业家创造的辉煌甚至慢慢衰落，其根本原因就在于家族企业把传承重心放在企业所有权和经营权的代际传递上，而没有注重文化的传承、企业家精神的传承。正如学者何轩研究得出：资源丰富的家族企业并没有带来接班人接班后绩效的正相关关系。的确，权力和财富的传递是家族企业持续发展的前提和基础，也是家族企业以家族发展形式长期持续成长的必要条件，但是仅有权力和财富的传递一般很难保证"家业长青"，更重要的是保证家族文化、家族信念和价值观的传递。企业家精神是家族企业独特竞争优势的来源，家族企业持续发展缺的不是财富和资源，而是企业家精神，企业家精神的传承是家族企业传承的关键。海尔正是用它的创新精神及衍生出来的用户导向文化实现了海尔家电的做大做强。马云认为，目前世界缺失的不是金钱，商业社会缺失的是企业家的精神、梦想和价值观。企业家精神就像是DNA，只有将 DNA 与企业融合起来，企业才能够持续发展和成长。①

6.3.1.2　企业家精神对家族企业传承的启示

家族企业要想持续发展，不仅仅需要财富和权力的继承，更重要的是企业家精神的传承，企业家精神是支持企业不断向前的最大的资源和财富。而企业家精神是一种隐性的、默会的资源。只有当父辈真正将自己拥有的企业运作所需要的各种显性资源及隐性知识传承给下一代时，企业的代际传承才可能真正得以实现。

1. 编制共同愿景，注重价值观的传承

在彼得·圣吉的著作《第五项修炼》中，第三项重要的修炼就是建立共同愿景。他认为，企业的共同愿景能够帮助组织培养其员工主动而忠诚的投入和奉献。在家族企业的传承中，大家分享彼此对企业的最高目标的愿望对家族企业成功传承也有重要的作用。在企业传承这个十字路口上，企业家面临着方向的选择，一个共同愿景的指引能够契合上一代和下一代、甚至祖先的愿望，吸引下一代的加盟，使各代人都融合在一个大家共享的集体梦想里面，让下一代人明白家族的使命，激发家族成员对成功的渴望以及奋斗的激情，保持家族企业不断前进的动力。

同时，家族企业还要注重核心价值观传承。企业家的核心价值观体现了一

---

① 陈寒松. 家族企业企业家精神的传承与创新研究 [J]. 东岳论丛，2011 (4)：173 – 177.

个企业的文化精神，它能引导员工的信念，塑造员工的行为，增强企业内部的凝聚力和向心力，有利于维持企业稳定的经营发展。而企业家精神是超越了企业家个人特质的一种价值选择，它能够深入渗透到家族人员以及每一个员工的意识和信念中，企业家精神下的核心价值观能够赋予企业和家族超越个人生命长度的存在和跨世纪的发展。

企业家应该向家族成员和员工清晰的阐明企业愿景和核心价值观，并反复灌输，让其认同和接受这些价值观，努力完成使命。

2. 注重学习、创新文化的传承

世界是在不断变化的过程中向前发展的，知识和技术也是不断更新的，墨守成规只会跟不上时代的发展步伐，因此企业家应注重在企业中培养学习的文化，建立学习型组织并将这种文化一代一代传承下去。员工通过学习更新脑袋已经储存的知识，了解最新的产品、市场趋势和技术，接班人通过学习开阔视野，总结前人成功的经验和失败的教训，培养独特的思维方式和纵观全局的思考能力。接班人只有将学习精神传承下来，不断向身边的人物或发生的事情学习，才能与时俱进，掌握市场最新的变化并快速作出准确的决策，赢得市场竞争力，立于不败之地。

在学习的同时还应将学习得到的收获进行消化和吸收，不断创新，摒弃不适合组织发展的观念和制度，敢于冒险实施必要的变革，这也是企业家精神重要的一方面。通过创新建立更好的有利于企业发展的制度和文化；通过知识创新创造引领市场前沿的产品和技术，培育企业的核心竞争力。不管企业发展到何种程度，创新永远是企业获得独特竞争优势的源泉。

家族企业家应注重创新文化的培养和传承，接班人应该敢于创新、善于创新，通过创新性行为开发新的产品、市场和服务，实现可持续发展，而这正是企业家精神的良好体现。

3. 注重创业精神的传承

老一代企业家之所以能够在恶劣的环境中获得成功，就是因为他们不怕苦的创业精神。创业难，守业更难，只有在任何时候都充满昂扬的斗志和激情不断进行第二次创业第三次创业，才能守住家业并发扬光大。老一辈的创业精神能否被下一代继承是代际传承能否成功的重要因素。接班人要继承父辈艰苦奋斗的创业精神，将创业精神在企业内落实并体现在行动上来，才能避免上一辈创业精神的耗散。

由于两代人的成长环境、社会背景不同，接受的教育也不相同，导致思维观念的差异，再加上现在充裕的生活条件，现在的年轻人很难像上一辈那样拥有艰苦创业的精神。虽然他们十分钦佩父辈的创业精神，也理解父辈成功的关键因素就是艰苦创业，但是创业精神的培养不是一蹴而就的，而是一个循序渐进的过程，需要不断的磨炼才能逐渐养成。企业家可以通过故事的方式向接班人讲述自己的创业经历和故事，让其明白创业的不易，激发其创业的斗志和成功守业的信念，减少创业精神的耗散。每一代的掌门人不仅仅是接班人，更重要的角色在于他们是家族企业每一代发展的创业者，不断创业是企业持续发展的长远之计，也只有实现创业精神的传承，在"永远创业"的理念中家族企业才能更远更长。

4. 注重接班人的培养

家族企业留给后辈的不仅仅是权力和财富这些显性的资源，还应包括企业家的人脉资源，帮助接班人赢得利益相关者的认可和支持，这是年轻人能否成功继承的关键一环。因此，企业家应早制订接班人培养计划，让其早些接触企业，熟悉企业的文化和价值观，提升他们对企业的兴趣进而增加其接班的意愿。

另外，接触企业还可以使接班人熟悉企业的员工并与他们建立良好的关系。同时，给接班人提供良好的教育，有条件的话接受完中国教育之后继续出国深造，接受国外文化的熏陶，结合中外文化的精华，开阔接班人的视野，培养接班人的素质和才能。鼓励接班人获得家族之外的工作经验后再从企业的基层做起。一方面，外部工作能够学习其他企业成功的经验，为发现家族企业的问题并有效解决奠定良好的基础；另一方面，外部的工作经验能够使其妥善处理企业各种问题，通过自身能力获得晋升，也有利于企业员工和元老对接班人的认可和信任。只有这些对接班人培养计划的成功实施，上一辈在工作中积累的知识和经验以及家族使命和企业家精神才能得以传给下一代，这种传递造就了家族企业的与众不同，这也是家族企业的市场竞争优势。

5. 注重社会责任的传承

企业家精神很重要的两个方面就是社会责任感和包容的精神。这就需要接班人继承父辈在创业过程中形成的包容和感恩精神，怀有一颗包容的心对待员工，积极履行对员工的社会责任。给员工提供良好的工作环境、营造和谐的人际关系氛围、公平的绩效考评和薪酬体系、完善的社会保障体系等保障员工的基本生活安全，尊重和维护员工的利益。还要具有容忍员工犯一些错误的包容精神，并帮助员工改正和提升。

同时，还应继承对社会的责任精神。这包括为消费者提供高质量的产品和服务；正当竞争，遵守行业竞争伦理；依法经营不偷税漏税；遵守法律法规，不违背商业道德；自觉承担社区责任、支持慈善事业和公益活动。这些都是家族企业得以持续发展并需要一代一代传承下去的责任精神。扶弱济困、以人为本是中国的传统美德，也是现代社会对企业发展提出的必须履行的社会责任，同时还是企业家精神的集中体现。只有企业的接班人具有社会责任感，意识到企业的利润和发展来自公民和社会，才有企业持续发展需要的肥沃土壤，实现企业百年不衰。

6.3.2 企业家默会知识

大凡创业成功并发展起来的家族企业，在创业者那里总隐含着创业成功的DNA，如创业者及其团队的创业精神、道德、修养、使命、责任、艰苦奋斗的精神等，这些隐性知识，需要他们通过经营行为，言传身教，一代代传授给继承人。只有这样，才可能"基业长青"，而简单地传承物质财富、传承权杖，不能保证企业持续发展。

日本学者仓科敏材通过分析，将日本丰田公司、三得利公司等代表的家族企业成功传承的经验归纳为六个方面：一是家族企业作为稳定的大股东对事业的发展发挥长期信用保证的作用；二是家族拥有流传下来的独特信条、服务、技术、专门知识等并保持这些内容不变，高层管理部门尽量将这些东西作为遗传基因融会到企业内部；三是尊重自创业者以来必须维护的企业价值，对形势变化反应敏感，经常实行大胆革新和变革；四是企业经营符合社会伦理；五是企业的利益不被家族剥夺，严格区分家族、个人资产和企业资产；六是家族之间既无纠纷又无派阀。在这六条中，前四条集中体现了企业如何将优秀的企业价值、文化、理念等传承下来。这些知识中，有经营管理知识，更重要的是企业的经营哲学和核心价值观念。

例如，丰田家族历代经营者在继承企业遗传基因并受其影响的同时，每个人都把自己的特性纳入其中并创造出进一步进化的遗传基因，即隐性知识，然后通过显性化的方式，以文本形式传给后代。加上精明企业家的努力，因此不断进化的丰田经营思想能够得以世代继承。

丰田自创办以来所坚持的"通过高品质的产品和服务和贡献社会"的理念，由此形成的管理价值观、做事方法就是丰田模式，是丰田竞争优势的来源。

竹内弘高和野中郁次郎（2006）特别强调"场"在知识转换过程中的作

用。"场"（Ba）就是知识创造的地方，是分享、创造及运用知识的动态的共有情境。"场"是一个具有自备意图、旨趣或使命的自组织场所，它可以存在于个体、工作小组、项目团队、非正式组织、临时会议、虚拟空间以及与客户面对面的接触之时。

家族内部有一个良好且亲密的交流环境是家族经营成功的必要条件。只有这样，彼此才能拥有共同的理想（仓科敏材，2007）。丰田公司精益生产模式之所以能够形成，在于创业家的高尚理念，为顾客提供高质量的产品和服务，而这种模式的延续和发展，更在于企业内部充溢着协作、配合、团队等氛围和文化，这种浓厚的"场"也许正是丰田家族企业不断发展的本质所在。

尽管中日文化同属高语境文化，但中国的家族企业本质上属"血缘共同体"，造成了企业传承和发展的局限性。在这种"血缘共同体"下，难以形成一个人才辈出的环境，不利于人才的引进和成长。因此，要致力于打破血缘或亲缘的界限，努力向经济共同体方向转换。

家族企业传承的"场"，有许多形式，可分为以下几种：

（1）家族（家庭）场：餐桌上、客厅里、家庭（家族）的集会（聚会）活动。这种"场"下，对于从小培养接班人是一种很好的方式。这种高语境下，气氛宽松、融洽、和谐，对于那些未编码的、具体的知识，更容易传承。

（2）企业现场。这也是一种非常重要的场。无论接班人是否接受过高等教育，要担当未来的重任，必须真正了解企业。而了解企业的最好去处，就是企业基层，包括生产现场和销售现场，在现场可以发现最新的问题，学到最新的知识，这一过程也是从隐性知识到隐性知识的过程。

（3）高层活动场所。包括列席和参加公司高层领导召开的重要会议，并逐步参与企业的决策。这也是家族企业接班人不可缺少的将隐性知识转换为显性知识的"场"。在这一过程中，接班人通过参与公司高层的各项活动，增强经营企业的信心。

（4）独立开展新事业活动。主要是在公司范围内，允许接班人开展独立的创业活动，将其学到的经营企业的知识通过独立经营一项新事业而内化，形成接班人自我真正的知识。

在这一过程中，接班人不仅消化了前辈们的知识，而且也创造出新知识。

形成合理的制度，利于家族企业的知识传承

高语境下的知识传承得以顺利实现，需要创造良好的"场"，而这种"场"的形成在很大程度上得益于合理的企业制度。日本家族企业知识的成功传承，还与终身雇佣、年功序列等有很多关系，员工离开原来企业到一家新企业，就要从零开始，这也约束着企业在一家企业中努力干好。

中国历史上的晋商经营 500 年，特别是持续发展 200 多年的乔家字号家族企业的成功在于六项制度安排高度耦合形成的制度集合。即：（1）股东承担无限责任，两权却高度分离；（2）使用本地人策略；（3）长期雇佣和年功工资制；（4）身股制度；（5）内部晋升；（6）"号规"约束。在当今的现代企业中，慧聪公司也模仿这种制度，郭凡生将 70% 的利润分给企业的功臣、骨干和"苗子"员工，公司为此也得以快速成长和壮大起来。

因此，创造条件，形成一种合理的、健全的，利于企业长期发展的内部制度，特别是内部激励约束机制，以保障知识在不仅家族范围内，而且在整个企业范围内得到良好传播、创新和创造，实现家族企业的"家业长青"。

6.3.3 企业政商关系

在对企业家默会知识两个构成维度的传承认知上，企业家和企业家子女表现出一定的差异。其中，企业家子女较为看重诀窍知识，尤其是管理经验类知识，而企业家对诀窍知识和心智模式重要性的判断则相对更为平衡。这与我们访谈过程中的体会基本一致。访谈中多数企业家子女在被问及"最需要向父辈学习或继承的要素"或"同父辈最主要的差距"时，他们给出的第一答案往往是"经验"或"经验不足"。

在对企业家关系网络的传承认知方面，企业家和企业家子女表现得较为一致，都较为看重企业家在企业外部建立起来的各种关系网络的传承。这可能与第一代家族企业在创业初期的市场不完善有着密切的联系。正如盛乐（2006）所言，"在市场非完善条件下，家族企业经营的成败在很大程度上取决于非市场资源（例如，政府和亲缘朋友）的利用"，这时"企业主投入企业更多的是一种社会资本"。这一研究发现同朱素英（2006）的研究结论也基本一致。她对浙江省 128 家家族企业进行的调查研究也发现，前任比较侧重外部关系网络（她在研究中主要考察了核心客户和主要社会关系）的传递，对企业内部关系的传递不足。现实中，许多企业家在正式交班前频频携子女出席各种重要的公众场合的举动，或许就是对该研究结论的最好佐证。

举个典型的例子，2003 年 9 月 27 日由 40 多名香港商界大亨及其家属组成的"香港商界知名人士访京团"访京。与之前的访京团不同，本次访京的香港富豪大部分都是"父子齐齐北上"。许多媒体都认为，力捧第二代是这次访京团的一大目的。一个有趣的花絮是，在新浪网上的一个关于"此次香港富豪团携接班人访问北京的目的"的小调查中，50%的网民选择了"为后辈接班做铺垫"。当然，我们目前得出的外部关系网络"一边倒"的分析结果，也可能与我们所调查的样本企业绝大多数都是单个家族独立创业（或收购转制企业）的有关，在那些由几位股东合伙创立的企业中，这种情况或许会有所改观，但仍有待进一步的实证检验。

企业家和企业家子女对企业家关系网络在传承要素体系中相对重要性的判断上表现出一定的差异，企业家的评价高于企业家子女。两者对企业家默会知识和企业家精神在传承要素体系中相对重要性的评价不存在明显差异。

在企业家看来，企业家默会知识和企业家关系网络在传承要素体系中的重要性要高于企业家精神，但企业家默会知识和企业家关系网络之间不存在显著的重要性差别。当然，由于针对家族企业的调查难度非常大（Klein，2000），本研究只调查了23位企业家，相对较少，这可能会在一定程度上影响结论的外部效度。该结论的科学性，还有待未来的实证研究去检验。

处在传承过程不同阶段的企业家子女，对三类要素在传承要素体系中相对重要性的评价存在一定程度的差异。其中，在尚未真正加盟企业的企业家子女看来，企业家关系网络在传承要素体系中的重要性要高于企业家精神，但企业家默会知识同企业家关系网络和企业家精神之间，不存在重要性上的显著差异。在担任公司普通员工或基层管理者的企业家子女眼中，企业家默会知识较企业家关系网络更需要传承，但企业家精神同企业家默会知识和企业家关系网络之间，不存在重要性上的差别。来自已担任中高层管理职务的企业家子女的数据则表明，三类要素在传承要素体系中的相对重要性均不存在显著差异。然而，我们也意识到，目前在中国的第一代家族企业中，完全实现交接班的比重还不高，本研究调查的企业家子女处在中高层管理岗位的也相对较少，这可能会对本研究结论的可靠性产生一定的影响。这也是本研究的主要局限之一。待大量传承完毕的家族企业出现之后，再对此命题作进一步的检验，或许可以提供更为坚实可靠的结论。

6.3.4　家族企业传承规划

家族企业作为世界上最普遍的企业组织形态，一方面在世界经济发展中有着举足轻重的地位，一方面也受到了广泛的质疑，治理结构混乱、裙带关系，这些都时常被用来评价家族企业。但是，近年来的研究却表明，在世界范围内，家族企业的绩效往往超过广泛的竞争对手。《财富杂志》（Journal of Finance）中的一项调查研究发现，家族企业在股价和股本收益率等关键指标中超过上市公司。这就使得我们必须要重新认识家族企业的特点，尤其是那些传承了近百年的优秀家族企业，他们的在管理、治理结构等方面的经验和教训值得我们认真对待和研究。

对于中国的企业来说，家族企业更是一个需要直面和研究的群体，《福布斯》杂志 2011 年曾经首发过一份《中国家族企业风云榜》，在当时被统计的国内 2 272 家上市企业中，1 268 家为民营上市企业，这其中 460 家为家族企业，占民营上市企业总数的 32.68%。2011 年 IPO 的家族企业有 62 家，占当年 IPO 总数的 44.6%。可以说，随着中国市场经济的发展，家族企业越来越广泛而深刻地影响着中国经济和社会。而对于当前的中国家族企业来说，传承问题成为一个迫切需要解决的问题。近 30 年的改革开放，造就了无数功成名就的富一代企业家，二三十年后的今天，富一代们渐渐要离开舞台，他们留给这个时代的事业该怎样安全有效的传承下去呢？

家族企业传承的系统规划，是一个专业性极强的工作，从全球范围来看，越来越多的大型家族企业开始采用"家族办公室"（Family Office）的形式。家族办公室最早起源于西方国家，其宗旨在于为家族和家族企业提供系统专业的法律、税务、财富管理等综合服务。保护、管理、传承是其服务的三大目标。

综合家族资产管理规模、内外部专业人士的比例，家族办公室又可以划分为"单一家族办公室"、"联合家族办公室"、"功能家族办公室"。其中"单一家族办公室"是标准化的内置型家族办公室，适用于资产规模较大的家族企业；而"联合家族办公室"和"功能家族办公室"则将很多工作外置于专业机构，更适用于资产规模较小或财富管理相对简单的家族。相信随着更多的中国家族企业进入到代际传承的关键时期，家族企业传承的相关专业服务将会得到越来越多的关注。

成功的分产不等于完美的传承，财产分配只是蜗牛头上的一个触角，想让家业常青，创业者虚拟资产的传承才是最重要也最困难的。企业分家和传承，其实重点并不在资产，有形的资产毕竟是死的，理论上讲只要协调得当、妥善分配亦无不可。然而，分产和传承的核心更在于如何继承和发扬家族经年累积的无形资产以及强大的人脉。

　　家族企业处在社会这个更大的环境中，他的发展除了需要企业的灵活与内部团结外，更加需要企业的人际关系网络，他们是企业获得市场信息和产品技术知识的主要渠道。家族企业的外部利益相关者主要包括竞争对手、政府、客户、研究机构、供应商等合作伙伴，这些合作伙伴独立于家族企业，却与家族企业联系非常紧密。第一代创业者的兴起很大程度上依赖于创业者的个人素质和魅力以及良好的外部关系网络。社会资本的积累是企业开展工作、接班人取得骄人业绩的关键。因此，在培养接班人时企业主应为接班人与关键利益相关者认识并建立密切的关系创造合适条件。在此过程中，企业主要传授接班人有效处理与企业外部利益相关者的关系的手段和方法。例如，要对利益相关者的需求保持高度敏感，并且尽量满足他们的需求等。

6.4　中国家族企业传承典型案例

6.4.1　历史大家族传承典型案例

　　纵观中国历史上著名的商帮和财富大家族，不难发现在传承机制方面有独特之处，表6-7中列举了具有代表性的几大家族的治理机制，主要传承了中国的传统商业文化和家规店训，有正式和非正式的治理机制。

表6-7　　　　　　　　　代表性的历史大家族传承和治理机制

家族	代表品牌	存在时间	家族企业治理机制	家规店训
康百万家族		传承12代400多年，从明清到民国	栈房制、相公制和柜先制等独特的公司治理模式	留有余，不尽之巧以还造化；留有余，不尽之禄以还朝廷；留有余，不尽之财以还百姓；留有余，不尽之福以还子孙。盖造物忌盈，事太尽，未有不贻后悔者。高景逸所云：临事让人一步，自有余地；临财放宽一分，自有余味
乔氏家族	大德通票号	传承7代	经营理念：一信、二义、三利 治理机制：人力股制度，职业经理人	一不准吸毒，二不准纳妾，三不准虐仆，四不准赌博，五不准冶游，六不准酗酒

续表

家族	代表品牌	存在时间	家族企业治理机制	家规店训
叶氏家族	叶开泰	300 多年	师徒制	修合无人见，存心有天知
乐氏家族	同仁堂	300 多年	师徒制	同修仁德，济世养生。炮制虽繁必不敢省人工，品位虽贵必不敢减物力

资料来源：由作者通过公开资料整理所得。

6.4.2 李嘉诚"量身定做"的分家方案①

6.4.2.1 教育成长路径和事业开拓

李泽钜和李泽楷分别出生于 1964 年和 1966 年，他俩在还不清楚董事会为何物时，就已经被父亲安排在董事会的"列席台"上。李嘉诚安排两人小学和中学都就读于香港圣保罗英文书院，毕业之后又先后都到美国的斯坦福大学进行深造。人生轨迹的不同在大学时初露端倪——在香港地产业发展高潮的时候，长子李泽钜被父亲安排选读了土木工程专业攻读硕士，李泽楷则依据自己的爱好读了计算机专业。

毕业后李泽钜直接进入长江集团。温哥华世博旧址开发工程的成功，让他在家族企业中初步奠定根基。1993 年 2 月，长实集团董事局擢升董事李泽钜任长实董事副总经理。不足 30 岁，他已管理市值 541 亿美元的商业帝国，2 年后，他以 25 倍认购额的骄人成绩完成长江基建的分拆上市，让李嘉诚高呼满分。同时，他还控制着欧洲第三代移动电话网和世界最大的港口运营业。2009 年，李泽钜又下注加拿大航空公司，成为最大单一股东，并拿下素有"暴利奶牛"之称的石油巨头赫斯基。李泽钜似乎为家族而生，他谦和、周全、稳健，将父业送上市并开拓全新的加拿大及欧洲财富版图，可以说现年 48 岁的李泽钜"继位"毫无争议。相比哥哥的低调沉稳，李泽楷展示了更多我行我素的野心。

25 岁，李泽楷已能强势对战 62 岁的传媒大亨默多克，以 7 倍溢价出售 StarTV。5 年后，他自立门户——打造 3 亿变 600 亿的高科技概念股，并空手套

---

① 资料来源：李忠海. 李嘉诚传 ［M］. 国际文化出版公司，2015.

得亿万地产，赢得"小超人"美誉。桀骜不驯的李泽楷向来不走寻常路。他不顾父亲劝阻，强力与"发明大王"黄金富对抗；2010 年，李泽楷曾因涉嫌电讯盈科私有化操纵股价而遭受香港警方调查。现在，他正在全球展开收购狂潮。

对于 46 岁的次子李泽楷，李嘉诚许以重金，全力支持其收购心仪的公司，这个安排显然很符合李泽楷冲劲十足的风格。

财产易分，人脉难续，成功的分产不等于完美的传承，财产分配只是蜗牛头上的一个触角，想让家业常青，创业者虚拟资产的传承才是最重要也最困难的。企业分家和传承，其实重点并不在资产，有形的资产毕竟是死的，理论上讲只要协调得当、妥善分配亦无不可。然而分产和传承的核心更在于如何继承和发扬家族经年累积的无形资产以及强大的人脉。

李嘉诚也深谙这一点，很早的时候就带两个儿子出现在各种重要场合。1986 年，李嘉诚与加拿大官员频频会谈，李泽钜就坐在一旁；1992 年，时任中共中央总书记的江泽民会见李嘉诚，出现在香港电视屏幕上的，亦有李泽钜和李泽楷；同年 7 月，新任港督彭定康受到长实集团的隆重欢迎，李泽钜和李泽楷被父亲介绍给新总督。2003 年 3 月，李泽钜成为第十届全国政协常务委员，并在 2008 年 5 月 2 日参加了香港的奥运火炬传递。

经商做事循规蹈矩的李泽钜与香港政商界的关系比较和谐，但很难说有重要的话语权和影响力；而性格西化、不太注重传统的李泽楷，并不很在乎方方面面的关系。对于李氏接班人更要学习的，可能是李嘉诚处理政商关系的手法和与政治保持适中距离的智慧。

6.4.2.2 合理的家业传承和分配

2012 年 5 月 25 日，84 岁的亚洲首富李嘉诚首度将隐秘的分家方案公之于众：庞大家族企业的权杖将移交给已经 48 岁、在长江集团干了 27 年的长子李泽钜；留给次子李泽楷的则是"超过其现在身家数倍的资金支持"；而他的"第三个儿子"——李嘉诚基金会，则交由两个儿子共同打理。李氏试图将家族财产分配用一种公开化的方式解决，并未给"长和（长江实业＋和记黄埔）系"带来巨大震动，旗下公司的股价表现平稳，这为面临分家困扰的富豪们提供了借鉴。

媒体和业界评价李嘉诚顺应两个儿子的个性而做出分家安排，很是明智。所谓知子莫若父，李嘉诚针对两个儿子的不同脾性，通过长期考虑，才做出了这样的家产分配方案。一同出席记者会的李泽钜说："爸爸的安排我们永远都OK。"李嘉诚透露，他的小儿子李泽楷对于财产的分配也很满意。

李嘉诚 2001 年接受《财富》采访时提到，彼时"长和系"的市值占港股总市值的 15%，可谓举足轻重。截至 2012 年 5 月，"长和系"市值的万亿港元，占港股总市值的比例近 5%。根据《福布斯》2012 年初公布的信息，李嘉诚的身家多达 255 亿美元，全球排名第九，连续多年稳居华人首富宝座。但由于家族企业的股权结构复杂，除了上市公司外，各种非上市公司、私人基金和家族信托林立，李嘉诚的真实财富很难准确统计。

按照李嘉诚的分配方案，李泽钜将得到超过 40% 的长江实业及和记黄埔的股权，以及加拿大最大的能源公司赫斯基 35% 股权。这三块业务是李嘉诚旗下最值钱、也是权重最大的资产（约 2 000 亿港元），堪称全球最金光熠熠的摇钱树。次子李泽楷将不占有任何"长和系"股权，但可得到巨额资金支持，"相当于他现在资产的好几倍，让他收购喜欢的项目，且不会和家族业务产生冲突"。据李嘉诚透露，李泽楷看中的新资产，并非和黄系六大业务，也不是传媒和娱乐业务，属于长线可发展的传统行业，与之洽谈业务的，都是中国香港和海外的公司。中国香港媒体称，从分配的公平性角度来说，李嘉诚两个儿子分到的财产无论是实物还是股票、现金，从数量上来说应该是旗鼓相当。

李嘉诚还特别提到对李嘉诚基金会的安排。这家成立于 1980 年的公益基金，目前管理的资产达 83 亿美元（约 525 亿元人民币），被李嘉诚称为他的"第三个儿子"，该基金会迄今为止累计捐赠了 16 亿美元，其中大部分投向教育事业；基金会亦进行财务投资，最近一次的动作是 2012 年 6 月 5 日宣布与和记黄埔通过旗下子公司掷 1.25 亿美元（约 8 亿元人民币）收购以色列一家主要电讯服务商 75% 的股权。

李嘉诚称，其最近增持的长和股权会注入基金会，加上 Facebook 3% 的股权等，基金会的规模将会是其个人财富的 1/3。他强调基金会将由两个儿子共同打理，李泽钜任主席。

有人说，李嘉诚最大的天赋就是"能一眼看到事物的发展方向"。也许最困扰李氏的从来不是财产的分配，而是传承。不过智慧的老人早有准备，那就是他常挂在口边的"第三个儿子"——李嘉诚慈善基金会。基金有自己的生命，无论分产后大儿子和二儿子如何进行属于他们的"二次创业"，起码"第三个儿子"永远不会让李嘉诚失望。

第7章

家族企业发展管理

7.1 家族企业战略管理

战略管理在现代企业管理中处于核心地位,是决定企业成败的关键。企业在未来市场环境中竞争力的获得与提高将直接取决于其战略管理的质量。就中国家族企业来说,随着改革的深化与经济全球化进程对中国经济与社会发展的影响,企业的成长环境和竞争范围以及竞争方式发生了前所未有的变化。家族企业的生存环境竞争加剧,同时其生产与经营上的弊端也制约了家族企业的进一步发展。因此,顺应现代企业管理的发展趋势,加强企业的战略管理以促进竞争力的提升将是家族企业关注的重点。①

7.1.1 家族企业战略管理存在的问题

7.1.1.1 没有战略

中国不少家族企业没有制定战略规划,没有较系统的行业预测及发展前景、发展方向分析,这种现象使得中国企业的持续发展速度没有保障,发展目标也不明确。从而在具体的经营实践中,不能正确分析企业内外环境进行正确的战略规划,不能根据自身实力选择一个可以发挥自己特长、适合自身发展的经营领域。从而导致了企业盲目跟风,难以长寿,抗风险能力低的状况出现。

---

① 林森. 我国家族企业长寿研究 [D]. 吉林财经大学, 2009.

7.1.1.2　同质战略

当市场竞争中的不确定因素明显增多，当中国企业面临越来越激烈的国际国内同行的竞争，企业之间朴素模仿的速度也骤然加快，于是，产品同质化、传播同质化、市场同质化，消费者也同质化。电子行业、饮料行业、服装行业等众多的行业有无数的企业只是在战术层面拼命博杀。[①] 这样一个同质战略的指导下，企业不是通过产品和体制创新来增强竞争力而是专注于一些低层次的竞争方式如价格竞争和不切实际的"造名"运动等，其结果只能使企业元气大伤。

7.1.1.3　多变战略

一旦企业的发展战略制定后，它就会作为企业未来很重要的判断企业经营行为和选择经营方向的一种基本依据。但有些家族企业在战略实施过程中存在着为了追求眼前利益而经常更换企业战略规划的短视行为。在企业战略实施过程中战略控制意识不强、企业战略评价流于形式、不能将企业战略评价贯穿于企业发展的全过程的情况。部分家族企业的法人治理结构不健全，决策权往往集中在老板一个人的手中，因此极易行成"朝令夕改"，决策随意性强的局面。

7.1.1.4　多元化战略

多元化战略于成长中的企业来说是一把双刃剑。其优势是能够较好地分散经营风险，寻求多元化的发展空间和盈利空间；其劣势是使得企业难以专注于某一行业获得竞争优势，往往会追求短期经济利益，对于其他行业的不熟悉会导致风险加剧和投资失败。在对自身资源和行业缺乏深入分析、对整个产业环境缺乏科学预测的情况下，盲目扩张和多元化只会增大企业经营风险，甚至走上失败的道路（见表7-1）。

表7-1　　　　　　　　　　　多元化战略失败典型案例一览

企业	主营业务	多元化战略失败
太阳神	保健品	20世纪90年代投资房地产、石油、边贸、酒店业、化妆品、电脑等产业导致亏损
巨人	电脑和保健品	20世纪90年代投资房地产，战线过长导致资金链断裂

---

① 曾立平．突破同质化的竞争新路径［J］．经理人，2007（12）：60-63．

续表

企业	主营业务	多元化战略失败
春都	肉制品	20 世纪 90 年代涉足工业、商业、贸易、旅游、服务等行业，过于庞杂导致亏损
三九	制药	20 世纪 90 年代并购啤酒厂，投资多领域导致失败
德隆	综合实业	多元化泛领域疯狂扩张，涉足 12 个领域，2004 年德隆系崩盘倒闭

资料来源：由作者通过公开资料整理所得。

7.1.2　家族企业战略分析工具

7.1.2.1　战略分析工具

1. PEST 分析

PEST 为一种企业所处宏观环境分析模型，所谓 PEST 即 Political（政治），Economic（经济），Social（社会）和 Technological（科技）。这些是企业的外部环境，一般不受企业掌握，PEST 要求高级管理层具备相关的能力及素养。

2. 五力模型

波特五力模型将大量不同的因素汇集在一个简便的模型中，以此分析一个行业的基本竞争态势，从一定意义上来说隶属于外部环境分析方法中的微观分析。该模型由迈克尔·波特（Michael Porter）于 20 世纪 80 年代初提出，对公司战略制定产生全球性的深远影响。用于竞争战略的分析，可以有效地分析客户的竞争环境。波特的"五力"分析法是对一个产业盈利能力和吸引力的静态断面扫描，说明的是该产业中的企业平均具有的盈利空间，所以这是一个产业形势的衡量指标，而非企业能力的衡量指标。通常，这种分析法也可用于创业能力分析，以揭示本企业在本产业或行业中具有何种盈利空间。

3. 价值链分析

企业要生存和发展，必须为企业的股东和其他利益集团包括员工、顾客、供货商以及所在地区和相关行业等创造价值。任何一个企业都是其产品在设计、生产、销售、交货和售后服务方面所进行的各项活动的聚合体。每一项经营管理活动就是这一价值链条上的一个环节。企业的价值链及其进行单个活动的方式，反映了该企业的历史、战略、实施战略的方式以及活动自身的主要经济状况。价值链的增值活动可以分为基本增值活动和辅助性增值活动两大部分。

7.1.2.2　战略实施工具

1. 平衡计分卡

科莱斯平衡计分卡（Careersmart Balanced Score Card），源自哈佛大学教授罗伯特·卡普兰（Robert Kaplan）与诺朗顿研究院（Nolan Norton Institute）的执行长戴维·诺顿（David Norton）于 90 年所从事的"未来组织绩效衡量方法"一种绩效评价体系。经过将近 20 年的发展，平衡计分卡已经发展为集团战略管理的工具，在集团战略规划与执行管理方面发挥非常重要的作用。根据解释，平衡计分卡主要是通过图、卡、表来实现战略的规划。

平衡计分卡是从财务、客户、内部运营、学习与成长四个角度，将组织的战略落实为可操作的衡量指标和目标值的一种新型绩效管理体系。设计平衡计分卡的目的就是要建立"实现战略制导"的绩效管理系统，从而保证企业战略得到有效的执行。因此，人们通常称平衡计分卡是加强企业战略执行力的最有效的战略管理工具。

平衡计分卡能有效解决制定战略和实施战略脱节的问题，堵住了"执行漏斗"。平衡计分卡系统则包括战略地图、平衡计分卡以及个人计分卡、指标卡、行动方案、绩效考核量表。在直观的图表及职能卡片的展示下，抽象而概括性的部门职责、工作任务与承接关系等，显得层次分明、量化清晰、简单明了。

2. 差距分析

差距分析是指在战略实施的过程中，将客户实际业绩与战略期望的业绩进行对比分析，进行战略的评价与修订。

实际与期望的业务绩效相比通常会产生差距。差距分析主要是分析差距产生的原因并提出减小或消除差距的方法。这可以通过改变目标或者改变业务层的战略来实现。最初提出的预测依赖于四个假设：

（1）公司的业务组合保持不变；

（2）在公司的产品和市场上取胜的竞争战略将继续一如既往地发展；

（3）对公司市场的需求和盈利机会将沿着历史趋势发展；

（4）公司自身对各个业务采取的战略将会沿着历史演变模式发展。

差距分析的第一步是考虑修改公司战略。如果期望业绩超过目标，可以将目标定得高一些。当目标大大超过可能取得的绩效时，也许必须将目标修改的低一些在做出这些调整之后，如果仍然存在显著差距，就需要提出新的战略来消除这种差距。

7.1.3　家族企业战略管理对策

7.1.3.1　战略与资源的匹配

家族企业发展战略的选择与制定首先要清醒地认识自身所拥有的资源能力。[①] 企业自身资源能力在一般意义上包括企业的生产能力、组织管理、劳动人事、销售财务面的生产经营能力，企业自身所拥有的能力是企业制定企业发展战略的基础。如果企业正确地分析了外部环境而没有考虑到自身的能力资源，则不能做到企业内外环境的平衡。近年来，中国很多家族企业因为实行多元化的发展战略而使企业经营陷入困境，归根结底于企业的经营者没有正确地认识自身能力，难以拓展优势和抵抗风险。还有一些家族业在发展战略的制定上追求时髦如：一段时期以来，一些企业不顾自身的资源状况，在战略上猛刮"高科技风"，结果由于科研和资金上的局限落得了个被淘汰的结局。所以根据自己的实力选择一个可以发挥自己优势、适合自身发展的经营领域成了家族企业在制定发展战略时必须首先考虑的一个因素。

其次要正确分析企业经营发展所处的外部环境。因为企业的发展是由许多不可控的因素组成，这些企业不可控的因素一般意义上表现为企业所处一般环境和直接环境。一般环境包括政治、经济、社会、技术、自然等方面的因素；直接环境包括资源、同行竞争、需求等因素。从长期的观点来看，企业环境能够为企业发展提供机会，对企业的生存提出挑战。企业唯有适应环境的变化才能求得自身生存与发展。如果忽视这些环境的存在与影响，企业所制定出来的发展战略必定不能适应外部竞争环境的变化，其最终结果是企业走向衰亡。

7.1.3.2　构建完善的战略管理体系

做好战略管理，企业才能对自身发展有合理、全面的认识，在市场中准确定位，认清发展优势，制定出积极有效的发展规划，提高自身的核心竞争力。针对不同的生产经营范围和规模，以及不同的生产结构和发展方向，企业所采取的战略管理也应不同。所以，在构建战略管理体系时，每个企业都应该结合

---

① 张宪. 我国家族企业发展中存在的问题及可持续发展路径研究 [J]. 企业导报，2010（4）：66 - 67.

自身的具体情况，进行有所侧重、灵活而富有层次性的规划，从大局着手，定位企业的发展方向，指导相关生产经营的决策工作。

有些企业缺乏系统而专业的管理能力，在进行战略方案设计时，没有先进的理念支持，策略方式手段有待扩展提高，专业人才又相当匮乏，因此，这些企业在进行战略管理体系的过程中面临着很多的困难，实施过程缺乏目的与规划，制约着企业整合市场、生产状况以及多方面需求来进行战略管理的研究。企业对战略管理体系的定位不够清晰，管理理念不够成熟完善，会直接导致战略管理工作内容不能有效落实与发挥实际效用，缺乏实施的动力。

在战略管理体系的建设过程中，企业应该逐渐地对其应该发挥的作用做出清晰的界定。战略管理中的各个模块应该互相衔接，不能将其割裂开来。如环境分析的内容要能够直接指导目标的制定，战略方案应紧密围绕目标的实现来制定，战略措施则应基于战略目标和战略方案得出，而对于战略的评估则必须有助于其他几个模块的改进，以形成管理闭环。此外，我们还应将战略信息的管理工作在战略环境分析这个模块中统一起来，在日常的工作中注重对于相关信息的搜集与更新，保证战略管理工作所用的信息都是最系统、最及时的。①

7.1.3.3 建立利基蓝海战略

在价格战的硝烟中走过的中国家族应该深刻了解，要么通过细分市场，凭借敏感的市场大局观和精细的市场数据分析，用个性化的定制产品避开汹涌的红海；要么就是通过技术的不断创新，拉大与模仿者的差距，不断获得技术优势带来的巨额利润。

利基战略是指企业为了避免在市场上与强大的竞争对手发生正面冲突而受其攻击，选取被大企业忽略的、需求尚未得到满足、力量薄弱的、有获利基础的小市场作为其目标市场的发展战略。②

利基战略是非常适合于快速成长中具有后发优势和二次创新的中国中小家族企业，凝聚了以下战略思想与原则：

（1）避实击虚——不与大企业/强者展开硬碰硬的直接竞争，而是选择其忽视、不愿做或不会全力去做的业务范围为"战场"；

---

① 张晓．企业战略管理体系的完善［J/OL］．中国质量新闻网，2014 – 7 – 15.
② 陈德富．我国中小企业利基战略、调节因素与绩效之间的关系研究［D］．电子科技大学经济与管理学院，2011.

（2）局部优势——坚持"单位空间内高兵力比"原则，集中全力于某个狭窄的业务范围内，在这个局部形成相对于强大者的优势，努力成为第一；

（3）集中原则——分散是战略的大忌，利基战略要求集中于利基业务，集中于战略目标，集中于建造壁垒；

（4）根据地原则——在某地域市场获取第一并巩固之后，再向其他地域市场扩展，集中全力成为第一之后再扩展，如此持续下去，最终由各地的根据地组成一个大的根据地。

利基战略的构建一般有以下几个要点：

（1）起点：选择某个狭窄的业务范围——利基业务。

万向集团早在 1980 年选择进口汽车维修用万向节，并专注该业务，获得了企业的成长与发展；格兰仕在 1992 年选择家用微波炉为单一业务，1995 年成为中国第一，在行业处于领导地位；聚龙集团在 1998 年选择指甲钳为新业务，现已成为中国第一、世界第三的指甲钳生产商。他们所选择的业务，基本符合利基业务的标准，并且与企业自身的资源和能力相称，是合适的利基业务，成为利基战略成功的起点。

（2）目标：以全球单项冠军为最高目标，以某地域市场占有率第一为战略目标。

在利基业务范围内，以不同地域市场冠军为阶段性目标，最终实现全球冠军目标，是利基战略的目标要求。单打冠军目标本身拥有较多的优势，弱小企业在一个狭小业务范围内成为冠军的可能性是很大的，其原因在于：由于业务狭小，市场规模不大，强大企业不会涉及或者不会全力投入。而弱小企业如果全力投入，即可在局部形成绝对优势，在与强大企业竞争中取胜。好孩子集团 1989 年以童车为利基业务，1992 年明确提出"做第一"的目标，1993 年成为中国市场冠军，1999 年成为美国市场冠军，并一直保持至今。

（3）主要战略行动：地域市场的不断扩张和多种途径建造竞争壁垒。

利基战略实施者都把地域市场的开拓作为规避市场风险和企业追求成长的主要战略行动。通常的地域市场拓展顺序是：本地市场、全国市场、周边国家市场、多国市场，最后是全球市场，其中海外市场的开拓是困难最大的战略行动。中国利基企业进行了许多探索，如好孩子以联合品牌方式进入欧美市场，珠江钢琴通过收购知名品牌进入欧美市场，格兰仕以自有品牌和 OEM 方式进入国际市场等。利基战略要求通过多种途径来建造竞争壁垒，把其他竞争对手拒在利基之外。

（4）专注与创新：长期、执着地集中全力于利基业务，并把创新作为日常工作的中心。

选择了利基业务，确立了冠军目标，在采取有效的战略行动时，必须专注，必须有所创新。利基战略的专注主要包括专注于利基业务和专注于冠军目标，这对中国家族企业，是一个严峻的挑战和考验，不少企业缺乏专注的精神和专注的能力。在这方面，中国企业应以德国的隐形冠军为榜样，几十年如一日地专注于某个利基业务，毫不动摇，坚持不懈。

家族企业想做成单打冠军，应注重在技术、管理、文化、制度等方面的创新。例如，以集装箱起为利基业务的上海振华港机，把 GPS 技术应用到集装箱起重机上，使其长了"眼睛"，新产品迅速占领市场。以手机充电电池为利基业务的比亚迪，在生产设备工艺创新上，反向思维，把现代化的生产线改造为最大使用劳动力的生产线，在保证产品质量的前提下，大大地降低了生产成本。据统计，利基战略实践者的专利件数远高于其他企业，这个指标充分表明它们不仅高度重视创新，而且创新卓有成效。

典型案例：浙江超人集团

超人集团是 1983 年创办的，地处中国民营经济最活跃的地区浙江。这是一个诱惑力很强的地方，有各种各样的投资机会，但是 20 年来，一直在默默无闻地做着剃须刀这种小产品的研发工作。目前，主营项目剃须刀已在中国市场连续 9 年处于前列，电吹风也取得了前三名位置。这个成绩是不断创新的结果。是中国 140 个专利示范基地之一，有 300 多项专利，发明专利也有十几项。现在，在全球排第四，排在前三位的是飞利浦、吉列和日本的松下。

7.1.3.4　注重制度创新和内外部环境建设

成功家族企业的经验说明：家族企业发展战略能否实施，并发挥其作用，其关键在于家族企业的创新和执行力。提高家族企业的执行力和加快企业内部创新是支持企业发展战略成功实施的基础和动力，具体表现为以下几个方面：

（1）组织创新。家族企业发展战略实施的成功，就必须要求家族企业组织创新，即为适应企业内外条件的变化而对组织目标、结构及组成要素等进行各种调整和修正。其创新形式虽然较多，但归纳起来可采取以下三种形式：

①人员导向的创新形式，即以人员为中心实施组织创新，通过对人员培训和提高后，改变他们的习惯和行为；②组织导向的创新形式，即以组织为中心实施变革，通过改变环境来改变人；③系统导向的创新形式，即创新是以人和组织相互依存的系统之上进行的。如果家族企业组织不能随着企业发展的需要而变革，那它很快就会趋于老化、衰弱甚至破产灭亡。一旦组织进行科学的变革，那它就能焕发生机，为家族企业赢得优势，掌握市场竞争的主动权，最终为企业发展战略成功实施提供组织保障。

（2）制度创新。制度创新是指引入新的制度安排以代替原来的制度，大的如整个国家的经济体制，小的如具体企业的组织形态。家族企业在企业发展战略的指引下，除了要积极探索适合自身发展的制度安排和治理结构之外，还必须进行企业运行机制创新。企业的运行机制主要包括企业决策机制、竞争机制、监督控制机制、激励机制、文化机制等，通过系统的思考和科学的方法把它们进行整合，发挥整体作用，提高企业的运行效率，保证家族企业发展战略的成功实施。

（3）管理创新。家族企业发展战略实施的成功必然需要管理创新，通过建立起颇具特色的管理模式，提高企业的执行力。我们有些家族企业，其规章制度既不可谓无，也不可谓不严、不实，但往往说在口头上，写在纸上，贴在墙上，就是很难见实效。因此，家族企业管理创新首先就应立足于基础管理，实施"高标准、高质量、高效益"的现代科学管理模式，彻底改变当前粗放式管理的现状，把生产经营的每一环节、每一瞬间管住，真正做到环环相扣，疏而不漏，迅速提高企业整体管理水平。同时，在抓管理基础上，结合国情和公司的实际，吸收国外先进管理思想和方法实施业务流管理模式，对企业运作管理流程进行再造，按照现代化企业的标准，实施对商流、物流、资金流等的整合和优化，实现先进的业务流管理，与国际化大公司运作管理接轨，以满足企业发展战略成功实施的需要。

7.2　家族企业品牌管理

家族企业的品牌管理不太为外界所熟知，但是，家族企业由于其独特的"家庭要素"的背景，在核心理念、客户关联、一致性、员工融入和锐意进取等各个方面都有突出的表现，而这些要素也恰好是全球领先品牌的核心特征。

7.2.1 家族企业品牌优势

7.2.1.1 围绕家族发展的核心理念

家族品牌非常幸运，它们的核心理念完全出于一种激情。创始人对于公司发展方向的远见卓识，有助于家族企业驶向成功。公司领导人充满情感地投身于他们的事业，而业务一般源自于家族企业对品牌的深刻理解。

汉高（Henkel）因为致力于"使人们的生活更加轻松、舒适和美好"而获得蓬勃发展，成为德国家族企业品牌象征。1876 年弗里茨·汉高（Fritz Henkel）创立了公司，希望开发的产品能够帮助人们的生活"更简单，更轻松"，这个核心理念在 130 多年里一直处于公司的中心地位。

正如汉高一样，家族企业在这方面处于有利地位，因为它们能够赋予品牌理念最有力的权威性，它们能够帮助品牌在市场上脱颖而出。

7.2.1.2 客户关联

早在先进的研究方法和品牌分析诞生之前，家族企业品牌已因其善于了解消费者需求而声名远扬。家族企业的独特之处在于家庭成员特殊的参与方式。因为个人和家族的缘故，家族成员往往执着地致力于满足客户需求——这事关个人的骄傲和对于家族的责任。玛氏（Mars）是一家把客户作为业务发展重中之重的家族企业。玛氏的核心准则就是"互生性"——在所有股东间创造互利互惠的关系。玛氏把这个理念融入公司哲学，以确保互利的关系以及相关度永不褪色。

家族企业的内在激情可以算得上是一种资产，然而，当家庭成员之间的情感关系超越客户而成为焦点，这种激情就成为绊脚石。在古驰（Gucci）还是个家族企业的时候，古奇兄弟鲁道夫（Rodolfo）和奥尔多（Aldo）各持一半公司股份，他们的个人竞争给企业经营带来了不利的影响。在他们任职期间，古奇的品牌理念、奢侈品消费者的真正需求被忽略。他们利用这个品牌来生产一系列有争议的产品，如卫生纸。直到后来古奇被收购，新的管理者历经数载用心对这个品牌重新定位，才实现了对古奇品牌的"拨乱反正"。

7.2.1.3 一致性

家族企业的品牌管理一般不会采取最后通牒或者给股东施加压力的方式（很多品牌采取这种做法），而是依靠几代人之间的问责制。这种独特的长远视野为家族企业专注品牌一致性奠定了基础。在家族品牌的历史中，总能看到一些在一致性上做得出色的标杆品牌。百味来（Barilla）就是其中之一。百味来已有130年历史，现在在任的第4代接班人仍然秉持着最初的家族品牌传统，并发展成为意大利领先的食品集团和国际小麦制品市场的领头人。尽管该公司现今拥有逾18 000名员工，收入达42亿欧元，但是这些都是通过与原始品牌目标相关的产品实现的。百味来现在拥有世界级品牌和产品，它的使命创造口味独特、营养均衡的日常小麦产品和其最初在1877年作为一个面包和意大利面店生产第一批产品时完全保持一致。

在品牌的长远管理方面，非家族企业可以好好向家族企业就品牌一致性学上一课。家族企业专注于长远、有质量的发展。这意味着它们天生适合长期的品牌价值创造。如果非家族企业将这一点和它们品牌的灵活性、决策力结合起来，将能收获更大的成功。

7.2.1.4 潜在的竞争优势：家庭要素

就性质而言，家族企业拥有他人所不具备的东西——"家庭要素"。不管一个品牌是基于传统、知名度、质量的承诺或者生命力，至关重要的还是要了解家族在品牌价值增长过程中所扮演的角色，这样才会促使价值实现最优化（见表7-2）。

表7-2　　　　　　　　　　世界经典奢侈品家族品牌一览

家族创始人	品牌	国家	创立时间	代表产品品牌
狄耶里·爱马仕	爱马仕	法国	1837年	爱马仕箱包
古驰奥·古驰	古驰	意大利	1921年	古驰皮具、服饰
加布里埃·香奈儿	香奈儿	法国	1913年	香奈儿香水
亨利·莱斯和查理·劳斯	劳斯莱斯	英国	1906年	劳斯莱斯汽车
路易威登	路易威登	法国	1854年	LV皮包、珠宝等
李察·轩尼诗	轩尼诗	法国	1765年	轩尼诗白兰地
路易斯·萧邦	萧邦	瑞士	1860年	萧邦腕表

资料来源：由作者通过公开资料整理所得。

正如国际品牌集团（Interbrand）品牌价值评估方法中的"品牌作用力"维度，家族企业中的"家族作用力"应该被加以考虑。这意味着需要识别"家族因素"可以驱动或对应怎样的价值，家族的哪些价值目前能被联想到。一旦对于这些因素有充分的洞察，一个家族企业可以聪明地决定如何运用好家族结构（帕特瑞克·斯太尔，2010）。

7.2.2 家族企业品牌建设存在问题

7.2.2.1 缺乏品牌意识

1. 小企业无须作品牌的误区

目前，中国家族企业的品牌影响力较弱，他们认为品牌只是大企业的事情，自己是小企业，品牌影响力不够，产品不多，无须做品牌。但是，往往在慢慢发展之后，一部分家族企业发现了品牌的重要性，于是急功近利，开始"狂轰滥炸"式的投放广告，结果几轮广告轰炸下来，品牌知名度迅速增加。但是，这样的企业除了品牌知名度资产外，其他品牌资产都少得可怜，更不用说品牌的抗风险能力、价值感和溢价能力了。这个误区在众多中国家族企业中比较突出。

2. 小企业做不起品牌的误区

经过分析，家族企业也需要品牌，但是建立品牌不是说建就建，当然需要资金、技术、人力等投入。由于企业较小，资金技术都不到位，建设一个品牌是不可能的。品牌传播的误区。广告只能提高品牌的知名度，但是不一定能带来品牌美誉度。简单言之，"高知名度 + 低美誉度 = 臭名昭著"。

广告效应只是一个品牌传播的途径，如果只依靠广告的效果，做到的只是品牌的知名度，但并不能说明这个品牌价值就高。①

7.2.2.2 品牌延伸的误区——品牌家族化②

谈起"品牌管理"，多数企业的营销人员马上能联想到"家族化"的概

---

① 彭志敏. 我国家族企业品牌建设存在问题及对策选择 [J]. 商场现代化, 2009（4）：121 - 122.

② 包·恩，巴图. 品牌"家族化"不可取 [J/OL]. 经理日报, 2009 - 12 - 8.

念。也就是让企业里的所有品牌看上去像一家人。而且，他们认为，一家企业要做好"品牌管理"，就应该把旗下的品牌形成家族化，让它们拥有"具体不同"却"大体相同"的品牌特征。在这样的思想观念指导下，我们也亲眼看见了无数个企业"家族化品牌"的诞生。诸如：箭牌企业的"绿箭"、"黄箭"、"白箭"和"箭牌咖啡"，圣元乳业的"优博"、"优聪"、"优强"、"优爱"等。

这种"家族化"管理恰恰是品牌管理的一大误区，主要存在以下问题：

1. 家族化品牌会稀释主品牌定位

在市场竞争中，品牌最怕的是什么？是缺乏鲜明的定位和特性。所以，品牌定位就成为营销的核心，定位理论及各种定位的方法也"统治"整个营销界快半个世纪。然而，对于一个具有鲜明定位的品牌而言，家族化品牌无疑是一种累赘，在不知不觉中稀释其定位。五粮液的家族化品牌就是典型案例。虽然说五粮液和茅台都是我们的"国酒"，但随着多年的发展，五粮液走的路却与茅台大相径庭，走向典型的"家族化"品牌管理之路。它们开发了很多与"五粮液"相似的品牌，如"五粮春"、"五粮醇"、"五粮神"等，并在档次上从高端往低端延伸，形成了"家族化"。然而，这种"家族化"的品牌设计并没有给"五粮液"带来太多的好处。不同档次的、相同口味的，而且名字相近的"家族品牌"在很大程度上模糊了"五粮液"的品牌定位，多数消费者开始搞不清楚"五粮液"到底与"五粮春"有什么不同，到底与"五粮神"有什么不同，进而把"五粮液"从"中国最好白酒"的认知拉下了水。

对品牌而言，消费者的认知动摇会直接反应在利润上。从每年的财务报告上看，茅台集团的每年净利润率通常都在25%以上，而五粮液却仅仅在12%左右。这就是"品牌家族化"的管理思路带来的后果。不过，五粮液集团也许意识到了这个问题，近年来它们已经开始收拾那些"侏儒"品牌，逐步转向"独立品牌"模式，初步推出一系列的独立品牌，像"金六福"等少数几个品牌也已经形成自己的定位和个性。

2. 家族化品牌难以凸现不同品牌间的差异化

提倡"家族化品牌"的营销人员，总是一厢情愿地认为，消费者会按照他们所规划的那样理解他们的品牌。然而，事实不是这样的。那些家族化品牌，在消费者的心智中很难形成鲜明的差异化，看上去都差不多。箭牌企业的"绿箭"、"黄箭"和"白箭"等就是典型案例。他们自己觉得"绿箭"和"黄箭"是不一样的，但消费者却觉得"只是包装的颜色不同罢了"。因此，在实际当中，"黄箭"、"白箭"以及"箭牌咖啡"等品牌就很难代表一个不同的品类。

不过，像五粮液一样，箭牌也苏醒了。而且，他们的行动比五粮液更加彻底。在其后来的品牌发展当中，他们完全起用全新的独立品牌，并将不同品牌之间的区隔也做得非常好。比如，"益达"代表"无糖、防蛀牙"，"朗怡"代表"清爽、轻松"，"劲浪"代表"凉爽、提神"，而 SUGUS 代表"瑞士糖"，"真知棒"代表"儿童糖"等。

大家从他们的独立品牌就能清晰地看到，使用一个非家族化的品牌，对于战略规划而言是多么的顺手。我们可以假设：假如箭牌没有走独立品牌之路，而非要用类似"粉箭"、"紫箭"这样的名字来代表瑞士糖、儿童糖等，你会怎么想？是否觉得还是像个口香糖呢？所以，不要试图在家族化品牌之间形成鲜明的差异化，更不要试图用家族化品牌来代表不同的品类。

3. 家族化品牌一损必将俱损

热衷于"家族化品牌"的人们也有这样的假设：一个强势品牌会带动其他品牌，并节约大量的传播费用，从而使企业效益最大化。"五粮春"、"五粮醇"、"五粮神"等"怪胎"就是在这样的思路下诞生的。然而，在实际当中，这种想法又一次暴露出它的幼稚性，在多数情况下往往导致"一荣"未必"俱荣"，而"一损"必将"俱损"。

在过去的三聚氰胺事件中，以伊利、蒙牛为代表的多数乳品企业遭受重创。然而，通过近 1 年的时间，伊利和蒙牛的恢复都比较快，尤其伊利奶粉的恢复状况基本达到了事件之前的水平。但是，与伊利、蒙牛同时受损的青岛圣元乳业却一直举步维艰。这是什么原因呢？不同的人会给出不同的答案。然而，笔者的答案是跟它们的"家族化品牌"有关。圣元前后开发了"优博"、"优聪"、"优强"、"优爱"等一系列副品牌。其中"优博"做高档婴儿奶粉，"优聪"做中档婴儿奶粉，而"优强"和"优爱"却做相对低档奶粉，且包括非婴儿奶粉。

在三聚氰胺事件前，"优博"的销量走势非常好，成为它们利润的主要来源；"优聪"其次，"优强"、"优爱"却没有太大起色。然而，三聚氰胺事件发生之后，"优博"受到牵连，一下把其他三个品牌也拖下了水。事件之后，它们虽然做出很多努力，但由于消费者的认知原因，这四个品牌，哪个也没有恢复得那么理想。后来，他们还用"荷兰乳牛"这个品牌试图异军突起，但由于"荷兰乳牛"是成人奶粉的代名词，而成人奶粉本身就没有多少市场，也没有成功。

因此对于我们的中国企业，不要再追求所谓的"家族化"管理，不要再把本应该代表不同品类和功能的品牌相互扯在一起。一定要适时发展独立品牌，而且每个品牌一定要代表一个品类、代表一个功能或一个独特的价值，形成一个健康的品牌架构，促使一套科学的品牌管理。

7.2.3　家族企业品牌建设措施

7.2.3.1　精心设计品牌的基本要素

品牌要素是由显性要素和隐性要素两个方面构成的。显性要素主要指那些用以标记和区别品牌的商标设计，它是品牌外在的、具象的，是在品牌资产建立之初，通过人为设计和在与消费者互动的过程中形成的。显性要素主要包括品牌名称、标志、图标、标记、标准字、标准色、标准包装、广告曲。品牌名称是品牌要素的核心；标志与图标、标记、标准字、标准色、标准包装可统称为视觉识别系统，是品牌要素中的主体部分。隐性要素主要包括品牌承诺、品牌个性、品牌体验等与品牌形象、品牌文化建设的内容。

品牌设计是品牌资产建设的重要基础，精心设计品牌的基本要素有助于帮助消费者更好地识别企业的品牌，也能够促进消费者对品牌的认同。中小企业存在的问题是企业创新能力不足，产品与服务品质不够，管理基础薄弱，难以吸引和留住人才，狭隘小农经济思想，视觉形象粗糙，这些问题会阻碍品牌要素的形成。所以中小企业额的品牌设计应从品牌战略的高度出发，着眼于后期的品牌传播推广与管理，致力于品牌资产的不断增值，在品牌设计中突出新产品的创意，塑造潜在的国际性品牌，同时也要做好预备品牌的延伸和品牌保护工作。

7.2.3.2　准确确定品牌的核心价值和独具个性

在中小企业品牌建设的过程中，要通过科学的品牌定位来确定品牌的核心价值。而品牌定位的关键，是要抓住消费者的心，要做到这一点首先自然是必须带给消费者以实际的利益，满足他们某种切实的需要。因此，中小企业进行品牌定位，先必须明确品牌的比较优势或核心竞争力，中小企业要根据自己的财力、技术能力和销售能力等确立品牌的核心价值，不能刻意追求大企业的标准。一个品牌若不具备或没有明确的核心价值，就失去了竞争的基础，也就失去了定位的必要或可能。

品牌定位是品牌个性的基础，品牌个性是品牌核心价值的具体表现，要想提升品牌价值，就必须塑造出鲜明的品牌个性。中小企业要避免分头出击，塑造独特的品牌个性，通过精心地品牌设计以及导入 CI 策划，使自己的品牌在市场上闪现新的亮点，塑造独特的品牌形象，从而使品牌为消费者所接受，使品牌在市场上站稳脚跟，并有新的发展。品牌的个性要以产品及服务的特征为基础，如果品牌个性是创新，那么其产品和服务就必须真正具有创新性，独具特色的品牌个性塑造可以从包装及视觉风格、价格、广告风格、品牌代言人等方面着手。

7.2.3.3　制定最适合自己的品牌战略

品牌战略是中小企业品牌建设的纲领，是实现品牌持续发展的前提与保证，它关系到中小企业品牌建设兴衰成败。先做对的事，然后把事情做对。品牌战略就是做对的事，如果事情一开始就错了，那么不管过程如何努力，都会是事倍功半的结果。

常见的品牌战略有单一品牌战略、多品牌战略、主副品牌战略、品牌联合战略、品牌特许经营战略等，国内中小企业可根据自身的特点确定合适的品牌发展战略。如有一些刚刚入市的弱小企业，要想在激烈的竞争中谋得一席之地，可以采用品牌特许经营战略。在市场竞争初期，许多中小企业为减少进入新市场、新领域的阻力，采用贴牌生产方式开发新产品，是比较符合中小企业发展的初级阶段特点的，风险小、机会多、成功的可能性大；但中小企业如果一味地采用贴牌方式进行生产，就只能成为别人的生产车间，核心技术和销售渠道永远掌握在别人手中，受制于人，很难获得高利润；所以中小企业要通过贴牌方式不断积累品牌经验，逐步创建自己的品牌，最终达到借水养鱼的目的。

7.2.3.4　坚定实践品牌做出的各种承诺

中小企业为什么走不远？主要问题是企业行为短期化，市场竞争意识不强，品牌观念淡漠，政策管理环境不稳定，与社会没有形成基本的商业契约关系。品牌承诺是品牌认同的基石，中小企业要不断克服各种短视的品牌经营行为，着眼于品牌发展的长远利益，通过各种品牌营销行为去实践品牌做出的各种承诺，从而在消费者心目中树立良好的口碑。

7.2.3.5　高度重视品牌的整合传播工作

中小企业在品牌传播中存在的主要问题是观念滞后，家长意志代替专业意见，创意方向游移不定，品牌诉求喜新厌旧，品牌传播策略单一，媒体形象不统一，造成传播资源浪费过大。中小企业在品牌传播中要高度重视品牌的整合传播工作，具体包括创意风格高度统一，媒体组合相互协调，广告诉求前后一致，公关策略目标统一等内容。

7.2.3.6　用心培育富有特色的品牌文化

品牌的背后是文化，品牌只要有了一定的品牌文化，才可能全面的满足消费者的需要。品牌文化就是产品在实际使用价值之外给予消费者的一种印象、感觉和附加价值，如归属感、身份感、荣耀感等。中小企业在建设品牌文化之前，首先要搞清楚企业品牌所存在的根本意义在于什么？它和消费者、政府、竞争者等其他市场主体间构成什么样的关系？它提出一个什么样的品牌主张？因为品牌文化是一种外化的，所以欲求发展和长生的品牌在法人价值观的设计上最终要使最重要的外部主体——顾客受益。对于广大的中小企业来说，用心培育富有特色的品牌文化首先是要建立、健全企业的规章制度；其次，企业要组织多种形式的培训和活动将品牌价值观以及规章制度推介并渗透到员工内部；最后，就是寻找或树立企业内的英雄，努力使文字的制度转化为鲜活的人物，从而更好地诠释企业价值观的主张和规章制度的规范、约束。

7.3　家族企业人才资本管理

什么是真正意义上的"人才资源"和"人才资本"。首先需要明确"资源"和"资本"。资源是自然形成、未经开发的；而资本却是经过精心开发和筹划的，成为企业产生利润的基础。人才资本是一种经过市场开发运作，能实现倍增效应的资本形态。[①] 在知识经济的时代，人才资源已经不具备稀缺性。而人才资本作为重要的生产要素，已成为决定经济发展、企业竞胜的稀缺资

---

① 魏斌. 我国企业人力资源管理创新问题探究［D］. 吉林大学经济学院，2015.

本，它运作产生的效能，能够迅速激活和聚合其他资本，使企业和社会财富在诸生产要素合理配置、高效运作的基础上实现快速增长。

家文化孕育并催生了家族企业，而中国低信任度的社会背景则为其发展提供了空间。家族企业中，家庭或家族成员或亲属之间的血缘系统也使家族企业拥有了稳定的人才基因。但任何企业在成长的过程中，都必然要不断地吸纳和集成新的管理资源。在这个过程中，家文化规则和泛家族规则在家族企业中起着复杂的作用。家族企业天然的血缘系统在企业成长过程中凸显出其固有的不规则性和封闭性，使企业对人才的引进具有排他性。那么，如何正确认识与科学管理家族企业的人才资本？

7.3.1　家族企业的用人问题

7.3.1.1　制度建设欠缺，激励机制不健全

家族企业人力资源制度建设不规范，主要表现在家族领导者的决策随意性较大，且规范性与可操作性不强。在人力资源制度建设和执行中表现出很多不规范之处。[①] 例如，一些家族企业对员工的招聘、录用、培训、考核以及辞退等方面，没有形成一套科学、合理的制度。在处理和解决这些事情的时候，往往带有众多的情感色彩，具有随意性大的特点。

另外，很多家族企业对人力资本管理还停留在人事管理的狭义观念上，在员工的管理上，忽视与员工们的交流，把员工看成是企业的成本负担，缺乏长远的开发和培训意识。

在人才吸引方面，在家族企业中，经理职位大都由家族成员担任，更重要的是，企业的关键权力均为家族组织的核心成员把持，家族掌握了对企业的绝对控制权，人力资本主要在家族内部封闭运作、体内循环，外部人才被排斥在这个封闭运作圈之外，很难融入企业的运作体系中去。即使进入核心管理层，其职位权力也很难获得制度化的保障，不能进行独立的决策，因而优秀人才流失严重。

---

① 李梦珍，李畅. 我国家族企业人力资源管理中的问题与对策［J］. 合作经济与科技，2011 (9)：32 – 33.

7.3.1.2 社会人力资本融合度较低

从目前中国家族企业社会人力资本融合现状来看，家族企业在融合社会优质人力资本方面实践不少，但成效却不高。1999 年黄河集团几乎被其聘用的职业经理人颠覆，2001 年创维集团营销总经理陆强华与老板黄宏生的翻脸导致近百人的营销团队哗变，以及中国许多著名家族企业高管人员的频繁变脸，这些现实窘境使得中国家族企业在融合外部人力资本上更加谨慎。[①] 从现阶段来看，中国家族企业在吸纳融合社会优质人力资本上主要存在两种倾向：

第一，在高管层面上基于委托代理高成本、高风险的考虑，大部分家族企业（尤其是中小型家族企业）在任用外部职业经理人的问题上相当审慎，企业经营的核心部门一般由与其有亲缘关系的人及朋友来担任，而只在一些相对不太重要及中低级管理的岗位上聘用外部管理人员。

第二，有些家族企业的企业家基于家族圈层的管理人员已经不能胜任企业未来发展需要，已经开始在企业的一些核心高阶职能领导岗位上任用外部职业经理人，但是企业家由于惧怕委托代理的高风险，他们通常对这些一线关键的高阶管理人员设防，对企业内部机密信息的不予共享，在整个高管团队中常采用各种方式及手段，削弱整个团队的凝聚力及向心力，从而实现企业内部控制权的制衡以维护企业家在整个企业中的绝对权威及稳定。

这两种做法对中国家族企业优化配置人力资源，提升整个企业竞争力而言是极为不利的，必将阻碍或减缓中国家族企业家族企业主与职业经理人。

7.3.2 人力资本投资的重要性

7.3.2.1 人力资本与企业绩效关系显著

根据邓学芬等学者对中国高新技术惬意人力资本与企业绩效的调查研究，发现企业人力资本存量和企业员工的流动对企业绩效有显著的促进作用；随着企业成长能力的提高，企业人力资本存量对企业绩效的影响减弱，而企业人力资本流动对企业绩效的影响增强；成长型企业的人力资本水平和绩效高于非成长型企业，并且成长型企业的人力资本存量、人力资本的流动、企业的获利能

---

① 付顺梅. 家庭企业引入职业经理人失败的问题研究 [D]. 同济大学经济与管理学院，2006.

力和企业的发展能力显著高于非成长型企业。[①]

7.3.2.2 人力资本投资能够提升企业核心竞争力

人力资本，比物质、货币等硬资本具有更大的增值空间，特别是在当今后工业时期和知识经济初期，人力资本将有着更大的增值潜力。因为，作为"活资本"的人力资本，具有创新性、创造性，具有有效配置资源、调整企业发展战略等市场应变能力。

物质资本投资有个收益递减规律，唯独对人力资源的投资却具有收益的递增效应，即在人力资源上投资得越多，经过一段特定的时期后所获得的边际收益也将越多，这将克服其他生产要素的边际收益递减从而保证经济的长期增长。

贝克尔计算，美国在人力资本上的投资，起码相当于国民收入总值的17%～25%。他根据过去40年的资料分析，受过高等教育的人，与只受过低等教育的人，薪酬差距日渐扩大，可以说，知识的投资回报率远远高于物资资本投资。

7.3.3 家族企业人力资本投资举措

7.3.3.1 注重观念转化，加强人才资本规划

家族企业要转变思想观念，力促人才资源向人才资本转变。作为21世纪新型企业，应该积极树立"人才资源是第一资源，人才资本是第一资本，人才资本投资是效益最好的投资"、"资源只有通过市场运作才能成为资本，资本只有动态地优化重组，才能实现增值"的新观念。同时，增强员工忧患意识、责任意识、竞争意识、个人成才意识，促使达到共赢、互补、共振的企业倍增效应。

人才资本规划在整个转变过程中占有重要地位，是人才管理活动的起点和依据。在转变过程中，企业必须做好人才资源存量的盘点，把握国际国内形式，勾画企业未来发展蓝图，对未来人才资本的需求和供给作出科学的判断分析，从而规划出企业未来几年甚至长远的人才资本供求曲线。

---

① 邓学芬，黄功勋，张学英，周继春. 企业人力资本与企业绩效关系的实证研究——以高新技术企业为例［J］. 宏观经济研究，2012（1）：73－79.

7.3.3.2 创造有序的环境吸引人才

人才资源向人才资本的转化需要满足工作和生活的环境的需求，需要硬环境、软环境一起抓，需要搭建能够孵化科技成果、充分展示才华的事业平台。积极营造"尊重劳动、尊重知识、尊重人才、尊重创造"的良好环境；构建良好的事业平台，使才有其业、业有所依。

7.3.3.3 构建人才管理机制

企业必须从根本上规范人力资源管理体系，制定完善的人力资源开发与培养战略，并在企业中形成合理的人才梯队，才能使企业的发展长盛不衰。以满足企业当前人才需求和未来需求储备，全方位吸收适合企业发展要求的优秀人才；努力打造以竞争择优为主导能上能下、能进能出、充满活力的用人机制；建立各得其所、名遂其志、人尽其才、才尽其用和人才辈出的新机制，推行柔性的人才资源共享机制等。

家族企业的企业主和家族成员要自觉用制度来约束自己，努力做到在制度面前人人平等，通过规范的人力资源管理体系形成管理人员能上能下和职工能进能出的用人机制，实现人力资源管理由"人治"向"法治"的转变。①

建立互相合作、互相尊重的管理体制。让人才和企业资本充分合作，共同协力创造企业和个人价值。由于人才资本的不可监控性和本身的企业所有者属性，对其的管理一定要建立在充分信任的基础上，充分授权，尊重其个性发挥，真正做到以人为本。

7.4 家族企业文化建设

7.4.1 家族企业文化特征②

7.4.1.1 权威与亲情交织的"家文化"

家是寄托温情的港湾，是存在着家长的绝对权威和相互宽容的组织，是扶

---

① 赵康丽. 家族式企业人才管理的问题和对策 [J]. 经营管理者，2015（1）：202-202.
② 李书进. 家族企业文化创新探析 [J]. 商场现代化，2007（2）：313-315.

助成长和老有所养的依靠。"家文化"是家长权威和家族亲情关系的文化。这种企业文化表现为一方面，企业领导的独断、权威、事必躬亲，在员工中产生一种惧怕、按老板的指示行事的心理态势；另一方面，由于家族成员掌握着重要的管理位置，家族利益和企业利益高度一致，大家为着共同的目标而努力，所以家族企业容易协调各部门的关系，政令通达，易于控制与管理。

7.4.1.2 家族利益高于一切的"家族主义"

"家族至上"的群体意把成员个体完全归属于家族，个人利益服从家族群体利益，追求家族的兴旺、发达和荣耀。这种为了家族的利益，为了光宗耀祖，可以产生强烈的成就动机，促使人们去追求事业的成功。家族主义还表现为家族成员要相亲相爱、相互帮助、相互扶持、同舟共济人，创业依靠家长，成功惠及家族。

7.4.1.3 子承父业的"继承制"

在中国的传统文化中，以父家长为中心，以嫡子继承为基本原则在中国延续了数千年。要维持家族的延续，一脉相传，儿子就要传承父辈的事业，并将之发扬光大以振家风，提高家族的社会地位。如果大权旁落在外人手中则被认为是"将祖宗的家业败坏在自己的手上"。

7.4.1.4 家族利益的"高保密度"和血缘关系以外的"低信任度"

家族企业中，血缘关系是信赖的基础，信任只存在血亲关系之中，先天的无血缘关系形成了一种很难逾越的隔阂。信任度的高低依据内部成员之间存在的血缘、亲缘、友缘、学缘、地缘等关系的亲密程度进行取舍。家族企业的领导者（核心圈）由创业者及其继承人组成，重要岗位由血缘、亲缘关系的近亲组成，一般岗位由远亲和朋友组成。家族利益一致基础上的"高保密度"。家族成员身居要职，掌握着企业的核心秘密，由于家族利益和企业利益高度一致，他们会严守秘密，而使自己的企业在激烈的竞争中立于不败之地。而且家族成员的和睦和信任可以大大降低企业的管理成本。

7.4.1.5 血缘关系下的凝聚力与离心力共存

一方面，家族企业创业初期，由于血缘、亲缘等亲情关系的家族成员一荣俱荣、一损俱损，大家在追求家族利益感召下，可以暂时放弃（甚至牺牲）

个人利益，不怕苦、不怕累、不计个人得失，拧成一股绳，共谋企业的发展。另一方面，由于成功后的成果是靠亲情进行分配的机制，不能够满不同的家族成员的利益欲望，他们为了追求各自的利益就会形成不同的利益群体与核心层明暗、软硬对抗，矛盾增多，不断激化，离心力加大，企业发展困难。

7.4.2　家族企业文化建设存在的问题

7.4.2.1　大多数家族企业文化缺失或文化表层化

由于家族企业所有制性质和生存环境的影响，家族企业的价值观多为利润导向和市场导向型的，企业经营者大都把注意力集中在赚钱和攫取利益上，不重视或错误理解企业文化，使企业缺少真正意义的企业文化。在中国的一些中小型家族企业中，有的根本就没有明确的企业文化，有的虽然有，但过于肤浅，流于形式。许多家族企业的价值追求、经营理念、道德意识是在长期的经营过程中自发地、无意识形成的，具有浓厚的经验主义色彩，简单零碎，不成体系。这些企业的文化建设还没走上正式的轨道，根本没有发挥出企业文化所应具有的重要作用，特别是吸引人才、留住人才、实现人才价值的重要作用，更谈不上通过构建优秀的企业文化来提高企业核心竞争力。这种情况下，企业文化形同虚设，实际上是企业文化的表层化，也可以说是文化缺失。

企业文化建设表层化与企业文化缺失还表现在许多家族企业视企业文化为口号，把企业文化空泛化、形式化、口号化，至于能否真实全面地反映本企业的价值取向、经营哲学、行为方式、管理风格，能否在全体员工中产生共鸣，真正地起到强烈的凝聚力和向心力的作用以及是否有鲜明的企业特色，根本不清楚。

7.4.2.2　家庭关系干扰企业制度文化

有许多家族企业用亲情代替规则，关系代替制度，使企业的规则与制度形同虚设，难以执行和落实。随着家族企业由改革开放初期的个体企业过渡为目前的公司制企业，家族企业的家族亲缘文化使得企业在充分授权方面裹足不前或盲目授权，难以做到人尽其才，物尽其用，也就难以满足企业员工的社会尊重需要和自我实现需要。另外，家族成员对利益占有的期望很高，在利益分配方面难以做到公平与公正，满意感会逐渐降低，纠纷与矛盾增加。

7.4.2.3 独裁的管理方式使企业文化炭化

中国不少家族企业文化具有鲜明的老板意志，这种情况是与企业缔造者与经营者的创业经历紧密相连的。许多家族企业能存在至今，与经营者个体奋斗、独到的经营方式有关，这些独到的能力，使他们养成了无往而不胜的自信和以个人为中心，再加上产权归自己所有，容易形成对他人不尊重、不放心的习惯，所以在经营过程中总是事无巨细事必躬亲。这种状况使一些家族企业笼罩在浓厚的唯老板意志是尊的企业文化氛围中，个人英雄主义倾向严重。在这种文化氛围中，老板就是企业的绝对意志，没有人能对他的决定产生影响。这种唯意志的文化一旦根深蒂固，随着企业的发展与成长，企业整体经营管理水平和创新能力、决策能力便会不断下降。以至于如果老板的意志突然消失或决策失误，企业便群龙无首，立即处于半瘫痪、甚至全瘫痪之中。这种独裁企业管理方式以及与之适应的企业文化，由于其形成的非理性和建设的主观意志性，既缺乏丰富的内容与深厚的文化内涵，又缺乏制度的保障，显得单薄而脆弱，如同炭化的纸张，经不起市场经济的风吹浪打，难以承受挫折和打击。

7.4.2.4 企业文化缔造者文化素质不高不利于家族企业文化建设

企业文化在塑造和建设过程中有一个显著的特点，那就是企业的发轫者对企业文化的塑造起关键的作用，家族企业文化的塑造更是如此。中国家族企业主要发起于中小私营企业，家族企业创业者的思想道德素质、经营管理理念、科学文化素养等，由于受生存状况、教育环境、历史条件等因素影响相对比较低。文化素养偏低导致了对企业文化建设缺乏正确认识，对企业价值观、经营理念无法进行深刻的逻辑构建与准确的语言表述，企业文化建设缺乏系统性和科学性，感性的成分大，理性的成分少。目前中国部分家族企业经营者对企业文化的认识还是模糊的、肤浅的，即使有些家族企业自觉推行了企业文化管理，但也处于自发管理阶段，而没有形成具有核心价值观与经营理念的企业文化。

7.4.3 家族企业文化建设策略

家族企业要在市场竞争中发展壮大，必须突破自身的局限，保持家族企业的基业长青，促进家族企业的可持续发展，使中国的家族企业能在未来不断长大，就必须进行企业文化的整合和重构，建设优秀的组织文化，为家族企业的成长和永续发展保驾护航。

7.4.3.1 以人为本，建立现代企业制度

改革开放以来，中国很大一部分家族企业是通过从集体企业、乡镇企业中转制而来，其发展也多依赖创业企业主的个人能力、特殊的关系等资源。家族企业主对企业的发展具有至关重要的影响，领导理论也表明，领导者的领导风格与行为方式会对组织气氛产生很大影响。这对于家族企业而言表现更为突出，因为家族企业很多情况下是领导者、管理者与监督者集于一身。因此，家族企业文化建设不仅要提高家族企业主的领导水平和领导能力，更重要的是培养与现代市场经济体制要求相适的现代企业制度。现代企业制度建立的目标是为了使企业管理有章可循、有法可依。它强调的是外部的监督与控制，通过规范、程序等约束力量提高组织各项活动的可预期性，尽可能地终结企业管理的混乱现象。现代企业制度的建立与以人为本并行不悖。企业发展过程中强调的以人为本要求把员工视为组织最重要的资源，为员工提供良好的组织环境，从各个层面去满足员工的需求，调动并尊重员工的主动性和创造性的发挥，在此基础上，为顾客提供良好的服务。相反，如果家族企业中任人唯亲，家族成员和非家族成员相互对立，漠视非家族成员利益，仅对非家族成员人力资本进行攫取而忽略了对其进行培训与开发，则会阻碍家族企业的进一步成长壮大。

7.4.3.2 识别、培养和应用企业核心竞争力

当前，中国家族企业大部分是中小企业。家族企业想要在激烈的市场竞争中保持竞争优势，就需要有意识地识别和培养企业的核心竞争力。企业核心竞争力包括核心技术、核心产品、核心人物和核心价值观等。其中，核心人物即前述企业领导者，它引领着企业的发展方向，就中国家族企业集权情况而言，企业领导者的决策直接决定企业的生死。核心技术和核心产品是企业保持竞争力的关键，虽然绝大多数学者认为中国家族企业的演进方向是不断融合外部资本，做大做强。

但笔者认为，家族企业规模大小与核心竞争力关系不大，就家族企业而言，即便规模较小，依然可以培养专属核心竞争力。比如，日本很多中小企业就是通过掌握核心技术，通过"小而精"的方式生产自己特有的核心产品在市场中赢得竞争优势。核心价值观是企业核心竞争力的价值层面，与制度的外

在约束不同，价值观内化在企业员工的精神中，是一种软性的约束和激励力量。如果使用得当，它将激发组织成员发挥出巨大的能量。

7.4.3.3　内外兼修，积极承担社会责任

家族企业文化的建设不仅体现在组织内部的文化建设，其组织义化还反映在对社会责任的承担上。世界银行把企业社会责任定义为：企业与关键利益相关者的关系、价值观、遵纪守法以及尊重人、社会和环境相关的政策和实践的集合，使企业为改善利益相关者的生活质量而贡献于可持续发展的一种承诺。家族企业积极承担社会责任，一方面可以从观念与行为的角度向外界传达出企业的信息，树立企业良好的外部形象，从而扩大企业知名度，最终促进企业业绩的提升。另一方面，家族企业良好的社会形象又会反过来促进组织文化的建设与完善，由于公众的认可所可能获取的企业绩效的提升对家族企业而言是一种有效的外部激励，这种激励有助于提升家族企业组织成员的荣誉感和自豪感，从而促使其以更好的产品和服务回馈社会。

7.4.3.4　淡化家长权威，树立继任者权威

20世纪90年代皮尔斯（Pierce）首次提出"心理所有权"的概念，他认为，心理所有权是一种心理状态，"在这种状态下，个人感觉某个目标物（自然属性可以是物质或非物质）或其中的一部分是自己的"。弗比（Furby）也通过研究指出，这种心理层面的所有权体验是一种占有感，它使得人们把占有物视为"自我的延伸"，进而影响着人们的动机，导致态度并最终引发行为。其作用在于它能够激发人们对目标的责任感，促使个人维护"自己的"心理占有物。

就家族企业代际传承而言，心理所有权区别于法定所有权，在增强继任者企业的占有感及责任感方面发挥着重要的作用，因为法定的所有权作为一种社会状态，并不一定意味着能够深入继任者内心而转化成一种心理状态，而心理所有权的培养使得继任者即便在没有法定所有权的情况下也会对家族企业承担应尽的义务。这种责任感在心理所有权与家族文化中的"忠""孝"观念结合起来时会显得更加强烈，例如1989年挺宇集团面对困境时，创始人潘挺宇的女儿潘佩聪不甘家业衰退，年仅18岁就主动扛起挺宇集团的重担。

前述家族企业代际传承过程中继任者的低接管意识从反面说明了继任者心理层面的接受与认同在家族企业传承过程中起着基础性的作用。心理所有权理

论为我们提供了一个极好的研究视角，该理论认为心理所有权的产生途径包括三种：对目标进行控制、对标的物具有深入的了解以及个人投入。就家族企业而言，要成功实现心理所有权的转移，需要注意以下方面：第一，让继任者参与家族企业运营，可以从基层起步，逐渐向上延伸，在这个过程中试着让继任者控制某一工作领域，这种控制会引致继任者的所有权感，控制力越大，占有感就会越强，从而使继任倾向发生改变。第二，分享企业运营信息，增加继任者对企业的了解程度。心理学的研究表明，个人获得的信息越多，对某一物体的了解越深，自我和物体之间的联系就会越亲密。在家族企业语境下，企业主应积极想继任者提供相关的所有权目标信息，如企业结构、运营团队、所开展的项目等。需要指出的是，信息并不是心理所有权产生的充分条件，为此，还需要扩展联系的广度和深度，加强继任者与家族企业相关领域的联系有助于培养其心理所有权。第三，充分信任继任者，使其对自己负责的工作、岗位、部门等有足够的自主权。继任者在工作过程中投入时间、精力、资源、才干等有形无形的资源越多，心理所有权就越强。与职业经理人可能存在的职务侵占行为不同，企业主无须担心继任者自主权的扩大，因而在继任者心理所有权的培养和转移方面可以大胆操作。组织权威包括正式权威和非正式权威，家族企业代际传承过程中应兼顾对继任者两种权威的培养。就正式权威而言，应依照公司章程，通过赋予继任者一定职位，使之通过参与公司部门计划的制订、项目的执行、部门轮岗等方式，获得相应的职位权威。然而，正式权威作用的发挥需要非正式权威的配合，只有正式权威和非正式权威结合起来，才能发挥 $1+1>2$ 的效果。非正式权威与职位无关，它来源于领导者的个人魅力、学识才干等，为树立继任者的非正式权威，需要在企业主的引领下尽可能使其获得创业元老的支持。同时，应考虑组建继任者辅佐团队，辅佐团队不一定需要是创业元老，可以由继任者自己选择，企业主予以把关。此外，要注意培养继任者的完善人格，提升继任者各方面的能力，如决策执行能力和宽广的视野等。

7.4.3.5　积极吸收借鉴国内外优秀家族企业经验

随着世界经济一体化进程的加速和国际间交流的日益增多，使得我们有机会了解国外家族企业的发展历程，并借鉴其有益的发展经验为我所用。西方发达国家市场经济实行时间较长，其市场发育也比较完善，相应的其家族企业发展历史与家族企业文化建设经验也更为长久和完备。比如，美国不少家族企业经历上百年的发展，经过管理革命，很多走上了两权分离的道路，实行经理人主导的专业化管理方式，其管理过程中对规则和制度的强调值得中国家族企业学习。与中国具有相似文化传统的日本，家族企业发展过程中所实行的"终身雇佣制"和"年功序列制"有效地激励了员工的组织认同感和奉献精神，企业中的团队协作意识和精神激发了组织成员的积极性和创造性。就国内家族企业，经过了 20 多年的发展，也产生了如方太等成功实现传承并使企业稳健发展的知名企业，其所秉持的"大家文化"，即由顾客、员工、合作伙伴、社会和股东五个"家"组成的、以顾客为中心、将顾客与员工和谐放在最前面，将股东放在最后的具有社会责任的家，强调品牌、领袖和文化的开放和谐文化观。比较而言，国内家族企业由于其立足国内生长和发展，因而更易学习，更具借鉴意义。

参 考 文 献

[1] 边文霞. 家族企业治理结构演变研究——基于企业契约理论的博弈分析 [J]. 北京工商大学学报（社会科学版），2011（6）：63 – 67.

[2] 曾少军. 中国当代家族企业的组织文化创新路径研究 [J]. 企业经济，2009（4）.

[3] 陈寒松. 高语境文化下家族企业知识传承研究 [A]. 第四届（2009）中国管理学年会——创业与中小企业管理分会场论文集 [C]. 2009.

[4] 陈建林. 家族企业高管薪酬机制对代理成本影响的实证分析 [J]. 管理世界，2010（09）：72 – 77.

[5] 陈建林. 利他主义、代理成本与家族企业成长 [J]. 管理评论，2011（09）：50 – 57.

[6] 陈乐，彭晓辉. 传统家文化视角下家族企业文化演化路径分析 [J]. 湖南人文科技学院学报，2013（5）.

[7] 陈文婷. 家族价值观助企业成员树立信心 [J]. 北大商业评论.

[8] 陈致中，许俊仟. 企业家长式领导：三维度及其效能争论 [J]. 现代管理科学，2014（3）：33 – 35.

[9] 储小平. 家族企业的成长与社会资本的融合 [M]. 经济科学出版社，2004. 8.

[10] 邓学芬，黄功勋，张学英，周继春. 企业人力资本与企业绩效关系的实证研究——以高新技术企业为例 [J]. 宏观经济研究，2012（1）.

[11] 窦军生，贾生华. 家族企业代际传承影响因素研究述评 [J]. 外国经济与管理，2006（9）.

[12] 窦军生，贾生华. "家业"何以长青？——企业家个体层面家族企业代际传承要素的识别 [J]. 管理世界，2008（9）.

[13] 高皓. 家族办公室大时代来临，融资中国，2013. 10. 17.

[14] 龚乐凡. 吞噬家族财富的七个陷阱，财富管理，2015 – 1 – 17.

[15] 辜胜华，张昭华. 家族企业治理模式及其路径选择 [J]. 中国人口科学，2006 (1).

[16] 韩朝华，陈凌，应丽芬. 传亲属还是聘专家——浙江家族企业接班问题调查 [J]. 中国制度变迁的案例研究（浙江卷）第五集，2006.

[17] 郝臣. 中小企业成长：外部环境、内部治理与企业绩效——基于23个省市 300 家中小企业的经验数据 [J]. 南方经济，2009 (9).

[18] 胡玮玮. 家族企业隐性知识代际传承矩阵：基于多案例的探索性研究 [J]. 商业经济与管理，2014 (1).

[19] 贾生华，窦军生，王晓婷. 家族企业代际传承研究——基于过程观的视角 [M]. 科学出版社，2010.5.

[20] 江新兴. 近代日本家族企业制度研究 [M]. 北京：旅游教育出版社，2008.

[21] 克林·盖尔西克. 家族企业的繁衍——家庭企业的生命周期 [M]. 经济日报出版社，1998.

[22] 李卉诗. 中国家族企业治理结构的演变 [D]. 辽宁科技大学，2012.

[23] 李生校，窦军生. 二次创业：方太的家族传承 [J]. 浙江经济，2008 (3).

[24] 李新春，檀宏斌. 家族企业内部两权分离：路径与治理——基于百年家族企业香港利丰的案例研究 [J]. 中山大学学报（社会科学版），2010 (4).

[25] 李新春，何轩，陈文婷. 战略创业与家族企业创业精神的传承——基于百年老字号李锦记的案例研究 [J]. 管理世界，2008 (10).

[26] 李新春，李炜文，朱坑. 创业、传承与家族企业国际化——第八届创业与家族企业国际研讨会会议综述 [J]. 管理世界，2013 (1).

[27] 栗洪海. 中国家族企业内部治理了模式选择与优化研究 [D]. 华南理工大学硕士论文，2013 (4).

[28] 良好的家族治理是成功接班的保证，来源：《新领军》，2011 年 4 月 21 日.

[29] 梁祖晨，于真. 成功传承对盛年期家族企业发展影响研究——以浙江省家族企业为例 [J]. 现代经济：现代物业中旬刊，2009 (6)：36 - 38.

[30] 刘绵勇. 家族治理模式的三种类型 [J]. 科研管理，2008 (29)：32 - 25.

[31] 刘薇. 社会关系网络与家族式企业治理 [J]. 研究与探索，2008

（9）：49 – 51.

[32] 刘学方，王重鸣. 家族企业接班人胜任力建模——个实证研究 [J]. 管理世界，2006（5）.

[33] 刘学方. 家族企业继承计划模式研究 [M]. 中国经济出版社，2009.3.

[34] 刘英华. 家族企业：正式制度与非正式制度的协同治理——中国家族企业治理的制度模式研究 [D]. 山东大学硕士学位论文，2006.4.

[35] 骆炜炜. 温州家族企业的传承与持续成长调查分析和对策研究 [J]. 经济研究导刊，2011（9）.

[36] 吕红霞. "宁波帮" 家族企业制度创新研究 [M]. 浙江大学出版社，2011.10.

[37] 马艳秋. 香港家族企业治理案例研究——以恒地集团（H 集团）和李锦记集团为例 [D]. 北京交通大学硕士学位论文，2010.6.

[38] 茅理翔. 家业长青——构建中国特色现代家族制管理模式 [M] 浙江人民出版社，2007.11.

[39] 南洋. 东南亚华人家族企业治理结构研究 [D]. 浙江大学硕士论文，2008.6.

[40] 钱丽娜. 李锦记：华人企业家族治理制度探路者. 商学院，2012 – 11 – 16.

[41] 宋丽丽. 中国家族企业治理模式的权变研究 [D]. 湖南：湘潭大学商学院，2004：8 – 9.

[42] 王春和，郭笑欣. 中国传统 "和谐文化" 与家族企业和谐治理 [J]. 管理世界，2012（7）.

[43] 王岚，王凯. 中国家族企业治理结构演进研究 [J]. 商业研究，2009（12）.

[44] 王明琳，陈凌，叶长兵. 中国民营上市公司的家族治理与企业价值 [J]. 南开管理评论，2010，（13）：29 – 31.

[45] 王世权. 日本家族企业成长的理论解析及其影响因素分析 [J]. 产业经济评论，2008（6）：22 – 45.

[46] 伍成林. 内部因素对家族企业传承影响的实证分析——基于在任者的视角 [J]. 经济理论与经济管理，2011（8）.

[47] 席龙胜. 家族企业治理模式研究——以国美电器事件为例 [J]. 经

济论坛, 2011 (8).

[48] 肖成民. 制度环境与民营企业治理结构变迁——基于国美电器的案例分析 [J]. 财经论丛, 2012 (3).

[49] 辛金国. 家族企业治理结构对代理成本的影响研究——基于上市家族企业数据的实证研究 [C]. 中国会计学会审计专业委员会 2010 年学术年会论文集, 2010.

[50] 杨玉秀. 家族企业的内部治理模式: 社会资本治理 [J]. 广东商学院学报, 2010 (3): 25 – 26.

[51] 于健南. 中国家族企业治理要素与企业绩效实证研究 [J]. 山西财经大学学报, 2008 (3).

[52] 于欣. 公司治理结构向"主动治理"发展. 新财富, 2009 (8).

[53] 原惠群, 张昭华. 基于复杂环境下的中国家族企业多重均衡治理模式研究 [J]. 管理世界, 2010 (9): 45 – 47.

[54] 张传洲. 中日家族企业治理模式的比较与启示 [J]. 经营与管理, 2007 (11): 79 – 80.

[55] 张余华. 家族企业发展进程及治理模式研究 [M]. 华中科技大学出版社, 2006.

[56] 张震. 中日家族企业伦理动因差异之辨析 [J]. 电子科技大学学报 (社科版), 2006 (8): 210 – 225.

[57] 赵国瑞. 法国式的"家族宪法" [J]. 英才, 2012 (10): 152 – 153.

[58] 赵洁. 中国"家族办公室"的未来展望 [J]. 西部皮革, 2014 (5): 22 – 24.

[59] 周坤. 家族企业治理 [M]. 北京大学出版社, 2006 (7).

[60] 朱丽娜. 家有家规——解密豪门"家族宪法". 21 世纪经济报道, 2014 – 7 – 28.

[61] 朱素英. 家族企业传承理论国际研究综述 [J]. 现代管理科学, 2006 (7).

[62] AIi, A., Tai – Yuan C.. Suresh Radhakrishnan Corporate Disclosoures by Family Firms [J]. Journal of Accounting and Economics, 2007 (44): 238 – 286.

[63] Bammens, Y., Voordeckers, W., & Van Gils, A.. Boards of direc-

tors in family firms: A generational perspective. Small Business Economics, 2008, 31 (2): 163 – 180.

[64] Berent – Braun, M. , & Uhlaner, L. . Family governance practices and teambuilding: Paradox of the enterprising family. Small Business Economics, 2012, 38 (1): 103 – 119.

[65] Brenes, E. R. , Madrigal, K. , & Requena, B. . Corporate governance and family business performance. Journal of Business Research, 2011, 64 (1): 280 – 285.

[66] Casillas, J C, Moreno, A M. . Barbero, J, L. A configurational approach of therelationship between entrepreneurial orientation and growth of family firms [J]. Family Business Review, 2010, 23 (1): 27 – 44.

[67] Chrisman, J J. , Sharma, P. , Taggar, S. . Family Influences on Firms: An Introduction [J]. Journal of Business Research, 2007 (60): 1005 – 1011.

[68] Cruz, C. C. , Gomez – Mejia, L. R. , & Becerra, M. . Perceptions of benevolence and the design of agency contracts: CEO – TMT relationships in family firms. Academy of Management Journal, 2010, 53 (1): 69 – 89.

[69] Eckrich, C. J. , & McClure, S. L. . The family council handbook: How to create, run, and maintain a successful family business council. Basingstoke: Palgrave Macmillan, 2012.

[70] Eddleston, K A. , Kellermanns, F W. , Zellweger, T M. . Examining the entrepreneurial tendencies of family firms: does the stewardship perspective explain differences? [J]. Working Paper Family Business Center, University of St. Gallen, Switzerland, 2009: 74 – 99.

[71] Gnan, L. , Montemerlo, D. , & Huse, M. (2013). Governance systems in family SMEs: The substitution effects between family councils and corporate governance mechanisms. Journal of Small Business Management. doi: 10.1111/ jsbm. 12070.

[72] Green, K M. , Covin, J G. , Slevin, D P. . Exploring the relationship between strategic reactiveness and entrepreneurial orientation: The role og structure-style fit [J]. Jounral of Business Venturirig, 2008, 23 (03) 356 – 387.

[73] He, T. T. , Li, W. X. B. , & Tang, G. Y. N. . Dividends behavior in

state-versus family-controlled firms: Evidence from Hong Kong. Journal of Business Ethics, 2012, 110 (1): 97 – 112.

[74] Henry, D.. Ownership structure and tax-friendly dividends. Journal of Banking and Finance, 2011, 35 (10): 2747 – 2760.

[75] Hoy, F., & Sharma, P.. Entrepreneurial family firms. Upper Saddle River, NJ: Prentice Hall. 2010.

[76] Hofmann, J. V.. Family mindset as predictor of entrepreneurship in German family firms [M]. University of St. Gallen, Germany, 2009.

[77] Li, F., & Srinivasan, S.. Corporate governance when founders are directors. Journal of Financial Economics, 2011, 102 (2): 454 – 469.

[78] Michaely, R., & Roberts, M. R.. Corporate dividend policies: Lessons from private firms. Review of Financial Studies, 2012, 25 (3): 711 – 746.

[79] Pindado, J., Requejoa, I., & de la Torrea, C.. The effect of family control on the corporate dividend policy: An empirical analysis of the Euro zone. 2011.

[80] Rommens, A., Cuyvers, L., & Deloof, M.. Dividend policies of privately held companies: Stand alone and group companies in Belgium. European Financial Management, 2012, 18 (5): 816 – 835.

[81] Setia Atmaja, L., Tanewski, G. A., & Skully, M.. The role of dividends, debt and board structure in the governance of family controlled firms. Journal of Business Finance and Accounting, 2009, 36 (7 – 8): 863 – 898.

[82] Sharma, V.. Independent directors and the propensity to pay dividends. Journal of Corporate Finance, 2011, 17 (4): 1001 – 1015.

[83] Siebels, J. F., & Knyphausen – Aufse?, D.. A review of theory in family business research: The implications for corporate governance. International Journal of Management Reviews, 2012, 14 (3): 280 – 304.

[84] Stewart, A., & Hitt, M. A.. Why can't a family business be more like a nonfamily business? Modes of professionalization in family firms. Family Business Review, 2012, 25 (1): 40 – 56.

[85] Yoshikawa, T., & Rasheed, A. A.. Family control and ownership monitoring in family-controlled firms in Japan. Journal of Management Studies, 2010, 47 (2): 274 – 295.